Die Rechtsformen des Universitätsklinikums

Recht und Medizin

Herausgegeben von den Professoren
Dr. Erwin Deutsch, Dr. Bernd-Rüdiger Kern, Dr. Adolf Laufs (†),
Dr. Hans Lilie, Dr. Hans-Ludwig Schreiber, Dr. Andreas Spickhoff

Bd./Vol. 120

Zur Qualitätssicherung und Peer Review der vorliegenden Publikation

Die Qualität der in dieser Reihe erscheinenden Arbeiten wird vor der Publikation durch Herausgeber der Reihe geprüft.

Notes on the quality assurance and peer review of this publication

Prior to publication, the quality of the work published in this series is reviewed by editors of the series.

Anja Houben

Die Rechtsformen des Universitätsklinikums

PL ACADEMIC RESEARCH

Bibliografische Information der Deutschen Nationalbibliothek
Die Deutsche Nationalbibliothek verzeichnet diese Publikation in der Deutschen Nationalbibliografie; detaillierte bibliografische Daten sind im Internet über http://dnb.d-nb.de abrufbar.

Zugl.: Leipzig, Univ., Diss., 2013

15
ISSN 0172-116X
ISBN 978-3-631-64954-1 (Print)
E-ISBN 978-3-653-04077-7 (E-Book)
DOI 10.3726/ 978-3-653-04077-7

PL Academic Research ist ein Imprint der Peter Lang GmbH.

Peter Lang – Frankfurt am Main · Bern · Bruxelles · New York · Oxford · Warszawa · Wien

Diese Publikation wurde begutachtet.

www.peterlang.com

Für meine Eltern

Vorwort

Die vorliegende Arbeit wurde im Sommersemester 2012 von der Juristischen Fakultät der Universität Leipzig als Dissertation angenommen.

In den letzten beiden Jahrzehnten ist die Wahl der „richtigen" Rechtsform für ein Universitätsklinikum immer wieder thematisiert worden. Dabei spielte insbesondere das Kompetenzgeflecht zwischen Universität und Land aufgrund der gesetzlich verankerten Aufgabengewährleistung von Forschung, Lehre sowie Krankenversorgung eine zentrale Rolle. Daher verfolgt die Arbeit das Anliegen, einen Gesamtüberblick zu dieser Thematik zu vermitteln und insbesondere Optimierungsmöglichkeiten für den Standort Leipzig aufzuzeigen.

Das Manuskript wurde im August 2012 abgeschlossen. Die bis dahin veröffentlichte Rechtsprechung und Literatur sind berücksichtigt worden.

Mein herzlicher Dank gilt Herrn Prof. Dr. Bernd-Rüdiger Kern für seine Bereitschaft diese Arbeit zu betreuen. Er hat die Themenfindung und die Entstehung der Dissertation mit wertvollen Ratschlägen begleitet. Zudem möchte ich mich bei Herrn Prof. Dr. Winfried Kluth für die Erstellung des Zweitgutachtens bedanken.

Meiner Familie und meinen Freunden danke ich für ihre unermüdliche Unterstützung, Geduld sowie ihren stetigen Glauben an mich.

Leipzig, im Februar 2014 *Anja Houben*

Inhaltsverzeichnis

Abkürzungsverzeichnis

ÄAppoO	Approbationsordnung für Ärzte
a.F.	alte Fassung
AG	Aktiengesellschaft
AktG	Aktiengesetz
AO	Abgabenordnung
Art.	Artikel
BayHschG	Bayerisches Hochschulgesetz
BayKHG	Bayerisches Krankenhausgesetz
BayUniKlinG	Bayerisches Universitätsklinikagesetz
BerlHG	Berliner Hochschulgesetz
BerlUniMedG	Berliner Universitätsmedizingesetz
BGBl.	Bundesgesetzblatt
BHO	Bundeshaushaltsordnung
BMBF	Bundesministerium für Bildung und Forschung
BPflV	Bundespflegesatzverordnung
BRRG	Beamtenrechtsrahmengesetz
BSG	Bundessozialgericht
BVerfG	Bundesverfassungsgericht
BVerfGE	Entscheidungen des Bundesverfassungsgerichts
BVerwG	Bundesverwaltungsgericht
BVerwGE	Entscheidungen des Bundesverwaltungsgerichts
DBW	Die Betriebswirtschaft
Ders.	Derselben
DFG	Deutsche Forschungsgemeinschaft
DHV	Deutscher Hochschulverband
DÖV	Die Öffentliche Verwaltung
DRG	Diagnosis Related Groups
DVBl.	Deutsches Verwaltungsblatt
EG	Einführungsgesetz
ESVGH	Entscheidungen des Verwaltungsgerichtshofs Baden-Württemberg
ff.	fortfolgende
FKVO	Fusionskontrollverordnung
FuL	Forschung und Lehre
GG	Grundgesetz
gGmbH	gemeinnützige Gesellschaft mit beschränkter Haftung
GKV	Gesetzliche Krankenversicherung
GmbH	Gesellschaft mit beschränkter Haftung
GmbHG	Gesetz betreffend die Gesellschaft mit beschränkter Haftung

GOÄ	Gebührenordnung für Ärzte
GVBl.	Gesetz- und Verordnungsblatt
GWB	Gesetz gegen Wettbewerbsbeschränkungen
HBFG	Hochschulbauförderungsgesetz
HessHG	Hessisches Hochschulgesetz
HessKHG	Hessisches Krankenhausgesetz
HessUniKlinG	Gesetz für die hessischen Universitätskliniken
HG NRW	Gesetz über die Hochschulen des Landes Nordrhein-Westfalen
HG RHP	Hochschulgesetz Rheinland-Pfalz
HmbHG	Hamburgisches Hochschulgesetz
HMG	Hochschulmedizingesetz
HO	Haushaltsordnung
HRG	Hochschulrahmengesetz
Hrsg.	Herausgeber
HSG LSA	Hochschulgesetz des Landes Sachsen-Anhalt
HSG SH	Gesetz über die Hochschulen und Klinika im Lande Schleswig-Holstein
inbes.	insbesondere
JZ	Juristenzeitung
KapVO	Kapazitätsverordnung
KHEntgG	Krankenhausentgeltgesetz
KHG	Krankenhausfinanzierungsgesetz
KMK	Kultusministerkonferenz
LHG M-V	Gesetz über die Hochschulen des Landes Mecklenburg-Vorpommern
LKHG M-V	Landeskrankenhausgesetz Mecklenburg-Vorpommern
MBG	Mitbestimmungsgesetz
MBOÄ	Musterberufsordnung für die deutschen Ärztinnen und Ärzte
MedR	Medizinrecht
MHH	Medizinische Hochschule Hannover
MitbestG	Mittbestimmungsgesetz
n.F.	neue Fassung
NJW	Neue Juristische Wochenschrift
NHG	Niedersächsisches Hochschulgesetz
NVwZ	Neue Zeitschrift für Verwaltungsrecht
PPP	Public Private Partnership
Rn.	Randnummer
S.	Seite
SaarUG	Gesetz über die Universität des Saarlandes
SächsGVBl.	Sächsisches Gesetz- und Verordnungsblatt
SächsHG	Gesetz über die Hochschulen im Freistaat Sachsen

SächsKHG	Sächsisches Krankenhausgesetz
SächsPerVG	Sächsisches Personalvertretungsgesetz
SächsUKG	Gesetz über das Universitätsklinikum Leipzig an der Universität Leipzig und das Universitätsklinikum Carl Gustav Carus Dresden an der Technischen Universität Dresden
Sächs.VBl.	Sächsische Verwaltungsblätter
SGB	Sozialgesetzbuch
SKFL	Ständige Kommission für Forschung und Lehre
Sp.	Spalte
STGH BW	Staatsgerichtshof Baden-Württemberg
StiftG	Stiftungsgesetz
ThürHG	Thüringer Hochschulgesetz
UG BW	Gesetz über die Universitäten im Lande Baden-Württemberg
UKE	Universitätsklinikum Hamburg-Eppendorf
UKEG	Gesetz zur Errichtung der Körperschaft „Universitätsklinikum Hamburg-Eppendorf"
UKG	Universitätsklinikagesetz
UKG BW	Gesetz über die Universitätsklinika Freiburg, Heidelberg, Tübingen und Ulm
UKGM GmbH	Universitätsklinikum Gießen-Marburg
UKJ	Universitätsklinikum Jena
UKlG Mainz	Landesgesetz über das Klinikum der Johannes Gutenberg-Universität Mainz
UKSG	Gesetz über das Universitätsklinikum des Saarlandes
UKVO	Universitätsklinikum Verordnung
UMG	Universitätsmedizingesetz
UMG Berlin	Gesetz zur Errichtung der Gliedkörperschaft „Charité-Universitätsmedizin Berlin
UmwG	Umwandlungsgesetz
Verf.	Verfassung
Vgl.	vergleiche
VO	Verordnung
WR	Wissenschaftsrat
z.B.	zum Beispiel

1 Einleitung

1.1 Hintergrund der Arbeit

Universitätsklinika[1] sind Einrichtungen für die Forschung, die Lehre und zur Ausbildung des wissenschaftlichen Nachwuchses[2]. Gleichzeitig wird durch sie der Maximalversorgungsauftrag des Staates sichergestellt. Maximalversorgung bedeutet, dass in einem Universitätsklinikum die ganze Breite der Spezialfächer der klinischen Medizin in bester Ausstattung vorhanden sein muss, damit die bestmögliche Betreuung der Patienten und fächerübergreifende Forschung gewährleistet sind[3]. Zudem versorgen die Universitätsklinika als Krankenhäuser der Maximalversorgung Patienten mit komplexen Erkrankungen und Verletzungen, deren Behandlung von den Krankenhäusern der Grund- und Regelversorgung abgelehnt werden kann[4]. Der Versorgungsauftrag findet seine Grundlage in Art. 1 GG (Menschenwürde), Art. 2 GG (körperliche Unversehrtheit), Art 3 GG (Gleichheit), Art. 20 GG (Sozialstaat) und der öffentlichen Fürsorge aus Art. 74 Abs. 7 GG.

In der Universitätsmedizin ist der Auftrag der Universität zur Forschung und Lehre somit nicht ohne die Krankenversorgung zu erfüllen. Die Sonderstellung der Universitätsmedizin hat mit ihren Aufgabenbereichen Forschung, Lehre und Krankenversorgung zu etlichen Diskussionen geführt, insbesondere im Hinblick auf die Schaffung von neuen Strukturen an universitätsmedizinische Einrichtungen[5].

---

1 Um Verwechslungen zu vermeiden, wird die Mehrzahl von Universitätsklinikum als „Universitätsklinika“, die Mehrzahl von einer Fachbereichsklinik des Universitätsklinikums als „Kliniken“ bezeichnet.

2 Vgl. Sandberger, Das Recht der Hochschulmedizin, S. 389, Rn. 91.

3 WR, Empfehlungen PPP in der universitätsmedizinischen Krankenversorgung, S. 20.

4 WR, Leitungsmodelle und ihre rechtlichen Grundlagen in der Universitätsmedizin der BRD, S. 35; WR, Empfehlungen PPP in der universitätsmedizinischen Krankenversorgung, S. 18.

5 Der WR hat in den letzten Jahren neben den Stellungnahmen zu strategischen Ausrichtungen der einzelnen hochschulmedizinischen Einrichtungen der Bundesländer sechs grundsätzliche Empfehlungen zu den Aufgaben der Hochschulmedizin in Forschung, Lehre und Krankenversorgung verfasst, und zwar: „Empfehlungen zu Aufgabe, Organisation und Ausbau der medizinischen Ausbildungsstätten“ (1976),

Angesichts des zunehmenden wirtschaftlichen und wissenschaftlichen Wettbewerbsdrucks gewinnen die betriebswirtschaftliche Methodik, die schnellen Managemententscheidungen und eine ausreichende Finanzausstattung immer mehr an Bedeutung. Zugleich verkürzen sich auf Grund des technischen Fortschritts die Erneuerungszyklen für Geräte und Bauten ständig. Schließlich ist der finanzielle Druck für die Universitätsklinika aufgrund des neuen Krankenhausvergütungssystems mit der Einführung der Fallpauschalen (DRG)[6] zum 01.01.2003 erhöht worden.

Insbesondere die Kostenentwicklung im Gesundheitswesen sowie die Umstrukturierung der Krankenhausfinanzierung stellen die Universitätsklinika vor besondere Herausforderungen. Der Notwendigkeit einer Reform der organisatorischen Strukturen wird seit Ende der 90er Jahre mit einer Entwicklung zur rechtlichen Verselbständigung der Universitätsklinika begegnet[7]. Leitbild sind dabei privatwirtschaftliche Unternehmen, an denen sich die Betriebsführung der Universitätsklinika ausrichten soll[8].

Derzeit sind die Klinika organisiert als rechtsfähige Anstalt des öffentlichen Rechts, rechtsfähige Stiftung des öffentlichen Rechts, Körperschaft des öffentlichen Rechts, rechtsfähige Teilkörperschaft der Universität, rechtlich unselbständiger Landesbetrieb, als gemeinnützige GmbH oder als materiell privatisiertes Klinikum.

„Empfehlungen zur Klinischen Forschung in den Hochschulen“ (1986), „Empfehlungen zur Verbesserung der Ausbildungsqualität in der Medizin (1988), „Stellungnahme zur Entwicklung der Hochschulmedizin“ (1995), „Empfehlung zur Struktur der Hochschulmedizin, Aufgaben, Organisation, Finanzierung“ (1999), „Allgemeine Empfehlungen zur Universitätsmedizin“ (2007). Darüber hinaus erfolgte eine ausführliche Darstellung über die rechtlichen Aspekte der gesamten Hochschulmedizin durch Becker, „Das Recht der Hochschulmedizin“ (2005) und Sandberger, „Das Recht der Hochschulmedizin“ (2011).

6 Unter der DRG (Diagnosis Related Groups)-Fallpauschale wird eine fallbezogene Pauschale verstanden, die aufgrund der Diagnose, die für den Patienten bei der Krankenhausbehandlung gestellt wird, definiert ist. Vom 1.1.2003 bis 31.12.2004 bestand eine budgetneutrale Einführung des DRG-Systems. Seit dem Jahr 2005 erfolgte eine stufenweise Angleichung der bisherigen Krankenhausbudgets an das neue DRG-Preisniveau mit der Zielsetzung, nach der dreijährigen Konvergenzphase (2005-2008) alle Krankenhausleistungen nach einem einheitlichen DRG-Preis abzurechnen; vgl. Münzel, Zeiler, S. 134, 147; Rübsamen, S. 73; Döring, S. 13.

7 WR, Empfehlungen zu forschungs- und lehrförderlichen Strukturen in der Universitätsmedizin, S. 23.

8 WR, Empfehlungen zu forschungs- und lehrförderlichen Strukturen in der Universitätsmedizin, S. 23.

Inwieweit mit den neuen Organisationsformen der besondere Versorgungsauftrag der Universitätsklinika und die untrennbare Verbindung von Forschung, Lehre und Krankenversorgung berücksichtigt werden, wird in dieser Arbeit thematisiert. Zugleich werden haftungs-, arbeits- und gesellschaftsrechtliche Problematiken erörtert.

1.2 Ziel der Untersuchung

Die vorliegende Arbeit thematisiert die Organisationsentwicklung der Universitätsklinika. Das Ziel der Arbeit besteht in der Erörterung der effektivsten Organisationsform der Universitätsklinika unter Bewertung der in der Praxis gebräuchlichen Organisationsmodelle.

Vor- und Nachteile der jeweiligen Organisationsform werden gegenübergestellt mit abschließender Bewertung durch die Verfasserin.

Die aufgezeigten Lösungsansätze sollen aber in erster Linie weitere Diskussionen anregen und die bislang in die Wege geleiteten Veränderungen zukunftsgerichtet ergänzen. Derartige Veränderungen betreffen jedoch nicht nur die Organisation und Struktur der Universitätsklinika, sondern umfassen auch Anregungen bzgl. der Neugestaltung des die Universitätsklinika einbettenden Gesundheits- und Bildungswesens.

1.3 Methodisches Vorgehen

Der Inhalt dieser Arbeit stellt sich im Überblick wie folgt dar:

Im ersten Teil dieser Arbeit werden die historischen Grundlagen und die gesetzlichen Rahmenbedingungen der Universitätsklinika, die den Verbund von Forschung, Lehre und Krankenversorgung gewährleisten, aufgezeichnet.

Die weitere Entwicklung der Universitätsklinika, deren heutige Organisationsformen und Organisationsmodelle werden im zweiten Teil dargestellt.

Am Beispiel des Universitätsklinikums Leipzig werden im dritten Teil die einzelnen Entwicklungsstufen untersucht, bewertet und Optimierungsvorschläge erarbeitet.

Schließlich erfolgt im vierten Teil eine Zusammenfassung des zu erörternden Themas.

2 Erster Teil: Grundlagen

2.1 Die historische Entwicklung der Universitätsklinika

Die Geschichte der Universitätsklinik umfasst die stetige Entwicklung und Veränderung im Bereich der Organisation, die medizinische Betreuung, den Pflegedienst, das Verhältnis zur Gesellschaft und das Zusammenspiel zwischen Lehre, Forschung und praktischer Ausübung des medizinischen Berufs. Insbesondere die Einstellung der Menschen gegenüber Geburt, Krankheit, Tod, dem Umgang mit dem Arzt, den Pflegepersonen sowie der Wissenschaftsbereich selbst haben sich im Laufe der Jahre weiterentwickelt, woraus die gesamte medizinische Einheit eine Neustrukturierung erfahren hat.

2.1.1 Mittelalter

Die Universitätsklinik ist aus dem Hospital des Mittelalters und dem Krankenhaus der Neuzeit entstanden.

Nach den antiken Institutionen der Tempelmedizin, der Pflege von Soldaten und Aufnahme von Reisenden kommt es im Mittelalter zur Entstehung des Hospitals – dem Xenodochium[9]. Xenodochium bedeutet übersetzt „Fremdenheim" und meint eine von Christen geschaffene Stätte für Arme und Reisende[10]. In Rom wird im Jahre 380 n. Chr. das erste Hospital von der Römerin Fabiola eingerichtet[11].

Xenodochien breiten sich in Mitteleuropa seit dem 6./7. Jahrhundert aus. Im 8./9. Jahrhundert entstehen sie verstärkt an den Pilgerwegen, Alpenpässen, Flussübergängen, in der Nähe von Wallfahrtsorten und vor allem in Klöstern[12]. In dieser Zeit wird „Xenodochium" durch „Hospitium" ersetzt. Das Hospitium stellt im Unterschied zum Krankenhaus der Moderne eine Einrichtung für Bedürftige aller Art dar. Aufgenommen und behandelt werden Findelkinder,

9 Murken, S. 13.
10 Jetter, S. 5; Murken, S.13.
11 von Engelhardt, Geschichte der Universitätskliniken, S. 3.
12 von Engelhardt, Geschichte der Universitätskliniken, S. 3; Murken, S. 13.

Arme, Pilger, Alte, Prostituierte und kranke Menschen. Die medizinische Einrichtung hat sich nicht ausschließlich mit der Behandlung von Kranken befasst. Zur damaligen Zeit ist der Beistand wichtiger als die Therapie gewesen. Auch die Forschung und Lehre haben nicht zu den Aufgaben des Hospitiums gehört[13].

Mit dem 12./13. Jahrhundert setzt ein bedeutender Wandel ein. Zunehmend bieten Hospitäler in Frankreich, Spanien, England, Deutschland und Italien Therapien an, und es werden verstärkt Ärzte eingestellt. 1339 besitzt Florenz 30 Spitäler mit 1000 Betten[14]. Bereits im 12. Jahrhundert wird die Anstellung von vier Ärzten angeordnet. 1136 entsteht in Byzanz das Pantokratorhospital, das sieben Spezialabteilungen unter amtlicher Aufsicht und auch eine Ärzteschule enthält. 1154 begleiteten die ersten Schüler den Arzt bei seiner Krankenvisite[15].

1240 tritt unter Friedrich II. die Ärzteordnung in Kraft, welche die Grundlage der späteren Studien- und Approbationsordnungen ist[16].

2.1.2 Renaissance und Aufklärung

Durch Medikalisierung, die Verknüpfung von Therapie und Forschung, Konzentration auf kranke Menschen sowie soziale Ausweitung auf alle Schichten der Gesellschaft wird die weitere neuzeitliche Entwicklung vom Hospital über das Krankenhaus zur modernen Universitätsklinik charakterisiert. Auch die Therapie, der Unterricht und die Forschung werden von diesem Wandel beeinflusst. Zunehmend werden Ärzte fest in Hospitälern angestellt oder mit ihrer Leitung betraut, und es findet der erste medizinische Unterricht statt. Hervorzuheben sind die praktisch-theoretischen Fortschritte der Medizin an den Universitäten und die Integration der medizinischen Institution in die Universität[17].

Seit dem 17. Jahrhundert wird der medizinische Unterricht zunehmend mit der Klinik verbunden. In der medizinischen Ausbildung gibt es neben dem

---

13 von Engelhardt, Geschichte der Universitätskliniken, S. 3; Murken, S. 15.
14 von Engelhardt, Geschichte der Universitätskliniken, S. 4.
15 von Engelhardt, Geschichte der Universitätskliniken, S. 4.
16 Puschmann, S. 266.
17 von Engelhardt, Geschichte der Universitätskliniken, S. 5; Möller, S. 557.

Unterricht an dem Kranken selbst die Tradition der individuellen Unterweisung des Gehilfen und Studenten durch den praktischen Arzt[18].

Die einzelnen Fächer unterscheiden sich in der Verbindung von Klinik und universitärer Ausbildung. In Göttingen werden 1751 Medizinstudenten im Bereich der Gynäkologie neben den Hebammen ausgebildet. Der Unterricht an den Patienten findet hierbei noch ambulant bei den Professoren zu Hause oder in Exkursionen der Professoren mit den Studenten zu besonders interessanten Kranken in der Stadt oder auf dem Lande statt. Die Vereinigung von Ärzten und Studenten werden als „Collegium Clinicum" bezeichnet. Von diesem Begriff leitet sich später der Name „Universitätsklinik" ab[19].

Im 18. Jahrhundert bildet sich allmählich die Universitätsklinik als Stätte der Forschung und Lehre neben der Therapie und Pflege heraus. Zur Einrichtung von Universitätskliniken kommt es 1779 in Jena, 1791 in Würzburg und in Marburg, 1793 in Tübingen, 1805 in Kiel und 1806 in Halle. Das Armenhaus und die Armenpraxis sind nun nicht mehr nur Orte der medizinischen Ausbildung, sondern auch immer häufiger im Blickpunkt der medizinischen Forschung[20].

2.1.3 Das 19. Jahrhundert

Die Verbindung von Naturwissenschaft und Klinik, die Organisationsstruktur der Universität und der Forschungsdrang sind die wesentlichen Ursachen der Fortschritte des 19. Jahrhunderts.

Im 19. Jahrhundert beginnt eine intensive Entwicklung der für die Universitätsklinik charakteristischen Trias von Therapie, Ausbildung und Forschung. 1810 wird die Berliner Universität gegründet. Unmittelbar mit dieser Gründung bildet sich eine enge Verknüpfung von Forschung und Unterricht heraus. Dabei entsteht der klinische Unterricht[21], der durch das Praktizieren in der Poliklinik und durch Hausbesuche bei Patienten ergänzt wird[22].

---

18 von Engelhardt, Geschichte der Universitätskliniken, S. 6; Eulner, S. 22, Ellwein, S. 59.

19 von Engelhardt, Geschichte der Universitätskliniken, S. 7: Artelt, S. 15.

20 von Engelhardt, Geschichte der Universitätskliniken, S. 6; Artelt, S. 15.

21 von Engelhardt, Geschichte der Universitätskliniken, S. 8; von Engelhardt, Forschung: Begriff und Konzeption im Wandel der Neuzeit, S. 44.

22 Artelt, S. 16.

Die Humboldt'sche Universitätsreform in der ersten Hälfte des 19. Jahrhunderts mit ihrer Verbindung von Forschung und Lehre sowie der Ergänzung der klinischen Beobachtung und Untersuchung durch die Erkenntnisse der Naturwissenschaften begründet das heutige Bild und zugleich den Modellcharakter der deutschen Hochschulmedizin. Die Organisationsstrukturen entwickeln sich mit der Ausdifferenzierung der Fächer[23]. Die medizinisch-theoretischen Institute genießen keinerlei Sonderstatus. Sie sind vielmehr in der Regel in die Fakultäten integriert. Für die Trägerschaft der Universitätsklinika findet sich hingegen kein einheitliches Bild. Bis in die 70iger Jahre des 19. Jahrhunderts sind nicht alle Medizinuniversitäten Träger eines Universitätsklinikums[24]

Darüber hinaus beginnt im 19. Jahrhundert eine intensive und professionalisierte medizinische Forschung[25]. Die experimentelle Forschung wird durch die Einrichtung von Laboratorien und die Bildung von Fachlehrstühlen an den Universitäten bedeutend gefördert. Besonders hervorzuheben ist hierbei die Gründung universitärer und außeruniversitärer Forschungsinstitute, zum Beispiel das Institut für Pathologie (Virchow, 1856), Physiologie (Ludwig, 1869), Physiologische Chemie (Hoppe-Seyler, 1872), Hygiene (von Pettenkofer, 1879) und das für Robert Koch geschaffene Institut für Infektionskrankheiten[26].

Durch den rasanten Ausbau der Diagnostik und Therapeutik erfährt die Universitätsklinik, insbesondere durch die Einführung erster endoskopischer Verfahren, einen enormen Entwicklungsschub. Zudem beginnt eine Trennung von Vorklinik, theoretischen Fächern und klinischen Fächern[27].

2.1.4 Das 20. Jahrhundert

Im 20. Jahrhundert heben sich der Erste Weltkrieg und vor allem das Dritte Reich und die Jahrzehnte nach dem Zweiten Weltkrieg durch ihre Entwicklung in der Organisation der Klinika hervor. Vor allem in den großen Fächern Innere Medizin und Chirurgie stellt sich seit den 50iger und 60iger Jahren die Frage der

23 Eulner, S. 22; von Engelhardt, Geschichte der Universitätskliniken, S. 9.

24 Sandberger, Das Recht der Hochschulmedizin, S. 372.

25 Eulner, S. 22.

26 Artelt, S. 23; Honigmann, Sudhoff, S. 389; S. 40; von Engelhardt, Geschichte der Universitätskliniken, S. 10.

27 von Engelhardt, Geschichte der Universitätskliniken, S. 11.

Leitung durch eine Person, durch ein Gremium mit wechselndem Direktor oder die Gliederung in fünf bis zehn Departments[28].

In dem Bereich der Ausbildung hat sich mit dem Fortschritt der Spezialisierung die Anzahl der Krankheiten, die der Student an der Universität zu sehen bekommt und an denen er seine diagnostisch-therapeutischen Fähigkeiten üben kann, drastisch verringert. Die Kluft zwischen dem Lehrbuch-wissen und den neuesten Forschungsergebnissen wird ständig größer. Die dem Studenten an der Universität präsentierten Krankheiten stellen nur einen Ausschnitt der Krankheiten dar, mit denen er später in der Praxis zu tun haben wird. Umso wichtiger sind daher die Akademischen Lehrkrankenhäuser geworden. Neben Forschung und Ausbildung bleibt für die Universitätsklinik die medizinische Versorgung des Patienten zentral. Hierbei muss der Arzt nunmehr seine Zuständigkeit für den Umgang mit der Krankheit mit anderen Personen und Positionen teilen[29].

Die staatliche Trägerschaft gewinnt erst in dem Zusammenhang mit den Klinikneubauten des 19. Jahrhunderts an Bedeutung. Sie wird meist in Form unmittelbarer Staatsverwaltung (unselbständige Anstalt) wahrgenommen. Die Organisation und Verwaltung des Klinikums werden durch Einzelerlasse festgelegt[30]. Zudem dominiert die Trägerschaft von Kirchen, Stiftungen und Kommunen. Im Rahmen der kommunalen bzw. kirchlichen Trägerschaft regeln Verträge des Landes mit den Trägern die Bestellung der Ärztlichen Direktoren und den Kostenersatz für die Wahrnehmung der Aufgaben von Forschung und Lehre. Erst in den 50iger Jahren des 20. Jahrhunderts bis 1980 werden zahlreiche Kliniken in unmittelbare universitäre Trägerschaft übernommen[31].

2.1.5 Zusammenfassung

Die Entwicklung und die gegenwärtige Situation der Universitätsklinik sind mit der allgemeinen Geschichte des Krankenhauses verbunden. Sie blickt auf eine lange Tradition der Hospitalentwicklung und Geschichte der Medizin in Ausbildung, Theorie und Praxis zurück. Die Verbindung von Klinik und Universität, von Therapie, Ausbildung und Forschung ist ein Ergebnis der Neuzeit, vor allem des 19. und 20. Jahrhunderts.

---

28 von Engelhardt, Geschichte der Universitätskliniken, S. 19.

29 von Engelhardt, Geschichte der Universitätskliniken, S. 20.

30 Sandberger, Das Recht der Hochschulmedizin, S. 373.

31 Sandberger, Das Recht der Hochschulmedizin, S. 373.

Auch für die Zukunft bleibt die Universitätsklinik eine institutionalisierte Hilfe und muss zugleich für den medizinischen Unterricht und die medizinische Forschung offen sein. Zudem müssen immer mehr ökonomische Gesichtspunkte beachtet werden. Die veränderte Rolle der heutigen Hochschulmedizin erfordert somit teils auch andere Kompetenzen[32].

2.2 Das Recht der Hochschulmedizin

Universitätsklinika sind regelmäßig Krankenhäuser der höchsten Versorgungsstufe mit erweiterter Aufgabenstellung[33]. Neben der Zielsetzung – der Wiederherstellung, Aufrechterhaltung und Verbesserung des Gesundheitszustandes der ihnen anvertrauten Patienten – ist die Universitätsklinik zur Wahrung und Erhöhung der Funktionsfähigkeit des Gesundheitswesens durch wissenschaftliche Fortentwicklung der Medizin und Heranbildung des klinischen Nachwuchses verpflichtet[34]. Gerade dem Aspekt der Förderung und Sicherung der Forschung und Lehre, insbesondere vor dem Hintergrund der Wissenschaftsfreiheit, kommt bei den Universitätsklinika eine erhöhte Bedeutung zu.

---

32 Sandberger, Das Recht der Hochschulmedizin, S. 373.

33 Die Anzahl und Abgrenzung der jeweiligen Versorgungsstufen werden in den Landeskrankenhausgesetzen geregelt. Danach sind Krankenhäuser der Grundversorgung-, Regel-, Schwerpunkt- und Maximalversorgung zu unterscheiden. Krankenhäuser der Grundversorgung (Mindestversorgung, Versorgungsstufe 1) obliegt die ortsnahe Krankenversorgung. In ihnen sind bis zu drei Fachrichtungen vertreten. Krankenhäuser der Regelversorgung (Versorgungsstufe 2) nehmen überregionale Aufgaben wahr und haben eine vielfältigere medizinische Ausstattung. Krankenhäuser der Maximalversorgung (Zentral-, Schwerpunktversorgung, Versorgungsstufe 3) sind solche mit noch umfassenderen medizinisch-technischen Versorgungsmöglichkeiten; auch als Spitzenversorgung bezeichnet; vgl. Becker, S. 22. Sachsen unterscheidet zwischen drei Versorgungsstufen, wobei die Universitätsklinika der dritten Kategorie angehören, § 4 II SächsKHG.

34 Goll, S. 22.

2.2.1 Definition im Vergleich zu einem größeren allgemeinen Krankenhaus

Das Universitätsklinikum ist ein zur Einheit gefasster Zusammenschluss von Kliniken, medizinischen Instituten, technischen Hilfsbetrieben und Berufsfachschulen[35].

Ohne den Bestandteil der medizinischen Lehre lässt sich das Universitätsklinikum mit seinen Aufgaben in der Krankenversorgung wie ein größeres Allgemeines Krankenhaus unter die Legaldefinition des § 2 Nr. 1 KHG fassen. Hiernach sind Krankenhäuser Einrichtungen, in denen durch ärztliche und pflegerische Hilfeleistungen Krankheiten, Leiden oder Körperschäden festgestellt, geheilt oder gelindert werden sollen oder Geburtshilfe geleistet wird und in denen die zu versorgenden Personen untergebracht und verpflegt werden können. Dieser Krankenhausbegriff gilt für das gesamte Krankenhausrecht[36]. Die Krankenhausgesetze der Länder sind daher grundsätzlich auch auf die Universitätsklinika anwendbar[37].

Das Universitätsklinikum verfolgt ausschließlich und unmittelbar gemeinnützige Zwecke im Sinne der Abgabenordnung. Sie heben sich dadurch von den erwerbswirtschaftlich betriebenen Krankenhäusern ab. Der betrieblichen Funktion nach sind Universitätsklinika als Allgemeinkrankenhäuser[38] auf die umfassende stationäre Versorgung der Bevölkerung ausgelegt. Im Hinblick auf die medizinische Ausbildung und Forschung ist bei den Universitätsklinika regelmäßig eine Vielzahl an Fachdisziplinen vertreten. Universitätsklinika nehmen Aufgaben der höchsten Versorgungsstufen, der Zentralversorgung und der Maximalversorgung wahr. Sie verfügen über doppelt so viele Intensivbetten wie ähnlich große Krankenhäuser[39].

In den Universitätsklinika werden überdurchschnittlich viele Patienten mit schweren und multimorbiden Erkrankungen behandelt. Zudem können viele der in den Universitätskrankenhäusern durchgeführten Eingriffe mangels Aus-

---

35 Becker, S. 20.

36 Becker, S. 21; H. Genzel, BayVBl, 1985, S. 609 – 611.

37 Vgl. Art. 2 BayKHG; § 2 I HessKHG; § 2 II; LKHG M-V.

38 Von den Allgemeinkrankenhäusern sind die Fach- und Sonderkrankenhäuser zu unterscheiden. Die Fachkrankenhäuser sind auf bestimmte Krankheits- und Behandlungsarten spezialisiert. Bei den Sonderkrankenhäusern werden die Versorgung bestimmter Personengruppen und die besondere Unterbringung der Patienten gewährleistet; vgl. Becker, S. 21.

39 WR, Empfehlungen zur Struktur der Hochschulmedizin, S. 91.

stattung sowie den Möglichkeiten der Diagnose und der Heilung nicht in Krankenhäusern der Normalversorgung vorgenommen werden[40].

Neben den herkömmlichen Einrichtungen eines Krankenhauses besteht bei den Universitätsklinika eine Vielzahl von medizinisch-theoretischen Instituten. Diese Institute dienen zusätzlich der medizinischen Forschung und Lehre. Dem Klinikum obliegen dagegen keine eigenen Aufgaben in Forschung und Lehre. Es gewährleistet vielmehr die Verbindung von Krankenversorgung, Forschung und Lehre[41].

Von den Universitätsklinika sind die „Lehrkrankenhäuser" abzugrenzen. Mit diesem Begriff werden kommunale, gemeinnützige oder andere Krankenanstalten bezeichnet, die auf vertraglicher Grundlage klinische Ausbildungsaufgaben wahrnehmen.[42]

Insgesamt wahrt das Universitätsklinikum die der Universität eingeräumte Freiheit in Forschung und Lehre und stellt sicher, dass die Mitglieder der Universität die durch Art. 5 III S. 1 GG verbürgten Grundrechte wahrnehmen können.

2.2.2 Rechtsquellen

Die Wissenschaftsfreiheit schützt die Eigengesetzlichkeit der Wissenschaft und die Autonomie wissenschaftlicher Institutionen[43]. Über besonders intensive Erfahrungen beim Beschreiten des Grats zwischen Wissenschaft und Autonomie verfügt die Wissenschaft der Medizin. Hochschulmedizin ist gelehrte, gelernte, weiterentwickelte und angewandte Medizin in den medizinischen Fachbereichen und an den Universitätsklinika[44]. In diesen beiden organisatorisch getrennten, aber rechtlich eng verbundenen Institutionen ist eine Trennung der eigengesetzlichen Wissenschaft von der gesellschaftlichen Aufgabe der Krankenversorgung unmöglich.

Aufgrund dieser Aufgabenverschränkung ist das Recht der Hochschulmedizin Gegenstand unterschiedlicher bundes- und landesrechtlicher Rechts-

---

40 Thieme, S. 789, Rn. 1083.

41 Meinhold, Hochschulmedizin, S. 442, Rn. 1282; Karpen, Vorkommentierung, § 66, Rn. 83.

42 Becker, S. 23; DVBl, 1980, S. 900 ff; Karpen, Vorkommentierung, § 66, Rn. 103.

43 Kingreen/ Banafsche/ Szabados, S. 283; Schulte, Ruffert, S. 110 ff., 146 ff.

44 Becker, S. 5 ff; Kingreen/ Banafsche/ Szabados, S. 283.

quellen[45]. Die Rahmenvorgaben für das Zusammenspiel von Forschung, Lehre und Krankenversorgung setzen das Grundgesetz und die Landesverfassungen. Das Grundgesetz hat die verfassungsrechtliche Zuständigkeit für das Hochschulwesen grundsätzlich den Ländern übertragen. Die 1969 eingeführte Rahmengesetzgebungskompetenz des Bundes und die Mitwirkung an den sogenannten Gemeinschaftsaufgaben (insbesondere des Hochschulbaus) werden mit der Föderalismusreform wieder zurückgeführt[46].

Das Zusammenspiel von Forschung, Lehre und Krankenversorgung wird in allererster Linie durch die Wissenschaftsfreiheit gemäß Art. 5 III GG und die staatliche Verpflichtung zum Schutz von Leben und körperlicher Unversehrtheit gemäß Art. 2 II S. 1 GG gewährleistet. Die Inhalte der Forschung und Lehre werden durch das Hochschulrecht, die Landeshochschulgesetze und teilweise auch in separaten Gesetzen über Universitätsklinika geregelt. Soweit es um die Krankenversorgung geht, finden das Sozial- und Gesundheitsrecht sowie das Krankenhausrecht Anwendung[47]. Die einschlägigen Rechtsquellen befinden sich diesbezüglich überwiegend im Sozialgesetzbuch V – insbesondere die §§ 39, 107 ff. SGB V – im Krankenfinanzierungsgesetz (KHG[48]) und im Krankenhausentgeltgesetz (KHEntG[49]). Hinzu treten die Krankenhausgesetze der Länder[50].

Das Recht der Hochschulmedizin betrifft somit zwei Rechtsgebiete, das Hochschul- und Gesundheitsrecht, und zwei Institutionen, die Universität und das Krankenhaus, die jeweils seit Jahrzehnten Gegenstand und Bezugspunkt öffentlicher Reformen und Reformdiskussionen sind.

In den letzten drei Jahren sind in der Hochschulmedizin mehrere Reformprojekte zusammengetroffen. Am 01.04.2007 tritt die Gesundheitsreform in Gestalt des GKV-Wettbewerbsstärkungsgesetzes[51] in Kraft. Seit dem

---

45 Kingreen/ Banafsche/ Szabados, S. 283.

46 Wegen der Einzelheiten und zur Rechtslage vor der Föderalismusreform siehe Krüger „Hochschule in der bundesstaatlichen Verfassungsordnung“ in Flämig, „Handbuch des Wissenschaftsrecht“, S. 157-187.

47 Kingreen/ Banafsche/ Szabados, S. 284.

48 Gesetz zur wirtschaftlichen Sicherung der Krankenhäuser und zur Regelung der Krankenhauspflegesätze i.d.F. der Bekanntmachung vom 10.04.1991, BGBl. I S. 886.

49 Gesetz über Entgelte für voll- und teilstationäre Krankenhausleistungen vom 23.04.2002, BGBl. I S. 1412.

50 Sächsisches Krankenhausgesetz vom 19.08.1993, zuletzt geändert durch Art. 49 Sächs. VerwaltungsneuOsG vom 29.01.2008, sächsGVBl. 2008, S. 138.

51 Gesetz zur Stärkung des Wettbewerbs in der gesetzlichen Krankenversicherung vom 26.03.2007, BGBl. I S. 378.

01.09.2006 gilt die verfassungsrechtliche Reform der bundesstaatlichen Ordnung[52], die sich zudem auf das Recht der Hochschulbauförderung auswirkt.

Darüber hinaus gelten nunmehr in vielen Bundesländern neue Hochschulgesetze[53] und eigenständige Gesetze über Universitätsklinika[54]. Hintergrund dieser Reformen sind die ständig wachsenden Herausforderungen, die die Universitätsklinika zu bewältigen haben. Zum einen sind sie *„ein Wissenschaftsbetrieb und müssen der Motor des medizinisch-wissenschaftlichen Fortschritts sein"*[55]. Zum anderen stellen sie einen Wirtschaftsbetrieb mit einem stetig wachsenden Konkurrenzdruck dar. Darüber hinaus wird die Erfüllung dieser Anforderungen durch die begrenzten Möglichkeiten staatlicher Förderung für die Wissenschaft und hinsichtlich eines neuen Vergütungssystems für die Krankenversorgungsleistungen erschwert[56].

2.2.3 Universitätsklinikum als Verbundbetrieb

Das Universitätsklinikum nimmt, bedingt durch seine Merkmale der hochschulklinischen Dienstleistungen, eine besondere Stellung ein. Hierzu gehören die parallele Wahrnehmung von Selbstverwaltungsaufgaben, Auftragsangelegenheiten sowie die Gewährleistung von Forschung, Lehre und Krankenversorgung. Es wird daher als ein Verbundbetrieb bezeichnet[57].

2.2.3.1 Zielkomplementarität

Die Universitätsklinika bilden in sich keine homogene Gruppe. Die 33[58] medizinischen Einrichtungen in Deutschland weisen zum Teil sehr unterschiedlich rechtliche, organisatorische und betriebliche Gestaltungsformen auf[59]. Ein

---

52 Gesetz zur Änderung des Grundgesetzes vom 28.08.2006, BGBl. I Nr. 41, S. 2043.

53 Sächsisches Hochschulgesetz vom 10.12.2008 SächsGVbl. 2008, S. 900 ff.

54 Gesetz über Hochschulmedizin im Freistaat Sachsen vom 06.05.1999, SächsGVBl. 1999. S. 207.

55 Kingreen/ Banafsche/ Szabados, S. 284.

56 Kingreen/ Banafsche/ Szabados, S. 285.

57 Vgl. auch Leonhard, S. 36.

58 Die Angaben über die Anzahl der Universitätsklinika in Deutschland variieren. Nach dem VUD (Verband der Universitätsklinika Deutschlands e. V.) gibt es derzeit 33 Universitätsklinika in Deutschland, die an 36 Standorten medizinische Spitzenleistungen erbringen; vgl. auch Möller, S. 558.

59 Leonhard, S. 28.

Universitätsklinikum bezeichnet eine Wirtschaftseinheit, die aus dem Zusammenschluss einzelner Kliniken (Klinik für Kardiologie, Klinik für Orthopädie usw.) und deren nichtklinischen Hilfseinrichtungen – z.B. Laboratorien – besteht. Ein Klinikum kann daher Komponenten umfassen, die ausschließlich und unmittelbar der Krankenversorgung dienen, und solche, die auf Forschung und Lehre ausgerichtet sind. Darüber hinaus umfasst das Klinikum die klinischen Einrichtungen und klinisch-theoretischen Institute mit mittelbaren Krankenversorgungsaufgaben oder den gesamten medizinischen Bereich einer Universität mit vorklinischen Einrichtungen[60]. Die zentralen Dienstleistungseinrichtungen, technischen Versorgungs- und Hilfsbetriebe sowie Ausbildungseinrichtungen für Heilhilfsberufe gehören ebenfalls zu einem Klinikum[61].

Ein Klinikum besteht im Durchschnitt aus 15 bis 20 Kliniken und medizinisch-theoretischen Instituten[62], welche sich in bis zu 70 Grundeinheiten gliedern[63].

Die Universitätsklinika nehmen daher unter den Krankenhäusern eine Sonderstellung ein, denn sie sind einerseits Krankenhäuser – ganz oder teilweise, abhängig oder unabhängig – in Landesträgerschaft und andererseits als medizinische Einrichtungen Bestandteile der Universität. Im Vergleich zu anderen Krankenversorgungseinrichtungen ergeben sich somit ein ungleich komplexeres Zielsystem und eine erweiterte Aufgabenstellung[64].

Zu den grundlegenden medizinischen und gesundheitspolitischen Zielen von Universitätsklinika gehören nach *Leonhard*[65] die Erhaltung, Verbesserung und Wiederherstellung des Gesundheitszustands der Patienten durch Deckung des Bedarfs an (teil-)stationären und zum Teil an ambulanten Krankenversorgungsleistungen innerhalb bestimmter geographischer und fachlicher Grenzen sowie die Sicherung und Weiterentwicklung des Gesundheitswesens und der medizinischen Wissenschaft durch Innovationen, deren Erprobung und die Weitergabe von medizinischem Wissen. Letzteres bezieht sich sowohl auf die Erhöhung der Lebensqualität der Bevölkerung (u.a. durch die Senkung

60 Leonhard, S. 28.

61 Leonhard, S. 29.

62 Medizinisch-theoretische Einrichtungen umfassen die Genetik, Hämatologie, Immunologie, Pathologie, medizinische Mikrobiologie, Rechtsmedizin, vgl. Leonhard, S. 29.

63 Leonhard, S. 29, zu den bezeichneten Grundeinheiten speziell vgl. auch Eichhorn, Managementprobleme in Universitätskliniken, S. 259.

64 Leonhard, S. 29.

65 Leonhard, S. 29.

vorzeitiger Morbidität und Mortalität) als auch auf die Steigerung der Funktionsfähigkeit und der Effizienz des Gesundheitswesens[66].

Zudem fordert der Gesetzgeber neben der medizinischen und gesundheitspolitischen Zielsetzung eine wirtschaftliche Betriebsführung[67], welche als Formalziel in das Zielsystem der Universitätsklinika eingeht. Beachtet werden muss dabei auch, dass die Universitätsklinika zu den bedarfswirtschaftlichen Unternehmen zählen. Sie bieten Leistungen zur Deckung gemeinschaftlicher Bedürfnisse an, die anderenfalls nicht ausreichend erfüllt werden könnten. Das Bedarfsdeckungsziel äußert sich bei diesen Unternehmen durch einen Verzicht auf Gewinnstreben. Die Grundlagen der Leistungserstellung von Universitätsklinika werden dementsprechend im Gegensatz zu erwerbswirtschaftlich ausgerichteten Krankenhäusern durch ein Zielsystem definiert, innerhalb dessen die Sachziele gegenüber den Formalzielen eine prioritäre Stellung einnehmen[68].

In dem Punkt der Zielvorgabe der Weiterentwicklung des Gesundheitswesens wird der Unterschied zur Aufgabenwahrnehmung eines Universitätsklinikums in Bezug auf ein nichtuniversitäres Krankenhaus besonders deutlich. So sind Krankenhäuser nach § 1 KHG Sachsen im Allgemeinen Einrichtungen, in denen durch ärztliche und pflegerische Hilfeleistungen Krankheiten, Leiden oder Körperschäden festgestellt, geheilt oder gelindert werden sollen oder Geburtshilfe geleistet wird und in denen die zu versorgenden Personen untergebracht und verpflegt werden können.

Des Weiteren bildet die klinische Versorgung von Patienten eines Universitätsklinikums die Voraussetzung für die Leistungserbringung in medizinischer Forschung und Lehre und umgekehrt, so dass den Universitätsklinika neben der Patientenversorgung zusätzlich die Aufgaben der klinischen Forschung und Lehre obliegen.

Das Zusammenspiel der klinischen Forschung und Lehre sowie der Krankenversorgung basiert auf dem komplementären Verbund dieser Funktionen. Auszubildende Ärzte sind auf die direkte praktische Demonstration und Unterweisung am Patienten angewiesen. Zudem ist die Lehre Voraus-

66 Leonhard, S. 29.

67 Das Ziel der wirtschaftlichen Betriebsführung ist gesetzlich verankert. Der Gesetzgeber gibt aber keine Legalprüfung des Wirtschaftlichkeitsbegriffes, vgl. Leonhard, S. 29 sowie § 1 I S. 1 KHG Sachsen i.V.m. § 12 SGB V.

68 Leonhard, S. 30; Eichhorn, Öffentliche und gemischtwirtschaftliche Unternehmungen, Sp. 2925; Zum Begriff der Sachziel und Formalziel des öffentlichen Unternehmens vgl. auch Thiemeyer, S. 29 ff.

setzung für die Übermittlung und Weitergabe des ärztlichen Wissens und damit für die künftige qualitative Sicherung der Krankenversorgung[69]. Die Forschung trägt in Form einer dynamischen Komponente gleichermaßen zu dieser Sicherung bei. Sie bewirkt eine kontinuierliche Erneuerung des praxisrelevanten medizinischen Wissens, die Überprüfung, Bewertung, Verbesserung und Substitution bestehender Verfahren und Techniken durch neue Behandlungs- und Diagnoseformen. Dadurch übernimmt sie ebenfalls die Funktion einer immateriellen Ersatz- und Erweiterungsinvestition[70]. Die klinische Forschung und Lehre sind komplementäre Funktionen. Klinische Forschung ist auf Erkenntnisfortschritt gerichtet. Die Lehre bildet einerseits die notwendige Basis für dessen Diffusion, andererseits gehen von ihr wertvolle Anregungen und Kritik für die Forschung aus. Darüber hinaus erfordert die Lehre eine der Forschung dienliche Aufarbeitung von Forschungsinhalten und Forschungsergebnissen. Diese werden dann systematisch in Zusammenhang gestellt[71].

Die Forschung wiederum stellt die Grundlage für die wissenschaftliche Lehre und Ausbildung dar und bestimmt deren Qualität, § 22 HRG[72]. Lehrinhalte müssen stets neuen Forschungsergebnissen angepasst werden und sollen sich stets auf den jeweils aktuellsten Wissenschaftsstand stützen[73].

Eine bedeutende und zentrale Rolle für künftige Leistungen in der klinischen Forschung kommt der Förderung des wissenschaftlichen Nachwuchses zu. Daher wird dieser schon sehr früh in die Forschung eingebunden[74].

2.2.3.2 Aufgabenkonkurrenz

Die Integration von Forschung und Lehre in den Betrieb eines Universitätsklinikums ruft großes Konfliktpotenzial hervor. Aufgrund der Aufgabentrias ergeben sich neben den Konflikten zwischen Sach- und Formalzielen ebenfalls

---

69 WR, Empfehlungen zur klinischen Forschung in den Hochschulen, S. 6.

70 Leonhard, S. 33.

71 WR, Empfehlungen zur klinischen Forschung in den Hochschulen, S. 42 ff.

72 Die Bundesregierung hat am 9. Mai 2007 den Entwurf eines Gesetzes zur Aufhebung des Hochschulrahmengesetzes beschlossen (vgl. Bundesratdrucksache 352/07). Der Entwurf sah ein Außerkrafttreten zum 1. Oktober 2008 vor. Dieser Termin konnte jedoch nicht eingehalten werden. Die am 27. September 2009 gewählte Regierung aus CDU, CSU und FDP hat in dem am 26. Oktober 2009 vorgestellten Koalitionsvertrag die Abschaffung des Hochschulrahmengesetzes bestätigt und beschlossen.

73 Leonhard, S. 34.

74 Leonhard, S. 34.

Konkurrenzsituationen um knappe Ressourcen[75]. Dieses Spannungsverhältnis resultiert aus der „Zwitterstellung" zwischen Universität und Krankenhaus. Die Universitätsklinika sind einerseits akademische Einrichtungen, die im Sinne der Humboldt'schen Idee primär der wissenschaftlichen Forschung und Lehre dienen. Andererseits obliegen ihnen Aufgaben in ihrer Eigenschaft als Bestandteil der öffentlichen Gesundheitsversorgung und als Krankenversorgungseinrichtungen. Die primäre Universitätsaufgabe umfasst die klinische Forschung und Lehre im Bereich der klinischen Selbstverwaltungsangelegenheit. Die Krankenversorgung, die Aufgaben im öffentlichen Gesundheitswesen, die Weiter- und Fortbildung von Medizinern sowie die Aus- und Weiterbildung in nichtärztlichen medizinischen Berufen gehören zu den staatlich übertragenen Aufgaben – den Auftragsangelegenheiten[76].

Eine stetig wachsende Problematik betrifft die zunehmende Verknappung öffentlicher Mittel. Daher stellt sich heute mehr denn je die – umstrittene – Frage nach der Rangfolge der Aufgaben klinische Forschung, Lehre und Krankenversorgung[77]. Je nachdem, ob Universitätsklinika aus dem Blickwinkel einer forschenden und lehrenden Einrichtung oder hinsichtlich ihrer Funktion innerhalb des öffentlichen Gesundheitswesens und insbesondere der Krankenversorgung betrachtet werden, besteht diesbezüglich nach *Leonhard* eine geteilte Auffassung[78]. Das ursprüngliche Zielsystem von Universitätsklinika lege den Schwerpunkt auf die Aufgaben der klinischen Forschung und Lehre, weniger auf die Belange der Krankenversorgung[79]. Im originären Auftrag der Universitätsklinika komme ihr nur deshalb Bedeutung zu, weil sie als Grundlage zur Erfüllung der medizinischen Ausbildung und Forschung in einem gewissen Umfang notwendig ist.[80]

Nach alledem sind die Krankenversorgung und die Aufgaben im öffentlichen Gesundheitswesen durch die medizinische Forschung begründet[81].

---

75 Leonhard, S. 37.

76 Leonhard, S. 38; Schröder in MedR 1986, S. 65; Eichhorn, Organisation des Klinikums, S. 47 ff.

77 Becker, S. 63.

78 Leonhard, S. 38.

79 Leonhard, S. 38; WR, Empfehlungen zur klinischen Forschung in den Hochschulen, S. 13.

80 Leonhard, S. 38; Sieben/Rossels, S. 342; S burg, S. 10.

81 Leonhard, S. 38; Schröder, in MedR 1986, S. 67.

2.2.3.3 Kosten- und Leistungsabgrenzung der Universitätsklinika

In ihrer Eigenschaft als Krankenversorgungseinrichtungen fallen die Universitätsklinika unter die Krankenhausgesetze und die entsprechenden Verordnungen des Bundes und der Länder[82]. Eine besondere Berücksichtigung der Hochschulmedizin ist gesetzlich nicht geregelt. Nach Leonhard komme es daher insbesondere in finanzieller Hinsicht zu einer Zunahme des Leistungsdrucks in der Krankenversorgung und somit auch zu der Konkurrenz zwischen Selbstverwaltungs- und Auftragsangelegenheiten[83].

2.2.3.3.1 Abgrenzungsgegenstand

Den Universitätsklinika obliegt zwar im Vergleich zu anderen Krankenhäusern die besondere Aufgabenstellung in Forschung und Lehre, eine spezielle Berücksichtigung dieses Erfordernisses besteht aber nicht. Vielmehr findet auch hier lediglich das allgemeine Pflegesatzrecht Anwendung. Die einzigen krankenhausrechtlichen Bestimmungen bezüglich Forschung und Lehre trifft das Krankenhausfinanzierungsgesetz. Leistungen und Kosten, die über den normalen Krankenversorgungsbetrieb hinausgehen, werden nicht im Pflegesatz berücksichtigt[84].

Die Verbundenheitsbeziehungen zwischen klinischer Forschung, Lehre und Krankenversorgung stellen besondere Herausforderungen an die Ausgestaltung des Kostensystems dar. Die für Forschung und Lehre ausgegrenzten Kosten betragen zwischen 10 und 45 Prozent der Betriebskosten eines Klinikums[85]. Diese Spannbreite ergibt sich durch die unterschiedlichen Abgrenzungsverfahren und die Heterogenität des Abgrenzungsgegenstandes. Die unterschiedlichen Abgrenzungserfordernisse und -volumina variieren je nach Ausmaß des wirtschaftlichen Zuständigkeitsbereichs eines Klinikums.

Nach Leonhard[86] würde der Bereich der theoretischen Medizin in der Regel Teil der Haushaltspläne der Universitäten sein. Bei einigen Klinika seien einzelne der medizinisch-theoretischen Einrichtungen in den Wirtschafts-

---

82 Das Hochschulbauförderungsgesetz wurde zwar zum 01.01.2007 durch die Föderalismusreform abgeschafft. Die Gemeinschaftsaufgabe des Bundes wird jedoch durch die Art. 143 c I GG und Art. 91 b I, III GG gewährleistet.

83 Leonhard, S. 76; vgl. auch Eichhorn, Managementprobleme in den Universitätskliniken S. 258.

84 Leonhardt, S. 66; Siburg, S. 22.

85 WR, Stellungnahme zur Entwicklung der Hochschulmedizin, S. 6.

86 Leonhard, S. 66.

komplex integriert[87]. Die Kosten dieser Einheiten, die sich ausschließlich der Lehre und Forschung widmen, seien von der Krankenversorgung abzugrenzen. Somit hätten die Klinika weitaus höhere Kosten zu tragen als medizinische Einrichtungen ohne Integration dieser Bereiche. Zudem verlange das Krankenhausfinanzierungsgesetz neben der Kostenausgliederung für wissenschaftliche Forschung und Lehre auch die Abgrenzung der Kosten der Hochschulambulanzen. Die Einrichtungen seien in allen Klinika vorhanden, variieren jedoch erheblich hinsichtlich ihres Ausbaus. Die mit dem DRG neu eingeführte Aufstellung der Entgelte und Budgetermittlung (AEB) schließe die Kosten für Forschung und Lehre als Verhandlungsgegenstand aus[88].

2.2.3.3.2 Landes- und klinikumspezifische Kostenabgrenzungsverfahren

Die Kostenrechnung ist für die Abgrenzung von Forschung und Lehre aufgrund ihres rudimentären Ausbaus nur teilweise einsetzbar. Daher haben sich in Ermangelung allgemeingültiger gesetzlicher Regelungen unterschiedliche Kalkulations- bzw. Abschlagsverfahren etabliert. Diese Verfahren basieren auf Elementen der Kostenrechnung, auf Pauschalierungen, Schätzungen oder auf Ergebnissen der Wirtschaftlichkeitsprüfungen[89].

Die Abgrenzungsbestimmungen zur Ermittlung des Kostenteils in Forschung und Lehre sind in einigen Bundesländern einheitlich geregelt, während sie in Anderen klinikumspezifisch variieren[90].

2.2.3.3.3 Die Maximalversorgungsaufgabe

Nach Leonhard[91] übernehmen die Klinika im Rahmen eines mit den Sozialversicherungsträgern abgeschlossenen Versorgungsauftrags[92] mittlerweile Krankenversorgungsaufgaben der höchsten Versorgungsstufe[93] und decken

87 Leonhard, S. 66; siehe auch Goll, S. 44.
88 Leonhard, S. 67.
89 Leonhard, S. 70.
90 Leonhard, S. 70; WR, Stellungnahme zur Entwicklung der Hochschulmedizin, S. 6.
91 Leonhard, S. 77.
92 Die Klinika werden oft in die Krankenhausbedarfsplanung eingebunden, vgl. § 2 III SächsKHG.
93 Die in den Landeskrankenhausgesetzen definierten Versorgungsstufen klassifizieren die Krankenhäuser nach Leistungsangebot und –tiefe. In Sachsen unterscheidet man in Regel-, Schwerpunkt- und Maximalversorgung (§ 4 II SächsKHG).

einen Großteil des Maximalversorgungsbedarfs der Bevölkerung[94]. Den Bundesdurchschnitt beziffert sie auf ca. 50 Prozent. Zusätzlich seien die Klinika nach ortsspezifischer Angebotsstruktur gegebenenfalls zusätzlich mit der Lokal-, Regional- und Überregionalversorgung beauftragt[95].

Des Weiteren hat sich durch den erhöhten Forschungsaufwand und der Aufgaben in der Krankenversorgung die Beschäftigtenzahl in den Klinika innerhalb der letzten 40 Jahre verfünffacht. Daher sind die Universitätsklinika sehr personalkostenintensiv. Die Klinika gehören mit einer durchschnittlichen Personalzahl von ca. 5.000 Angestellten zu den größten Arbeitgebern der betreffenden Region. Sie beschäftigen fast 21 Prozent aller Krankenhausärzte[96]. Die Personalausstattung bemisst sich primär an der Krankenversorgung. Die Mehrzahl der Stellen, insbesondere die pflegesatzrelevanten Stellen, wird aus dem Krankenversorgungsbudget finanziert. Die Kosten der wissenschaftlichen Stellen übernimmt das Land[97].

Leonhard[98] ist der Auffassung, dass sich der Vorrang der Patientenversorgung nicht nur auf die Kosten- und Leistungsebene stütze. Die Entwicklung neuer hochtechnisierter Therapie- und Diagnostikmethoden und die damit verbundene Spezialisierung in der Medizin würden zudem Struktur, Fächerspektrum, Organisation und Ablauf der Universitätsklinika bestimmen. Die jedoch überwiegend auf die Belange der Krankenversorgung zugeschnittene Einteilung würde sich auf Forschung und Lehre in mehrfacher Hinsicht nachteilig auswirken. Die durch fortschreitende medizinische Differenzierung gekennzeichneten Abteilungsstrukturen seien oftmals nicht mit den Forschungsinteressen und -schwerpunkten deckungsgleich bzw. vereinbar. Die scharfe strukturelle Abgrenzung erschwere den für Forschung und Lehre notwendigen Austausch von Informationen, Personal und anderen betrieblichen Ressourcen[99]. Zudem erkläre der Umfang der Maximalversorgungsaufgabe die im Vergleich zu nichtuniversitären Krankenhäusern überdurchschnittliche Größe der Universitätsklinika und ihrer einzelnen organisatorischen Einheiten. Mit zunehmender Größe der organisatorischen Einheiten würden auch die Probleme der betrieblichen Steuerung und Kontrolle wachsen[100].

---

94 Leonhard, S. 77.

95 Leonhard, S.77.

96 Statistisches Bundesamt 1996, S. 72; Leonhard, S. 78.

97 Leonhard, S. 78; Sandberger, Zielkonflikte und ihre Lösung, S. 188.

98 Leonhard, S. 79.

99 Leonhard S. 79.

100 Leonhard, S. 79.

Nach alledem steht nach Leonhard fest, dass die Leistungsausweitung in der Krankenversorgung, begleitet vom Ausbau der Intensivstationen und Spezialeinrichtungen zur Behandlung besonders komplizierter und schwerwiegender Fälle, den Großteil der materiellen und personellen Ressourcen bindet. Hierbei würden jedoch die Dynamik der Patientenversorgung und die von ihr geprägten Organisationsformen den Freiraum der Selbstverwaltungsaufgaben zunehmend einschränken[101].

2.2.3.3.4 Auswirkungen durch erhöhte Studentenzahl

An zweiter Stelle nach der Krankenversorgung bestimmt die Lehre das Leistungsgeschehen der Universitätsklinika. Dieses ist insbesondere auf die Ausweitung der Studierendenzahl in der Medizin seit Anfang der siebziger Jahre zurückzuführen[102]. Selbst können die Universitätsklinika der Beanspruchung ihrer Lehrkapazitäten durch Steigerungsraten nicht entgegenwirken, denn sie haben keinen Einfluss auf die Zahl der auszubildenden Studenten. Die Ermittlung der Lehrkapazität richtet sich nach den Kapazitätsverordnungen der Länder[103].

Die in Bezug auf die Ausbildungskapazität überhöhten Studierendenzahlen binden einen weiteren Teil der für die Forschung bestimmten temporären personellen und finanziellen Ressourcen und beeinträchtigen somit die Qualität der Lehre[104]. Neben einer niedrigen Betreuungsdichte bei zu geringem Patientenspektrum kommt erschwerend das Fallspektrum hinzu, welches durch steigende Komplexität, Krankheitsschwere und Behandlungsintensität gekennzeichnet ist. Eine qualitativ gute klinische Ausbildung ist auf repräsentative und häufig vertretene Normalfälle angewiesen. Die aufgrund von Wirtschaftlichkeitsüberlegungen und Reformeingriffen zunehmende Arbeitsteilung im Krankenhaus bewirkt eine Verlagerung der Normalfälle aus den kostenintensiven Universitätsklinika in die vorgelagerten Versorgungsstufen[105]. Die damit fehlende bzw. zunehmende Verkürzung der Verweildauer der Patienten schränkt zudem die Lehrmöglichkeit ein. Diese der Lehre abträgliche Veränderung des Patientenguts ist eine Folge der Entwicklung der Universitätsklinika zu hochtechnisierten und spezialisierten Maximalversorgungs-

---

101 Leonhard, S. 79.
102 Leonhard, S. 80.
103 Leonhard, S. 80; WR, Empfehlungen zur klinischen Forschung in den Hochschulen, S. 227.
104 Leonhard, S. 81.
105 Leonhard, S. 81.

einrichtungen, der Supramaximalversorgung, und wird durch die allgemeinen Strukturveränderungen in der Krankenhauslandschaft und die Einführung leistungsorientierter Vergütungssysteme verstärkt[106].

2.2.3.3.5 *Das Finanzierungssystem der Universitätsklinika*

Die Universitätsklinika unterscheiden sich nicht nur in ihrer Aufgabenstellung und Leistungsstruktur von anderen Krankenhäusern, sondern auch durch ihre jeweiligen Finanzierungssysteme. Die deutsche Krankenhausfinanzierung beruht auf dem Prinzip der dualen Finanzierung. Die Hochschulmedizin hingegen basiert auf der Grundlage der trialen Finanzierungsform[107]. Die triale Finanzierungsform gründet auf einer künstlichen Trennung der Finanzierung der Investitionen und den Kosten des laufenden Betriebs. Die dritte Komponente des Systems, die nach Auftrags- und Selbstverwaltungsangelegenheiten geteilte Betriebskostenfinanzierung, resultiert aus der besonderen Aufgabenstellung der Klinika[108].

Zu den drei Finanzierungsquellen gehören die Mittel des Landes für den laufenden Betrieb in Forschung und Lehre (Landeszuführungsbeitrag, konsumtive Mittel), Investitionsmittel des Bundes und der Länder sowie die Drittmitteleinwerbungen der hochschulmedizinischen Einrichtungen[109]. Von der öffentlichen Investitionsförderung sind die Universitätsklinika nach dem Krankenhausfinanzierungsgesetz ausgenommen.

2.2.3.3.5.1 Änderungen nach der Föderalismusreform

Bis zum 31.12.2006 haben sich Bund und Länder im Rahmen der sogenannten Gemeinschaftsaufgabe der Hochschulbauförderung die Finanzierung ihrer baulichen und apparativen Investitionen bzw. der Vorhalteleistung geteilt[110]. Die hälftige Beteiligung des Bundes an der Hochschulbauförderung geht auf die Finanzreform von 1969 zurück, die den Hochschulbau als Gemeinschaftsaufgabe begründet hat. Investitionen, die unter 125.000 € (Großgeräte) bzw. 1,5 Mio. € (Bauten) liegen, hat das Land bis zum 31.12.2006 vollständig zu tragen

106 Leonhard, S. 81.
107 Zum Prinzip der dualen Finanzierung vgl. Thiemeyer, S. 117.
108 Leonhard, S. 89.
109 Fraunhofer Institut für System- und Innovationsforschung, S. 15.
110 Vgl. Art. 91a I Nr. 1 i.V.m. IV GG a.F. und § 1 HBFG.

gehabt. Nach der Föderalismusreform ist das Hochschulbauförderungsgesetz (HBFG) zum 01.01.2007 abgeschafft worden.

Die Neufassung des Art. 91b GG hält Bund und Ländern zunächst durch seinen Abs. 1 die Möglichkeit offen, auf dem Gebiet der Förderung von Wissenschaft und Forschung zusammenzuwirken. Die Norm differenziert zwischen der Forschungsförderung außerhalb von Hochschulen (Nr. 1) und der Förderung von Wissenschaft und Forschung an Hochschulen (Nr. 2). Gemeinsame Voraussetzung für eine Förderung als Gemeinschaftsaufgabe ist die überregionale Bedeutung. Art. 91 GG n.F.[111].

Die alte Gemeinschaftsaufgabe der Hochschulbauförderung des Bundes wird nun in Art. 143c, 91b Abs. 1 und 3 GG n.F. geregelt. Hiernach ist ein Teilbereich des Hochschulbaus – die in I Nr 3 genannten Forschungsbauten an Hochschulen einschließlich Großgeräten – im Rahmen des geänderten Art. 91b GG n.F. berücksichtigt. Art. 91b I Nr.3 GG n.F. regelt die Förderung von Baumaßnahmen und Großgeräten an Hochschulen, die nun aber auf „Forschungsbauten“ beschränkt wird. Diese Begrenzung führt aufgrund der engen Verknüpfung von Forschung und Lehre an den Hochschulen zu einem Abgrenzungsproblem. Bauten, die ausschließlich der Forschung dienen und nicht zumindest auch der Lehre, sind an den Hochschulen die Ausnahmen. Der allgemeine Aus- und Neubau von Hochschulen einschließlich der Hochschulklinika wird somit durch Art. 91b I Nr. 3 GG n.F. nicht erfasst. Eine Förderung erfolgt auch dann nicht, wenn in den Neubauten auch Forschung, die natürlich notwendig ist, betrieben wird[112]. Andererseits erscheint es kaum sinnvoll, nur solche Bauten als förderungsfähig anzuerkennen, die ausschließlich zu Forschungszwecken dienen. Dies würde tendenziell zu unzweckmäßigen und unnötig teuren Planungen führen. Forschungsgebäude und Lehr- oder auch Büroräume würden getrennt erstellt, nur um Mittel des Bundes in Anspruch nehmen zu können[113].

Nach alledem ist daher auf eine Schwerpunktbetrachtung abzustellen. Ist der Hauptzweck des geplanten Gebäudes die Forschung (das lässt sich häufig an einer an dem Forschungszweck orientierten Bauplanung erkennen), so entfällt die Förderfähigkeit auch dann nicht, wenn in einem untergeordneten Maße Räume für die Lehre im Gebäude untergebracht sind, in denen die Forschungs-

111 Schmidt-De Caluwe, Art. 91b, Rn. 7.
112 Schmidt-De Caluwe, Art. 91b, Rn. 12.
113 Knopp in NVwZ 2006, S.1219.

ergebnisse vermittelt werden[114]. Bauten, die nur im Zusammenhang mit der Lehre stehen, werden auch über die *„Vorhaben der Wissenschaft ... an Hochschulen"* nach Art. 91b I Nr. 2 GG n.F. nicht erfasst[115].

Der Wegfall der Gemeinschaftsaufgaben hat zur Folge, dass die Förderung von Hochschulbauten allein den jeweiligen Bundesländern überlassen ist, die damit auch allein die Finanzierungslast zu tragen haben. Das verfügbare Investitionsvolumen ist daher von der Haushaltslage des jeweiligen Bundeslandes abhängig. Somit ist nicht auszuschließen, dass in einigen Bundesländern deutlich weniger Investitionsmittel für die Universitäten zur Verfügung stehen als vor der Föderalismusreform. Jedoch besteht gemäß § 143c GG für eine Übergangszeit bis Ende 2019 ein Kompensationsanspruch der Länder. Die entsprechenden Bundesmittel werden auf die Länder zunächst nach bisherigen Durchschnittsanteilen verteilt, und zwar zweckgebunden an den Aufgabenbereich der bisherigen Mischfinanzierung[116].

Eine Mitfinanzierungspflicht der Länder wie bei den bisherigen Gemeinschaftsaufgaben ist hingegen nicht mehr vorgesehen[117].

2.2.3.3.5.2 Finanzierung der Krankenversorgung, Forschung und Lehre

Die Finanzierung des laufenden Betriebs der Krankenversorgung erfolgt wie bei den außeruniversitären Krankenhäusern über die Patienten bzw. die Sozialversicherungsträger. Das Gesundheitsstrukturgesetz und die damit verbundene novellierte Bundespflegesatzverordnung haben den Einstieg in eine grundlegende Reform des Krankenhausfinanzierungssystems bereitet. Im Fallpauschalengesetz von März 2002 wird diese Reform fortgesetzt[118]. Seit 2003 sieht das Fallpauschalengesetz eine rein fallorientierte pauschale Vergütung über die DRG vor. Die Vergütung richtet sich dabei nach Art der Erkrankung und der notwendigen Behandlung.

---

114 Schmidt-de Caluwe, Art. 91b, Rn. 12.

115 Sachs, S. 21.

116 Das Föderalismusreform-Begleitgesetz vom 05.09.2006, BGBl. I, S. 2098, enthält hierzu in Art. 13 das Entflechtungsgesetz, das in § 5 V eine jährliche Berichtspflicht der Länder gegenüber dem Bund vorsieht und bei nicht zweckgerechter Verwendung eine Umverteilung auf die anderen Länder durchführt. Somit bleibt der Bund wenigstens als Kontrollinstanz hinsichtlich der Verwendung seiner Finanzmittel involviert.

117 Jarass, Art. 143c, Rn. 1; Sachs, S. 29; kritisch Häde, JZ 2006, S. 935.

118 Leonhard, S. 92.

Kosten für Forschung und Lehre, die über den normalen Krankenhausbetrieb hinausgehen, sind von den übrigen Betriebskosten abzugrenzen. Sie werden als universitäre Aufgaben überwiegend durch einen für Forschung und Lehre gemeinsam gewährten Zuschuss aus dem Wissenschaftshaushalt des jeweiligen Bundeslandes und zu einem kleineren Teil über Drittmittel finanziert. Neben den Kosten für Forschung und Lehre übernehmen die Länder weitere nichtentgeltfähige Kosten[119] und eventuelle Defizite aus der Krankenversorgung.

Im Jahr 2005 hat der durchschnittliche Landeszuschuss je Fakultät 82,5 Mio. Euro, betragen wobei die Schwankungsbreite zwischen den Fakultäten sehr hoch ist und im Jahr 2005 von 240 Mio. Euro für Berlin bis 35 Mio. Euro für Greifswald variiert[120]. Die Universitätsmedizin in Berlin (Charité) und die LMU München ragen aufgrund ihres Finanzvolumens klar heraus. Daneben gibt es aber auch einige Fakultäten, deren Landeszuschüsse pro Jahr sehr gering ausfallen. Dieses ist entweder bedingt durch die Standorte in den neuen Bundesländern (Dresden, Greifswald, Halle-Wittenberg, Jena, Leipzig, Magdeburg, Rostock) oder aufgrund der Sonderfälle in den gewählten Organisationsformen wie bei Bochum, Gießen-Marburg, Mannheim, Regensburg, Kiel und Lübeck.

Über institutionelle Förderung hinaus stehen einzelnen Forschern oder Forschungseinheiten Drittmittel für definierte Vorhaben zur Verfügung. Zu den Drittmittelgebern gehören die EU, der Bund, das jeweilige Bundesland, die Deutsche Forschungsgemeinschaft (DFG), die Wirtschaft und Stiftungen sowie sonstige Drittmittelgeber. In dem Zeitraum 2003 – 2005 hat jede Professur in der Hochschulmedizin pro Jahr für einen durchschnittlichen Betrag von ca. 270.000,00 Euro Verantwortung getragen[121].

2.2.3.4 Zur Abgrenzung der Kosten der Aufgabenbereiche von Universitätsklinika

Für die Abgrenzung der Kosten der Aufgabenbereiche der Universitätsklinika werden die Leistungen in die der Betriebsbereitschaft und in die der klinischen

---

119 Hierzu zählen u.a. Kosten für Anlauf und Inbetriebnahme, für das Anmieten von Anlagen und Geräten und ungedeckte Kosten von Personalwohnheimen und Kindertagesstätten, vgl. Leonhard, S. 94.

120 Vgl. Fraunhofer-Institut für System- und Innovationsforschung, S. 16.

121 Fraunhofer-Institut für System- und Innovationsforschung, S. 40; Ziegele, S. 37.

Forschung, Lehre und Krankenversorgung eingeteilt. Zunächst wird jedoch der Begriff der „Leistung“ als Abgrenzungsvoraussetzung definiert.

2.2.3.4.1 Leistungsdefinition

Um die Leistungserstellung zu ermöglichen, müssen die Vorkombination, der Aufbau und die Aufrechterhaltung der Betriebsbereitschaft gegeben sein. Der Leistungserstellungsprozess wird hierbei in vier Stufen gegliedert[122]. Die erste Stufe des Leistungserstellungsprozesses stellt die Vorkombination dar. In der zweiten Stufe kommt es zur Nutzung der auf Verdacht geplanten und realisierten Leistungsbereitschaft. Die dritte Stufe der Leistungserstellung besteht in der Konkretisierung der Leistungswirkung am Verbraucher bzw. in ihrer Auswirkung im gesellschaftlichen und wirtschaftlichen Kontext[123].

Auch die Veränderung der praktischen Fähigkeiten von Ärzten in Aus- und Weiterbildung bzw. das Lehrergebnis oder der Forschungsfortschritt in der Medizin lassen sich schwer erfassen und bewerten[124]. Die mangelnde Quantifizierbarkeit ist insbesondere darauf zurückzuführen, dass die Leistungserstellung in Krankenhäusern und in Universitätsklinika im Vergleich zu anderen Dienstleistungsunternehmen besondere Ausprägung erfährt[125].

Charakteristisch ist die Partizipation des Humanfaktors bei der Leistungserstellung. Klinikumsleistungen werden von Menschen für Menschen erbracht[126]. Universitätsklinika gehören deshalb zu den humanfaktorpräsenzbedingten Dienstleistungsbetrieben[127]. Den Ausgangspunkt der Leistungserstellung in klinischer Forschung, Lehre und Krankenversorgung bildet der kranke Mensch. Darüber hinaus ist dieser auch in besonderer Weise in den Leistungsprozess eingebunden. Leistungen von Universitätsklinika sind dabei größtenteils zeitraumbezogene Dienstleistungen, bei denen der Mensch als externer Produktionsfaktor selbst aktiv oder passiv in den Vorgang der Faktorkombination einbezogen ist[128].

---

122 Leonhard, S. 39.
123 Leonhard, S. 39.
124 Leonhard, S. 42.
125 Leonhard, S. 42.
126 Leonhard, S. 42.
127 Leonhard, S. 42.
128 Leonhard, S. 42.

Bei der Krankenversorgung und Lehre ist der Mensch als Patient bzw. als auszubildender Arzt Leistungsnehmer und zugleich Dienstleistungsobjekt[129]. Die Leistungserstellung erfolgt hierbei zeitlich-räumlich simultan in Anwesenheit von Leistungserbringer und Leistungsnehmer[130].

In der klinischen Forschung geht der Patient hingegen neben anderen Produktionsfaktoren als Humanfaktor in den Leistungsprozess ein. Die Einbeziehung des Patienten in den Leistungsprozess stellt jedoch einen Unsicherheitsfaktor dar, so dass nur anzustrebende Leistungsziele vorgegeben werden können. Die Immaterialität und der hohe Individualitätsgrad der Klinikumsleistungen sind auf die Bedeutung des menschlichen Faktors bei der Leistungserstellung zurückzuführen[131].

Die in den Universitätsklinika erbrachten Dienstleistungen sind stark personenbezogen, so dass immaterielle Arbeitsleistungen die wesentlichen Faktoren des Leistungserstellungsprozesses bilden[132]. Leistungen von Universitätsklinika bieten aufgrund der unterschiedlichen und individuellen Bedürfnisse der einzelnen Leistungsnehmer nur geringe Standardisierungsmöglichkeiten. Dieses führt aber zu Problemen bei der Quantifizierung und Beurteilung von Qualität und Wirtschaftlichkeit der Leistungserstellung. Die klinische Forschung bringt zwar im Gegensatz zur Lehre und Krankenversorgung materielle und immaterielle Transferobjekte (Berichte und Medikamente) hervor. Jedoch sind die Forschungsresultate nur begrenzt kalkulierbar und vorhersehbar. Folglich fehlen auch hier standardisierte Leistungsdefinitionen[133].

Die Probleme in Bezug auf eine operationalisierbare, realitätsnahe und exakte Definition, Messung und Bewertung der Leistungen von Universitätsklinika sind bis heute nicht gelöst. Krankenhausbetriebslehre und -praxis behelfen sich mit proxy-measures, zumeist in der Festschreibung der Zahl der Pflegetage oder Krankenhausaufnahme[134]. Auch die eingeführte DRG bildet zwar den Leistungsprozess besser ab. Dennoch vermag die Pauschale auch nicht das Gesundheitsdifferential widerzuspiegeln. Für die Lehre dient regelmäßig die

---

129 Leonhard, S. 42.
130 Leonhard, S. 42.
131 Leonhard, S. 43.
132 Leonhard, S. 43.
133 Leonhard, S. 42, 43.
134 Leonhard, S. 44.

Zahl der Studierenden als Hilfsgröße, während für die klinische Forschung oft die Kosten herangezogen werden[135].

2.2.3.4.2 *Klinikumsleistungen*

Zu den Klinikumsleistungen zählen auch die Leistungen der Kapazitätsvorhaltung in Verbindung mit einer ständigen Betriebsbereitschaft[136].

Die Betriebsbereitschaft selbst gibt jenes Potenzial wieder, das zu einem bestimmten Zeitpunkt tatsächlich und umgehend zur Verfügung steht, während die Kapazität das generelle Leistungspotenzial beschreibt[137]. Daher ist die Nachfrage nach Krankenversorgungsleistungen in quantitativer, qualitativer sowie temporärer Hinsicht zufällig und nur innerhalb enger Grenzen planbar. Zudem entfällt die Möglichkeit der Lagerbildung zum Ausgleich von Nachfrageschwankungen. Somit besteht die Notwendigkeit der ständigen Betriebsbereitschaft und in Universitätsklinika die Vorhaltung eines besonders differenzierten Angebots an potentiellen Leistungen. Hierbei richtet sich die Vorhalteleistung nicht an konkrete Abnehmer, sondern an einen anonymen Markt und geht von Erwartungen über die Nachfrage – die Optionsnachfrage – aus[138].

Selbst die Kapazitätsvorhaltung stellt bereits eine Klinikumsleistung dar. Das Sicherheitsbedürfnis der Einwohner wird durch das Wissen befriedigt, im Bedarfsfall notwendige Leistungen in Anspruch nehmen zu können. Dieses bezeichnet man als die sogenannte Bereitstellungsnutzung[139]. Hierunter fällt die ständige Betriebsbereitschaft an Wochenenden, Feiertagen und während der Nacht durch Schicht- und (Ruf-) Bereitschaftsdienste.

Mit den Bereitschaftsdiensten tragen die Universitätsklinika maßgeblich zu der Notfallversorgung bei. Dies ermöglicht eine Einschränkung des Notdienstes der umliegenden Krankenhäuser, die in diesem Fall durch die Universitätsklinika subventioniert werden[140]. Insofern zählen auch die durch geringe Nachfrage bedingten Leerkosten im Sinne der Zielsetzung der Klinika zu den Nutzkosten. Infolge der besonders ausgeprägten Kapital- bzw. Anlagenintensität

---

135 Leonhard, S. 44.
136 Leonhard, S. 45.
137 Leonhard, S. 45.
138 Leonhard, S. 45; Breyer/Zweifel/Kifmann, S. 178, 179.
139 Leonhard, S. 46.
140 Leonhard, S. 46.

ist die durch einen Beschäftigtenrückgang verursachte Erhöhung des Fixkostenanteils besonders groß, die sogenannte hohe Kostenremanenz[141].

Darüber hinaus sollen Leistungen der Krankenversorgung positiv auf den Gesundheitszustand von Menschen einwirken. Die Krankenversorgung umfasst gemäß § 27 I SGB V alle Sach- und Dienstleistungen der medizinischen Behandlung und Pflege mit dem Ziel, Krankheiten, Leiden und Körperschäden zu erkennen, zu vermeiden, zu heilen, zu lindern oder einzudämmen, sowie Leistungen der Geburtshilfe[142].

Die Behandlungen der Patienten lassen sich in stationäre, teilstationäre und ambulante Leistungen unterscheiden. Die ambulanten Leistungen nehmen jedoch nur eine untergeordnete Stellung im Leistungsangebot von Universitätsklinika ein. Die Patientenversorgung umfasst die Anamneseerhebung, Diagnostik, Therapie und patientenbezogene Dokumentation sämtlicher Leistungen im Bereich der Pflege, der Unterkunft und der Verpflegung. Hierzu zählen die Bereiche der ärztlichen Diagnostik und Behandlung als Leistungen von Ärzten oder anderem Personal, welche auf die Veranlassung und Verantwortung eines Arztes erbracht werden, sowie die technischen Leistungen, die im Zusammenhang mit den ärztlichen Leistungen stehen und am Patienten direkt durch Funktionspersonal erfolgen, z.B. Computertomographie, Kernspintomographie, Endoskopie, Arthroskopie, und die technischen Leistungen, die im Zusammenhang mit Diagnostik und Therapie stehen und nicht am Patienten direkt erfolgen, sondern an Gewebe- und Knochenproben oder Körperflüssigkeiten, z.B. die Untersuchung von Blutwerten. Schließlich betrifft die Krankenversorgung die pflegerische Betreuung der Patienten (Hilfeleistungen bei der Verrichtung der Körpertoilette, beim Aufstehen etc.), die Versorgung mit Arznei-, Verbands-, Heil- und Hilfsmitteln sowie die Unterkunft und Verpflegung[143].

Neben der Krankenversorgung haben die Universitätsklinika die Fächer der klinischen Medizin in der Forschung zu fördern und zu vertreten.

Die klinische Forschung umfasst alle Formen der Erforschung von Ursachen, Entstehung und Verlauf von Krankheiten sowie der wissenschaftlichen

141 Leonhard, S. 46.
142 Leonhard, S. 46.
143 Vgl. § 28 I und § 39 I SGB V.

Beschäftigung mit ihrer Erkennung und Behandlung, die aus der ärztlichen Arbeit im Umgang mit kranken Menschen hervorgehen[144].

Der in den siebziger Jahren des 20. Jahrhunderts einsetzende Wandel in der klinischen Forschung verwischt zunehmend die Grenze zwischen Grundlagenforschung, angewandter Forschung und Entwicklung[145].

Die medizinische Grundlagenforschung hat sich von einem zufälligen Erkenntnisgewinn zu einer zweckgerichteten patientenbezogenen Wissensproduktion entwickelt. Oftmals stellen sich die Fragen der Grundlagenforschung erst durch die konkrete Beobachtung von Krankheitsverläufen. Die klinische Forschung hingegen bedient sich oft der naturwissenschaftlichen Techniken und einer grundlagenbezogenen Methodik[146]. Mit der heutigen Möglichkeit, humane Zellen in vitro zu vermehren, und der Entwicklung der Molekularbiologie treten zunehmend Zellkulturen, Analysen und Versuche anhand rekombinanter DNS-Technologien an die Stelle der direkten Beobachtung am Patienten selbst. Deshalb erfordert die Dynamik der wissenschaftlichen und technologischen Entwicklung in Verbindung mit der wachsenden Komplexität der Forschungsinhalte eine engere Verzahnung mit den Grundlagenwissenschaften und eine verstärkte interdisziplinäre Zusammenarbeit[147].

Zu den klinischen Forschungsleistungen zählen ärztliche Tätigkeiten wie die Erprobung neuer Diagnostik- und Therapieverfahren an Patienten oder freiwilligen gesunden Testpersonen, Studien über die Körperfunktionen, Datenerhebungen in Form von Fragebogenaktionen, Untersuchungen zur Bestimmung von Risikofaktoren und Nebenwirkungen neuer Verfahren, Untersuchungen zu Effektivitätsvergleichen und -erprobungen von neuen Geräten, Literaturerstellungen und -auswertungen für Promotionen, Habilitationen und Publikationen und der Zeiteinsatz für wissenschaftliche Tagungen und Kongresse. Zu der klinischen Forschung gehören ebenfalls die unterstützende Tätigkeit des nichtärztlichen Personals, z.B. bei molekularischen Laboruntersuchungen von Gewebeproben, statistische Diagnostikauswertungen und Therapiebewertungen[148].

---

144 WR, Empfehlungen zur klinischen Forschung in den Hochschulen, S. 5.

145 Leonhard, S. 48; WR, Empfehlungen zur klinischen Forschung in den Hochschulen, S. 32.

146 Leonhard, S. 48.

147 Leonhard, S. 49.

148 Leonhard, S. 49.

Zudem tragen Universitätsklinika im Rahmen ihres Versorgungsauftrages eine hohe Verantwortung bei der Übermittlung medizinisch-klinischen Wissens durch die Lehre. Die Lehre umfasst sämtliche Aktivitäten mit dem Ziel, Studierende der Medizin zu Ärzten auszubilden. Die Leistungen sind in der Approbationsordnung für Ärzte (ÄAppO) festgelegt und beziehen sich auf die Vermittlung von fachlichen Kenntnissen und Fertigkeiten der medizinischen Behandlung von Patienten. Dabei handelt es sich um die Weitergabe theoretischen Wissens und um die Einarbeitung in technisch praktische Methoden; Untersuchungs- und Therapietechniken sowie Verfahren der Anamneseerhebung. Ferner sollen soziale Fähigkeiten im Umgang mit den Patienten erlernt werden. Die Vermittlung der genannten Fähigkeiten und Kenntnisse erfolgt in unterschiedlichen Studienabschnitten bzw. Ausbildungsstadien. Während des Studiums sind verschiedene klinische Pflichtpraktika und -kurse zu besuchen. Eine höhere Intensität erreicht die Ausbildung während des praktischen Jahres. Die Studierenden im praktischen Jahr widmen die Hälfte ihrer Arbeitszeit praktischen Tätigkeiten auf der Station oder im OP. Die verbleibende Zeit ist der Ausbildung in den Funktionsbereichen, Lehrvisiten und dem Eigenstudium vorbehalten[149].

Bei der Demonstration stellen Ärzte Krankheitsbilder, Diagnostik- und Therapieverfahren am Patienten vor. Die Demonstration bereitet die praktische Übung vor. Die Studierenden dürfen aber nur vereinzelt das Erlernte am Patienten üben und nehmen daher eher eine passive Rolle ein. Im Gegensatz hierzu findet die praktische Übung im Kleingruppenunterricht statt. In diesem Unterricht haben die Teilnehmer Gelegenheit zur eigenständigen Anamneseerstellung und Diagnostik an ausgewählten Patienten. Der Dozent steht korrigierend zur Seite. Ein oder zwei Teilnehmer führen die Untersuchungen unter Assistenz des Dozenten eigenständig durch[150].

Auch die Weiterbildung zum Facharzt und die Fortbildung gehören inhaltlich zur Lehre. Sie fallen jedoch abgrenzungstechnisch mit der Krankenversorgung unter die Auftragsangelegenheiten. Die Lehre selbst befasst sich nur mit der Ausbildung. Die Fort- und Weiterbildung betreffen aber gerade approbierte Ärzte. Daher bieten die Universitätsklinika aufgrund ihrer Nähe zur klinischen Forschung und der hochgradig spezialisierten Krankenversorgung für diese Aufgabe eine optimale Grundlage[151].

---

149 Leonhard, S. 49.
150 Leonhard, S. 49.
151 Leonhard, S. 49.

Die ärztliche Fortbildung ist in der Berufsordnung für alle Mediziner verbindlich festgeschrieben und beinhaltet Bildungsmaßnahmen mit dem Ziel, fachliches Wissen stets auf dem neuesten Stand zu halten. Obwohl die fachärztliche Ausbildung Bestandteil der medizinischen Ausbildung ist, wird sie der ärztlichen Weiterbildung zugerechnet. Sie schließt an die Approbation an und endet mit der Facharztanerkennung und findet während der Erwerbstätigkeit der Ärzte statt[152]. Die Modalitäten der Weiterbildung zum Facharzt sind in der jeweiligen Weiterbildungsordnung der Landesärztekammer geregelt. Die Universitätsklinika übernehmen eine besondere Rolle in der Weiterbildung, da sie im Vergleich zu anderen Krankenhäusern über einen überdurchschnittlich großen Anteil von Ärzten in Weiterbildung verfügen. Ein Charakteristikum bildet hierfür unter anderem die hohe Fluktuation bei befristeten Stellen (rund 80% der Ärzte verfügen über einen Zeitvertrag)[153].

Die Tragweite der Aus-, Weiter- und Fortbildungsfunktion von Universitätsklinika innerhalb des Gesundheitswesens ist nicht zu unterschätzen, denn sie geht weit über die Deckung des Eigenbedarfs des jeweiligen Klinikums hinaus.

Das Bundesland Sachsen regelt die Aufgaben seiner Universitätsklinika in Dresden und Leipzig in § 2 I Sächs. UKG. Hiernach dient das Klinikum der Universität, der es zugeordnet ist, zur Erfüllung ihrer Aufgaben in Forschung und Lehre sowie dem wissenschaftlich-medizinischen Fortschritt. Zudem nimmt es, daran ausgerichtet, die Aufgaben der Krankenversorgung wahr. Ferner erfüllt es die Aufgaben der Aus-, Fort- und Weiterbildung des Personals.

Das Austarieren des Verhältnisses zwischen Forschung und Lehre und der Krankenversorgung ist sowohl ein Problem inhaltlicher Aufgabenverschränkung und Aufgabenabgrenzung als auch eines der Organisation und Finanzierung der Universitätsklinika, des Verhältnisses des Klinikums zur Fakultät und zur Universität und schließlich des persönlichen Status des im Klinikum tätigen Wissenschaftlers – Lehrer und Forscher – des kenntnisreichen und verständnisvollen Arztes sowie streng kalkulierenden Ökonomen[154]. Ob man dieser Empfehlung gerecht werden kann, hat sich nunmehr zu einer höchst umstrittenen Frage des Rechts der Hochschulmedizin entwickelt.

---

152 Leonhard, S. 50; Beske/ Brecht/ Reinkemeier, S. 175.

153 Leonhard, S. 49.

154 Adler, S. 10 ff.; WR, Empfehlungen zur Struktur der Hochschulmedizin – Aufgaben, Organisation, Finanzierung, S. 6.

2.2.4 Verfassungsrechtlicher Schutz der Aufgabenwahrnehmung

Zur Erläuterung des verfassungsrechtlichen Schutzes der Aufgabenwahrnehmung in der Hochschulmedizin werden zunächst der Schutzbereich der Wissenschaftsfreiheit[155] und daran anschließend die verfassungsrechtliche Rechtfertigung von Eingriffen bei Aufgabenkonkurrenzen und Aufgabenkollisionen erörtert.

2.2.4.1 Der sachliche Schutzbereich der Wissenschaftsfreiheit

Der sachliche Schutzbereich der Wissenschaftsfreiheit in der Hochschulmedizin umfasst die Wissenschaft als solche und die Krankenversorgung.

2.2.4.1.1 Wissenschaft, Art. 5 III GG

Die Wissenschaft stellt einen Oberbegriff für Forschung und Lehre dar. Unter diesem Begriff werden „die auf wissenschaftlicher Eigengesetzlichkeit beruhenden Prozesse, Verhaltensweisen und Entscheidungen beim Auffinden von Erkenntnissen, ihrer Deutung und Weitergabe" definiert[156].

Hierzu zählen insbesondere die durch die Forschungsfreiheit geschützten Tätigkeiten, die in Anlehnung an die Rechtsprechung des Bundesverfassungsgerichts[157] dargestellt werden, und zwar in der Fragestellung und Grundsätzen der Methodik sowie die Bewertung des Forschungsergebnisses und seine Verbreitung. Zudem differenziert der Wissenschaftsrat in zwei Grundtypen klinischer Forschung, die nach ihrem Erkenntnisziel und den eingesetzten Methoden unterschieden werden können. Die grundlagenorientierte Forschung fragt nach Ursachen, Entstehung und Verlauf von Krankheiten. Sie findet weitgehend in vorklinischen oder klinisch-theoretischen Institutionen statt. Die überwiegend in klinischen Abteilungen erfolgende anwendungsorientierte

155 Für einen umfassenden Überblick über die Vereinbarkeit der Strukturen der Hochschulmedizin mit der Wissenschaftsfreiheit vgl. auch Achenbach, Wissenschaftsfreiheit in der Hochschulmedizin, 2012.

156 Kingreen/ Banafsche/ Szabados, S. 286; Kannengießer, Art. 5, Rn. 30; Jarass, Art. 5, Rn. 121; BVerfGE 35, S. 79, 113.

157 Kingreen/ Banafsche/ Szabados, S. 286; BVerfGE 35, S. 79, 113.

Forschung widmet sich hingegen der Entwicklung und Verbesserung diagnostischer Verfahren und Therapien[158].

Lehre ist die wissenschaftlich fundierte Übermittlung der durch die Forschung gewonnenen Erkenntnisse[159]. Säulen der hochschulmedizinischen Lehre sind gemäß § 2 I UKG Sachsen die ärztliche Ausbildung sowie die Weiter- und Fortbildung.

2.2.4.1.2 Krankenversorgung

Zunächst obliegt die Gewährleistungsverantwortung für die Maximalversorgung der Patienten den jeweiligen Bundesländern. Zudem muss die Krankenhausplanung an den Aufgaben von Forschung und Lehre ausgerichtet sein.

2.2.4.1.2.1 Gewährleistungsverantwortung der Länder

Gemäß § 2 I S. 3 UKG Sachsen hat sich die Wahrnehmung der Aufgabe der Krankenversorgung an den Aufgaben von Forschung und Lehre auszurichten. Hiermit wird die wechselseitige Verzahnung der Aufgaben deutlich. Auf der einen Seite benötigt die medizinische Forschung den Patienten als Anschauungsobjekt zur wissenschaftlichen Problemfindung. Die medizinische Ausbildung ohne den Unterricht am Krankenbett ist undenkbar[160]. Auf der anderen Seite sorgen Medizinstudium, ärztliche Fort- und Weiterbildung für den notwendigen ärztlichen Nachwuchs. Dieser Zusammenhang führt dazu, dass sich die Aufgaben von Forschung und Lehre und Krankenversorgung in den praktischen Abläufen kaum voneinander unterscheiden. Daher kann im Rahmen eines Gruppenunterrichts am Krankenbett die gestellte Diagnose Ausbildungszwecken und gleichzeitig der Krankenversorgung dienen. Zudem ist es möglich, dass bei dem Heilversuch neue Behandlungsformen ausprobiert werden[161].

Nach § 2 I S. 3 UKG Sachsen wird die Krankenversorgung an Forschung und Lehre ausgerichtet. Des weiteren beinhaltet diese Gesetzesregelung, dass die Krankenversorgung über die Schutzgüter der Wissenschaftsfreiheit hinausreicht. Aufgrund des Sozialstaatsprinzips gemäß Art. 20 I GG muss der Staat der

---

158 Kingreen/ Banafsche/ Szabados, S. 286; WR, Empfehlungen zu forschungs- und lehrförderlichen Strukturen in der Universitätsmedizin, S. 8.

159 Kingreen/ Banafsche/ Szabados, S. 286; BVerfGE 35, S. 79.

160 Kingreen/ Banafsche/ Szabados, S. 287; BVerfGE 57, S. 70, 98.

161 Kingreen/ Banafsche/ Szabados, S. 287; Becker, S. 61 ff.

Verfassung wegen für die Gewährleistung der Krankenversorgung sorgen, da sie ein *„überragend wichtiges Gemeinschaftsgut“* darstellt[162].

Neben diese sozialstaatliche Verpflichtung tritt die aus Art. 2 II S. 1 GG abgeleitete Pflicht des Staates, sich schützend und fördernd vor die Rechtsgüter des Lebens und der körperlichen Unversehrtheit zu stellen[163]. Der Staat hat somit eine verfassungsrechtliche Gewährleistungsverantwortung für eine funktionsfähige Gesundheitsversorgung[164].

Die einzelnen Bundesländer kommen dieser Verantwortung vor allem gemäß § 6 I i. V. m. § 1 I KHG durch die Aufstellung von Krankenhausplänen (§ 3 sächsKHG) nach, in denen sie die für die bedarfsgerechte Versorgung der Bevölkerung erforderlichen Krankenhäuser nach Standort, Bettenzahl und Fachrichtung sowie Versorgungsstufe darstellen, § 4 I S. 1 sächsKHG[165]. Die Krankenhauspläne werden nach einem Feststellungsbescheid gemäß § 8 I S. 3 KHG nach außen wirksam. Nach dem Wirksamwerden der Krankenhauspläne erschließen sich die beiden für die Krankenhäuser wesentlichen Finanzierungsquellen. Hierzu zählt die Aufnahme eines Krankenhauses in den Krankenhausplan[166].

Dieser Vorgang beinhaltet über die Fiktion des Versorgungsvertrages gemäß § 109 I S. 2 SGB V die Zulassung zur Krankenhausbehandlung der Versicherten und den Anspruch auf Abschluss von Vergütungsvereinbarungen mit leistungsgerechten Pflegesätzen, §§ 108 Nr. 2, 109 IV SGB V). Diese Zulassung löst dann den Anspruch auf öffentliche Förderung gemäß §§ 8 ff KHG aus. Bei den Hochschulklinika wird die Fiktion des Versorgungsvertrages gemäß § 109 I S. 2 SGB V durch die landesrechtliche Anerkennung gemäß § 108 Nr. 1 SGB V bewirkt[167]. Damit wird zugleich die für die Aufnahme in den Krankenhausplan erforderliche Bedarfsgerechtigkeit i. S. v. § 4 II sächsKHG festgestellt.

Der Anspruch auf öffentliche Förderung folgt allerdings nicht aus dem bundesgesetzlichen Krankenhausgesetz (§ 5 I Nr. 1 KHG), sondern aus den jeweiligen landesrechtlichen Vorschriften. In Sachsen besteht dieser Anspruch gemäß § 5 III UKG Sachsen.

---

162 Kingreen/ Banafsche/ Szabados, S. 287; BVerfGE 57, S. 70, 99.

163 Kingreen/ Banafsche/ Szabados, S. 287; Schmidt-Bleibtreu/ Hofmann/ Hopfauf, Art. 2, Rn. 50; Jarass/Pieroth, Art. 2, Rn. 80.

164 Kingreen/ Banafsche/ Szabados, S. 287; Voßkuhle, VVDStRL 62 (2003), S. 266, 307 ff.

165 Kingreen/ Banafsche/ Szabados, S. 287.

166 Kingreen/ Banafsche/ Szabados, S. 288.

167 Kingreen/ Banafsche/ Szabados, S. 288.

2.2.4.1.2.2 Akzessorische und nichtakzessorische Krankenversorgung

Die Hochschulklinika erbringen jedoch viel mehr Gesundheitsdienstleistungen, als für die Erfüllung der Aufgaben von Forschung und Lehre erforderlich ist. Sie sind daher auch für die Krankenversorgung zuständig, soweit diese nicht i. S. v. § 2 I S. 3 UKG Sachsen an Forschung und Lehre ausgerichtet ist. Aufgrund ihrer personellen und sächlichen Ressourcen erbringen die Hochschulklinika Leistungen der „Supramaximalversorgung“[168], die regelmäßig jenseits der Leistungsgrenzen der übrigen Krankenhäuser liegt, vgl. § 4 II Nr. 3 sächsKHG[169].

Der § 2 I S. 3 UKG Sachsen bringt auf der einen Seite die Einheit von Wissenschaft und Krankenversorgung zum Ausdruck, zeigt aber auch auf der anderen Seite, dass Krankenversorgung darüber hinaus keine originäre Aufgabe des Universitätsklinikums ist. In den Kategorien des allgemeinen Rechts der Selbstverwaltungskörperschaften kann man daher typologisch zwischen den eigenen und den übertragenen Aufgaben unterscheiden[170].

Die Krankenversorgung ist eine eigene Aufgabe, wenn und soweit sie Forschung und Lehre dient und diese stärkt. Hier verwirklichen sich Ideen von Einheit und wechselseitiger Bedingtheit. Daher spricht man, bezogen auf die Forschung und Lehre, von der akzessorischen Krankenversorgung[171]. Eine übertragene Aufgabe ist die Krankenversorgung hingegen, soweit sie allein aufgrund der staatlichen Gewährleistungsverantwortung für die Gesundheitsversorgung der Bevölkerung und daher losgelöst von ihrer Funktion für Forschung und Lehre wahrzunehmen ist. Diese Konstellation bezeichnet die nichtakzessorische Krankenversorgung[172].

Diese typologische Differenzierung zwischen akzessorischer und nichtakzessorischer Krankenversorgung kommt auch in den verschiedenen gesetzlichen Formulierungen zum Ausdruck. Die akzessorische Krankenversorgung ist an Forschung und Lehre angelehnt (vgl. § 2 I S. 3 UKG Sachsen). Sie stärkt diese. Die nichtakzessorische Krankenversorgung kann hingegen in einen Zielkonflikt mit Forschung und Lehre geraten, den das Gesetz dadurch auflöst, dass

---

168 WR, Empfehlungen zur Struktur der Hochschulmedizin – Aufgaben, Organisation, Finanzierung, S. 13 ff; Kingreen/ Banafsche/ Szabados, S. 288.

169 Kingreen/ Banafsche/ Szabados, S. 288.

170 Kingreen/ Banafsche/ Szabados, S. 288; Meinhold, S. 442, Rn. 1282.

171 Akzessorietät = Abhängigkeit des Nebenrechts von dem zugehörigen Hauptrecht.

172 Kingreen/ Banafsche/ Szabados, S. 289.

die Krankenversorgung *„unter Berücksichtigung ihrer Aufgaben aus Forschung und Lehre“* (vgl. § 4 II Nr.3 sächs. KHG) wahrzunehmen ist[173].

Die Doppelbedeutung der Krankenversorgung als eine im Verhältnis zu Forschung und Lehre einerseits akzessorischen, andererseits nichtakzessorischen Aufgabe ist auch Grundlage für den Aspekt, ob die Krankenversorgung sachlich durch die Wissenschaftsfreiheit geschützt ist[174].

Das Bundesverfassungsgericht betont in seiner Entscheidung vom 8. April 1981[175] zwar, dass die Übertragung der Krankenversorgung auf die Universität durch die medizinische Forschung und Lehre begründet und bedingt wird. Sie stellt jedoch eine Zusatzaufgabe dar, die in nicht unerheblichem Maße über den rein wissenschaftlichen Bereich hinausgeht. Die Universität ist daher nicht nur verantwortlich für die durch die Wissenschaftsfreiheit geschützte medizinische Forschung und Lehre, sondern ebenfalls Trägerin einer gesellschaftlichen Aufgabe. Das Grundrecht der Wissenschaftsfreiheit schütze daher nur die Forschung und Lehre als Kernbereich der akademischen Selbstverwaltung[176]. Jedoch lasse sich in der täglichen Praxis keine konkrete Trennung zwischen der wissenschaftlichen Tätigkeit eines Hochschullehrers in Forschung und Lehre einerseits und seiner Arbeit in der Krankenbehandlung andererseits ziehen[177]. Die in der Krankenversorgung gewonnenen Erkenntnisse bilden eine wichtige Grundlage für Forschung und Lehre im medizinischen Bereich sowohl auf diagnostischem als auf therapeutischem Gebiet. Akademische Lehre in der Medizin lässt sich ohne Demonstration am Krankenbett kaum durchführen[178].

Nach alledem zieht das Bundesverfassungsgericht den Schluss, dass das Grundrecht des Art. 5 III S. 1 Var. 2 GG auch im Rahmen der Krankenbehandlung und Krankenversorgung nicht gänzlich ausgeklammert werden kann[179]. Dem Grundrecht der Wissenschaftsfreiheit muss zumindest dann Rechnung getragen werden, wenn Forschung und Lehre in die sonst selbständige, der Universität zusätzlich übertragene Aufgabe der Krankenversorgung übergreifen[180]. Daher fällt die Krankenversorgung, die auch

---

173 Kingreen/ Banafsche/ Szabados, S. 289.
174 Kingreen/ Banafsche/ Szabados, S. 289.
175 Beschluss des BVerfG vom 8. April 1981, Az. 1 BvR 608/79, in BVerfGE 57, S. 70.
176 Kingreen/ Banafsche/ Szabados, S. 289; BVerfGE 57, S. 70, 96 ff.
177 BVerfGE 57, S. 70, 98 ff.
178 Kingreen/ Banafsche/ Szabados, S. 289.
179 Kingreen/ Banafsche/ Szabados, S. 289; BVerfGE 57, S. 70, 98 ff.
180 Kingreen/ Banafsche/ Szabados, S. 290; BVerfGE 57, S. 70, 99 ff.

Bestandteil von Forschung und Lehre ist, z.B. der Unterricht am Krankenbett, in den Schutzbereich der Wissenschaftsfreiheit.

Ebenso ist allerdings die rein ärztliche Tätigkeit ohne Wissenschaftsbezug vom Schutz der Wissenschaftsfreiheit ausgenommen. In diesen Fällen greift vielmehr das Grundrecht aus Art. 12 I GG. Das Schutzgut des Art. 5 III GG wird durch die Krankenversorgung nicht erweitert. Die Krankenversorgung fällt nur in den Schutzbereich der Wissenschaftsfreiheit als Bestandteil von Forschung und Lehre und somit als akzessorische Aufgabe. Die Krankenversorgung stellt aber keine verselbständigte und somit nichtakzessorische allgemeine Dienstleistungsaufgabe dar[181].

2.2.4.2 Verfassungsrechtliche Rechtfertigung

Ungeachtet der kategorialen Abgrenzung zu der durch Art. 5 III GG geschützten akzessorischen Krankenversorgung hat auch die nichtakzessorische Krankenversorgung Auswirkungen auf Forschung und Lehre[182]. Die Übertragung von Aufgaben der Krankenversorgung muss sich aber nicht immer positiv auf die Wahrnehmung von Forschung und Lehre auswirken und ist dann, vergleichbar mit den zu Art. 28 II GG entwickelten Grundsätzen[183], als Eingriff in Art. 5 III GG zu qualifizieren[184].

Nach *Kingreen/ Banafsche/ Szabados*[185] könne der Zielkonflikt auf der gleichzeitigen Wahrnehmung der Aufgaben von Wissenschaft und Krankenversorgung beruhen. Es bestehe eine Aufgabenkonkurrenz. Der in die allgemeine Krankenhausorganisation eingegliederte Hochschulmediziner sei Hochschullehrer und Arzt zugleich. Als Arzt müsse er sich in hierarchische Verwaltungsstrukturen einordnen, die er als akademischer Forscher und Lehrer nicht dulden müsste[186]. Darüber hinaus treten auflösungsbedürftige Aufgabenkollisionen finanzieller, personeller und sächlicher Natur auf[187]. Die überdurchschnittlich gute personelle und technische Ausstattung ist zwar der dem medizinischen Fortschritt dienenden Forschung und Lehre förderlich. Sie führt aber dazu, dass vor allem die Patienten mit solchen Krankheiten eingewiesen

181 Kingreen/ Banafsche/ Szabados, S. 290.
182 Vgl. Kingreen/ Banafsche/ Szabados, S. 290.
183 Schmidt-Bleibtreu/ Hofmann/ Hopfauf, Art. 5, Rn. 32, Art. 28, Rn. 47.
184 Vgl. Kingreen/ Banafsche/ Szabados, S. 290.
185 Kingreen/ Banafsche/ Szabados, S. 290.
186 Kingreen/ Banafsche/ Szabados, S. 290; Kochsiek, S. 26.
187 Kingreen/ Banafsche/ Szabados, S. 291; Kochsiek, S. 26; Becker S. 63.

werden, für deren Diagnostik und Therapie die speziellen medizinischen Kenntnisse und die moderne apparative Ausstattung der Universitätsklinika erforderlich sind. Patienten mit nicht so seltenen Krankheitsbildern werden weitgehend außeruniversitär behandelt[188].

Die medizinische Ausbildung ist hingegen eher an normalen Krankheitsbildern ausgerichtet und benötigt daher ein breit angelegtes Krankheitsspektrum[189]. Daraus folgen begrenzte Ausbildungskapazitäten, die ihrerseits wegen der Beschränkung des Berufszugangs gemäß Art. 12 I GG von verfassungsrechtlichem Gewicht sind[190]. Auch in der Person des einzelnen Hochschullehrers führt die Aufgabentrias zu Spannungen. Obwohl formal gleichrangig, entfallen ca. 60-80 % der Arbeitszeit eines Hochschullehrers auf die Krankenversorgung, während für die Lehre und Forschung jeweils nur 10-20% verbleiben[191].

Die Anforderungen an die Forschung und Lehre auf der einen und der Krankenversorgung auf der anderen Seite müssen im Rahmen der Prüfung der verfassungsrechtlichen Rechtfertigung abgearbeitet werden. Zwischen den Verfassungsgeboten der Wissenschaftsfreiheit und der bestmöglichen Krankenversorgung ist ein angemessener Ausgleich herzustellen, wobei vor allem die geeigneten Koordinations- und Kooperationsmöglichkeiten beider Funktionsbereiche und deren sachgerechtes organisatorisches Zusammenspiel beachtet werden müssen[192].

2.2.4.3 Grenzen der Wissenschaftsfreiheit im Hinblick auf die medizinische Forschung

Die Wissenschaftsfreiheit gewährleistet einen durch ihren Schutzbereich umgrenzten, schöpferischen Freiraum. Die wissenschaftlich tätige Person genießt jedoch innerhalb dieses Schutzraumes nicht die absolute Freiheit, da die wissenschaftliche Tätigkeit oft im Einflussbereich von Rechtsgütern stattfindet, die ebenfalls von der Rechtsordnung geschützt sind. Das Grundrecht der Wissenschaftsfreiheit ist daher nicht schrankenlos. Vielmehr darf sie unter

188 Das ist insbesondere in größeren Universitätsstädten ein Problem, in denen es neben dem Hochschulklinikum noch weitere Krankenhäuser gibt; vgl. Kochsiek, S. 26.

189 Becker, S. 62; Kingreen/ Banafsche/ Szabados, S. 291.

190 BVerfGE 33, S. 303.

191 Kingreen/ Banafsche/ Szabados, S. 291; Adler, S. 25.

192 Kingreen/ Banafsche/ Szabados, S. 291; BVerfGE in MedR 2003, S. 294, 295; Becker, S. 115.

bestimmten verfassungsrechtlichen Voraussetzungen eingeschränkt werden[193]. Die Einschränkungen der Wissenschaftsfreiheit in der medizinischen Forschung am Menschen ergeben sich insbesondere in den Gebieten der Fortpflanzungsmedizin und der Gentechnologie. Zudem besteht ein Schrankenvorbehalt bei Tierversuchen[194].

2.2.4.3.1 Zeitliche Entwicklung der Schrankenvorbehalte

Seit den sechziger Jahren des 20. Jahrhunderts wird eine stärkere gesellschaftliche Verantwortung der Wissenschaft propagiert. Im Rahmen der soziologischen Wissenschaftskritik ist aufgrund von Forderungen der studentischen Bewegung die Verantwortung des Wissenschaftlers für die Folgen seines Tuns bekräftigt worden. Die sich hieran anschließende Verantwortungsdiskussion hat 1978 auch das Bundesverfassungsgericht beschäftigt. In seinem Beschluss vom 1. März 1978[195] hat es entschieden:

> „Verpflichtung der Wissenschaftler an Universitäten, die gesellschaftlichen Folgen mitzubedenken und über gefährliche Forschungsergebnisse zu informieren, ist bei verfassungskonformer Auslegung mit dem GG vereinbar.
>
> Die Pflicht zum Mitbedenken ist auf Folgen für verfassungsrechtlich geschützte Gemeinschaftsgüter beschränkt, deren Beeinträchtigung bei der im Einzelfall gebotenen Abwägung nach der Wertordnung des GG schwerer wiegt als die dem Wissenschaftler auferlegte Verpflichtung.
>
> Die Informationspflicht besteht nur bei erheblichen Mißbrauchsgefahren, die auch ein Fachmann nicht ohne weiteres erkennen kann.“

Hiernach darf die Wissenschaftsfreiheit nicht grenzenlos sein. Ein Forscher darf sich bei seiner Tätigkeit bei etwaigen Versuchen gerade nicht über die Rechte seiner Mitbürger auf Leben, Gesundheit oder Eigentum hinwegsetzen. Auch die Universität ist zur Wahrung aller anderen im Grundgesetz geschützten Rechtsgüter berufen. Insbesondere darf die Beachtung der Wissenschaftsfreiheit in der Universitätsmedizin nicht zu Lasten der Patienten und ihrer Grundrechte

193 Schmidt-Bleibtreu/ Hofmann/ Hopfauf, Art. 5, Rn. 32; Jarass/Pieroth, Art. 5, Rn. 131.

193 Voßkuhle, VVDStRL 62 (2003), S. 266, 307 ff.

194 Janzarik in Wissenschaftsfreiheit in Vergangenheit und Gegenwart, S. 220.

195 BVerfG Beschluss vom 1. März 1978, Az. 1 BvR 333/75, 1 BvR 174/71, 1 BvR 178/71, 1 BvR 191/71 in BVerfGE 47, S. 327-419.

gehen. Das Bundesverfassungsgericht hat diesen Grundsatz in seiner Entscheidung aus dem Jahr 1981[196] bekräftigt. Es stellte explizit klar:

> „Jeder Patient, der sich in Behandlung eines Universitätskrankenhauses begibt, muss sicher sein, dass sein Grundrecht auf körperliche Unversehrtheit aus Art. 2 II S. 1 GG nach allen Regeln ärztlicher Kunst gewahrt wird. Die Krankenversorgung stellt ein überragend wichtiges Gemeinschaftsgut dar, für dessen Schutz der Staat von Verfassungswegen (auch im Hinblick auf das Sozialstaatsprinzip des Art. 20 I GG) zu sorgen hat."

2.2.4.3.2 Fazit

Nach alledem besteht in der Universitätsmedizin aufgrund der Schnittstellenposition zwischen Wissenschafts- und Gesundheitssystem stets die Notwendigkeit der Abwägung der grundrechtlich geschützten Rechtsgüter der Wissenschaftsfreiheit mit dem Grundrecht auf die körperliche Unversehrtheit des Patienten, wobei der Wissenschaftsfreiheit nicht unbedingt der Vorrang zukommt.

2.2.5 Der Sonderstatus der Hochschulmedizin im Hochschulsystem

Die Hochschulmedizin ist wie kein anderer universitärer Teilbereich Gegenstand von Reformvorschlägen. Innerhalb von 31 Jahren hat der Wissenschaftsrat Empfehlungen zu den Aufgaben der Hochschulmedizin in Forschung, Lehre und Krankenversorgung veröffentlicht[197]. Aufgrund des Doppelstatus der Universitätsklinika steht nunmehr neben der Reform der Medizinausbildung mit dem Ziel der Zusammenführung von Vorklinik und Klinik, der Verstärkung des praktischen Unterrichts am Patienten und der Verstärkung der Fächerintegration

196 BVerfGE 47, S. 368.

197 WR, Empfehlungen zu Aufgaben, Organisation und Ausbau der medizinischen Ausbildungsstätten 1976; WR, Empfehlungen zur klinischen Forschung in den Hochschulen, 1986; WR, Empfehlungen zur Verbesserung der Ausbildungsqualität in der Medizin, 1988; WR, Stellungnahme zur Entwicklung der Hochschulmedizin, 1995; WR, Allgemeine Empfehlungen zur Universitätsmedizin, 2007, vgl. Sandberger in Hochschulrecht ein Handbuch für die Praxis, S. 244.

die Reform der Organisation und Finanzwirtschaft der Universitätsklinika im Vordergrund[198].

Universitätsklinika sind Einrichtungen von Forschung und Lehre. Zudem nehmen sie als Krankenhäuser der Maximalversorgung eine staatliche Versorgungsaufgabe wahr. Aufgrund dieses Doppelstatus gibt es ein großes Konfliktpotential.

Nach alledem liegt die Universitätsmedizin im Spannungsfeld der verfassungsrechtlichen Pole der Wissenschaftsfreiheit nach Art. 5 III S. 1 GG und denjenigen Verfassungsbestimmungen, die hinter der Krankenversorgung gemäß Art. 1 I, Art. 2 II S. 1 GG und dem Sozialstaatsprinzip gemäß Art. 20 I GG stehen.

2.2.5.1 Wissenschaftsfreiheit und Universitätsmedizin

Inwieweit Art. 5 III S. 1 GG in der Hochschulmedizin Anwendung findet, wird nunmehr untersucht[199].

Im Zusammenhang mit der Abgrenzung von Forschung und Krankenversorgung wurde bereits festgestellt, dass die ärztlichen Tätigkeiten keine wissenschaftlichen sind und daher nicht dem Grundrechtsschutz der Wissenschaftsfreiheit unterliegen[200]. Da die Funktionskreise von medizinischer Wissenschaft und Krankenversorgung sehr eng miteinander verflochten sind, fällt der Krankenversorgungsbereich nicht gänzlich aus dem Schutzbereich von Art. 5 III S. 1 GG heraus.

2.2.5.1.1 Rechtsprechung

Das Bundesverfassungsgericht hat sich bisher nur in wenigen Entscheidungen mit der Geltung der Wissenschaftsfreiheit in den medizinischen Einrichtungen des Universitätsklinikums auseinandergesetzt[201].

---

198 Sandberger in Hochschulrecht ein Handbuch für die Praxis, S. 244, Sandberger, Rechtsfragen der Organisationsreform der Hochschulmedizin, S. 7.

199 Für einen umfassenden Überblick über die Vereinbarkeit der Strukturen der Hochschulmedizin mit der Wissenschaftsfreiheit vgl. auch Achenbach, Wissenschaftsfreiheit in der Hochschulmedizin, 2012.

200 Truthe/Wahl, WissR 1999, S. 38; Becker, S. 101.

201 Becker, S. 101.

In dem Beschluss von 08.04.1981[202] stellt sich das Gericht dieser Problematik nur in vagen Ansätzen. Es führt unter anderem in seiner Entscheidung vom 08.04.1981 aus:

> „Die Organisation der Krankenversorgung an Universitäten unterliegt nicht in gleichem Umfang den verfassungsrechtlichen Garantien aus Art. 5 III S. 1 GG, wie sie für die Selbstverwaltung in wissenschaftlichen Angelegenheiten gelten. Das Grundrecht des an der Universität tätigen Wissenschaftlers aus Art. 5 III S. 1 GG betrifft zunächst nur dessen wissenschaftliche Arbeit und Entfaltung in den der Universität gestellten, den Kernbereich akademischer Selbstverwaltung bildenden Aufgaben in Forschung und Lehre."

Nach alledem ist das Bundesverfassungsgericht 1981 der Ansicht, dass wegen der engen Verknüpfung von Forschung, Lehre und Krankenversorgung das Grundrecht des medizinischen Hochschullehrers aus Art. 5 III S. 1 GG auf Wissenschaftsfreiheit auch bei seiner Tätigkeit in der Krankenversorgung nicht vollständig ausgeklammert werden darf[203].

Konkretisiert wird die Meinung des Bundesverfassungsgerichts mit seiner Entscheidung vom 11.11.2002[204]. In seinen Leitsätzen führt das Bundesverfassungsgericht insbesondere aus:

> „Das durch Art. 3 III S. 1 gewährleistete Grundrecht der Wissenschaftsfreiheit gibt dem einzelnen Wissenschaftler ein Recht auf solche staatlichen Maßnahmen auch organisatorischer Art, die zum Schutz seines grundrechtlich gesicherten Freiheitsraumes unerlässlich sind, weil sie ihm freie wissenschaftliche Betätigung überhaupt erst ermöglichen.
>
> Art. 3 III S. 1 GG verlangt aber nicht, dass jeder Hochschullehrer an der Leitung der wissenschaftlichen Einrichtung, an welcher er tätig ist, teilnehmen oder auf die Bestellung dieser Leitung Einfluss ausüben kann.
>
> Besonderheiten für die Organisation der Hochschulklinika ergeben sich daraus, dass diese neben Forschung und Lehre die Aufgabe der Krankenversorgung wahrnehmen. Die Organisation der Krankenversorgung unterliegt nicht ohne weiteres den verfassungsrechtlichen Garantien aus Art. 3 III S. 1 GG, welche im Bereich der Selbstverwaltung wissenschaftsrelevanter Angelegenheiten und im Rahmen der Tätigkeit des Hochschullehrers in Forschung und Lehre Geltung beanspruchen. Sie erfordert eine straffere, die Verantwortlichkeiten klar abgrenzende und rasche Entscheidungen ermöglichende Organisation.

---

202 Beschluss des BVerfG vom 08.04.1981, Az. 1 BvR 608/79 in BVerfGE 57, S. 70 ff.

203 Vgl. auch Becker, S. 101.

204 (Nichtannahme)Beschluss des BVerfG vom 11.11.2002, Az. 1 BvR 2145/01, 1 BvR 2146/01, 1 BvR 2175/01, 1 BvR 2176/01 in DVBl 2003, S. 323-325.

> Wegen der untrennbaren Verknüpfung von Forschung, Lehre und Krankenversorgung an Universitätsklinika darf das Grundrecht des medizinischen Hochschullehrers auf Wissenschaftsfreiheit auch bei seiner Tätigkeit in der Krankenversorgung allerdings nicht unberücksichtigt bleiben. Für einen angemessenen Ausgleich zwischen der Wissenschaftsfreiheit einerseits und der bestmöglichen Krankenversorgung andererseits eignen sich Koordinations- und Kooperationsmöglichkeiten beider Funktionsbereiche und sachgerechte organisatorische Verzahnungen."

Darüber hinaus bestätigt das Bundesverfassungsgericht mit diesen Ausführungen eine frühere Entscheidung[205], in welcher es die in dem Hochschulurteil aufgestellten Grundsätze auch für die Universitätsklinika für anwendbar erklärt hat[206].

Der Ansicht des Bundesverfassungsgerichts folgt auch das Bundesverwaltungsgericht. In seinem Urteil vom 11.02.1983[207] bekräftigt das Bundesverwaltungsgericht, dass auch im Bereich der Krankenversorgung der organisatorische Aspekt der Wissenschaftsfreiheit gewahrt werden müsse.

Nach alledem ist in der Rechtsprechung das Grundrecht der Wissenschaftsfreiheit auch im Bereich der Krankenbehandlung zu beachten. Eine klare Aussage zu der Gewichtung des Art. 5 III GG liegt bisher hingegen noch nicht vor.

2.2.5.1.2 Literaturmeinung

In der Literatur wird die Frage des Geltungsanspruchs der Wissenschaftsfreiheit im Bereich der medizinischen Einrichtungen nicht übermäßig thematisiert[208]. Die Anwendbarkeit wird von den meisten Autoren stillschweigend vorausgesetzt. Nur wenn es um die Gewichtung der Wissenschaftsfreiheit in der medizinischen Krankenversorgung geht, unterscheiden sich die Literaturmeinungen. Eher zurückhaltend zu dieser Problematik äußert sich *Stark*[209]. Deutlich weniger vorsichtig positioniert sich *Bull*[210]. Er überträgt die Rechtsprechung des Bundesverfassungsgerichts zum Einfluss der Hochschullehrergruppe in akademischen Entscheidungsgremien auch auf die Organe des

205 BverfG Urteil vom 08.02.1977, Az. 1 BvR 79/70, 1 BvR 278/70, 1 BvR 282/70 in BVerfGE 43, S. 242-291.

206 Becker, S. 102; BVerfGE 43, S. 270.

207 BVerwG Urteil vom 11.02.1983, Az. 7 C 2/82 in KMK-HschR 1983, S. 335-342.

208 Vgl. Becker, S. 102.

209 Vgl. Becker, S. 102.

210 Bull, S. 12 ff; vgl. Becker, S. 102.

Klinikums. *Sandberger*[211] hingegen erhebt Art. 5 III S. 1 GG zum Maßstab für die Verbandsorganisation eines formell privatisierten Universitätsklinikums. Auch *Karpen*[212] hält die vom Bundesverfassungsgericht für den Wissenschaftsbereich entwickelten Grundsätze für den Bereich der Krankenversorgung nicht ohne Weiteres für anwendbar.

Nach alledem besteht auch in der Literatur die Anerkennung der Wissenschaftsfreiheit im Bereich der universitären Krankenversorgung.

2.2.5.1.3 Stellungnahme

Die untrennbare Verzahnung zwischen Forschung und Lehre sowie der Krankenversorgung eines Universitätsklinikums führt zwangsläufig auch zu der Anwendung der Wissenschaftsfreiheit für den Bereich der Krankenversorgung.

Das Universitätsklinikum ist unter anderem verantwortlich für die Maximalversorgung. In dieser Versorgungsstufe werden oftmals auch sehr seltenen Krankheiten von den Ärzten behandelt. Diese seltenen Krankheiten dienen zudem auch den angehenden Ärzten bzw. Fachärzten (unerheblich ob im Rahmen einer Famulatur oder im Stadium der Facharztausbildung) als Beispiele im Rahmen ihrer Weiterbildung und somit zugleich dem Bereich von Forschung und Lehre. Das Universitätsklinikum ist somit stets ein Wissenschaftsbetrieb. Daher können entgegen der Ansicht von *Becker*[213] auch Operationen und andere ärztliche Behandlungen Gegenstand der Wissenschaftsfreiheit sein. Ein von vornherein kategorischer Ausschluss des Anwendungsbereichs der Wissenschaftsfreiheit kommt für die Verfasserin nicht in Betracht. Allerdings bedarf es einer strikten Einzelfallprüfung.

Nach alledem vermag auch die Vornahme einer Abstufung bezüglich der Intensität der Wissenschaftsfreiheit nicht zu überzeugen. Schließlich ist es auch hinsichtlich der Anerkennung der Wissenschaftsfreiheit unerheblich, in welcher Rechtsform das jeweilige Universitätsklinikum betrieben wird.

---

211 Sandberger, Hochschulmedizin in der Rechtsform der öffentlich-rechtlichen Anstalt oder Kapitalgesellschaft, S. 449, 463; vgl. Becker, S. 103.

212 Karpen, Vor § 64, Rn. 93; vgl. Becker, S. 103.

213 Becker, S. 103.

2.2.5.2 Grundrechtsträgerschaft der Wissenschaftsfreiheit

Die Wissenschaftsfreiheit kommt als Abwehrrecht grundsätzlich jedem zugute, der wissenschaftlich tätig ist. Hierbei ist die berufliche Stellung unerheblich[214].

Grundrechtsträger sind somit Hochschullehrer, zu deren Dienstaufgaben der Bereich Forschung und Lehre zählt. Zudem können sich die wissenschaftlichen Mitarbeiter auf die Wissenschaftsfreiheit berufen. Die Wissenschaftsfreiheit gilt uneingeschränkt bei eigenen Forschungsarbeiten und Lehraufträgen und eingeschränkt bei den Tätigkeiten am Lehrstuhl[215]. Darüber hinaus partizipieren die Ärzte am Grundrechtsschutz, wenn sie an Forschungsprojekten teilnehmen oder in ihrer Freizeit forschen. Von dem Schutz der Wissenschaftsfreiheit nicht umfasst wird hingegen das sonstige im Klinikum beschäftigte Personal im Pflege-, Funktions- und Verwaltungsdient, selbst wenn diese Tätigkeiten mittelbar der Forschung und Lehre dienen[216].

Ob juristische Personen des öffentlichen Rechts von dem Schutzbereich des Art. 5 III S. 1 GG mit umfasst werden, ist bis heute nicht geklärt. Das Bundesverfassungsgericht äußerte sich in seiner Entscheidung vom 16. Januar 1963[217] zu dieser Fragestellung nicht. In der Literatur wird die Grundrechtsfähigkeit juristischer Personen des öffentlichen Rechts angenommen[218]. Das Grundgesetz bestimmt in Art. 19 III GG, dass das Grundrecht seinem Wesen nach auf juristische Personen anwendbar sein muss. Hierzu fordert das Bundesverfassungsgericht[219] ein personales Substrat, dass die Bildung und Betätigung einer juristischen Person Ausdruck der freien Entfaltung der dahinter stehenden natürlichen Person ist.

Die Universität betreffend sind es die Wissenschaftler, insbesondere die Hochschullehrer, die das vom Bundesverfassungsgericht geforderte personale Substrat ausfüllen. Insoweit ist eine Anwendbarkeit der Grundrechte gegeben[220]. Gleiches gilt für die Fachbereiche, da sie ebenso eigene Rechte besitzen[221].

---

214 BVerfGE 35, S. 79, 112, Schmidt-Bleibtreu/ Hofmann/ Hopfauf, Art. 5, Rn. 30; Jarass/Pieroth, Art. 5, Rn. 118; Achenbach, S. 30.

215 Becker, S. 104.

216 Becker, S. 104.

217 BVerfGE 15, S. 256, 262.

218 Trute, S. 366; Becker, S. 104.

219 Becker, S. 104; BVerfGE 61, S. 82, 101.

220 Schmidt-Bleibtreu/ Hofmann/ Hopfauf, Art. 5, Rn. 31; Jarass/Pieroth, Art. 5, Rn. 123.

221 Becker, S. 104; Karpen, Abbau von Hochschulkapazitäten, S. 70 ff.

Fraglich ist nun, ob auch für das Universitätsklinikum der Schutzbereich der Wissenschaftsfreiheit eröffnet wird. Soweit dieses allein den Krankenversorgungsbereich betrifft, insbesondere im Bereich der Pflege, wird dieses wohl zu verneinen sein. Das Klinikum selbst ist keine Wissenschaftseinrichtung. Zudem hat es keine eigenständigen Aufgaben in dem Bereich Forschung und Lehre, sondern stellt hierfür lediglich die Hilfsmittel bereit. Insoweit ist der Ansicht von *Becker*[222] zuzustimmen.

2.2.5.3 Verfassungsrechtliche Pflichten für die Krankenversorgung

Neben der Wissenschaftsfreiheit bestehen für das Universitätsklinikum im Rahmen der Krankenversorgung auch verfassungsrechtlich vorgegebene Pflichten.

Das Bundesverfassungsgericht hat in seinem „Apothekerurteil[223]" vom 11.06.1958 die Volksgesundheit als ein wichtiges Gemeinschaftsgut befunden und das Bundesverwaltungsgericht hat in seinem Urteil vom 11.02.1983[224] die Krankenversorgung zu einem überragend wichtigen Gemeinschaftsgut erklärt. Darüber hinaus hat das Bundesverfassungsgericht in seinem Beschluss vom 31.10.1984[225] entschieden, dass der Schutz in Fällen von Krankheit in der sozialstaatlichen Ordnung des Grundgesetzes zu einer der Grundaufgaben des Staates gehöre[226].

In einer neueren Entscheidung, dem Nichtannahmebeschluss vom 11.11.2002[227], leitet das Bundesverfassungsgericht das Erfordernis einer bestmöglichen Krankenversorgung konkret aus dem Sozialstaatsprinzip gemäß Art. 20 I GG und aus dem Recht auf Leben und körperliche Unversehrtheit gemäß Art. 2 II S. 1 GG her.

Zudem enthält das Grundrecht aus Art. 1 I S. 2 GG die Verpflichtung zum Schutz der Menschenwürde und kommt somit ebenfalls als Anknüpfungspunkt in Betracht. Hieraus das Recht auf optimale medizinische Versorgung ableiten zu wollen erscheint aber sehr fraglich. Dieses Grundrecht enthält keine Vorgaben für die Organisation der medizinischen Versorgung, sondern allenfalls die

---

222 Becker, S. 105.

223 Becker, S. 106; BVerfGE 7, S. 377, 414; vgl. auch Costard, S. 67

224 Becker, S. 106.

225 BVerfGE 68, S. 193, 209.

226 Becker, S. 106.

227 Az. 1 BvR 2145/01, 1 BvR 2146/01, 1 BvR 2175/01, 1 BvR 2176/01 in MedR 2003, S. 294-296; vgl. auch Kingreen, Hochschulmedizin, S. 435 ff.

Verpflichtung zur Errichtung von Krankenanstalten und die Gewährung zu deren Zugängen[228]. Eine verfassungsrechtliche Pflicht für die Krankenversorgung aus dem Recht der Menschenwürde gemäß Art. 1 I S. 2 GG besteht danach nicht.

2.2.5.4 Wichtung des Aufgabenbereiches Forschung und Lehre gegenüber der Krankenversorgung

Die Frage, ob der medizinischen Forschung und Lehre im Verhältnis zum staatlichen Aufgabenbereich der Vorrang zukommt, wird in der Literatur und in der Rechtsprechung stark diskutiert. Jedoch kommt weder die Literatur noch die Rechtsprechung zu einem abschließenden Ergebnis.

2.2.5.4.1 Literaturmeinung

Die Tragweite eines Vorranges der medizinischen Forschung und Lehre im Verhältnis zu der Krankenversorgung lässt sich aus den Äußerungen im Schrifttum nur ansatzweise feststellen. *Kübler*[229] ist der Ansicht, dass die Aufgabenbereiche Forschung und Lehre nicht der Krankenversorgung untergeordnet werden dürften. Auch *Leuze*[230] übt Kritik, wenn der Gesetzgeber die Bereiche Wissenschaft und Krankenversorgung bei der Leitung der medizinischen Einrichtung gleichrangig und gleichgewichtig zur Geltung bringt. Zudem beanstandet *Leuze,* dass sich im Falle eines Vorranges der medizinischen Forschung und Lehre der Klinikvorstand im Konflikt mit dem medizinischen Fachbereich an das Rektorat als Appellinstanz zu wenden habe.

Schröder[231] hingegen ist der Ansicht, dass sich ein im Verhältnis zum staatlichen Aufgabenbereich durchsetzbarer Primat von Forschung und Lehre nicht begründen lasse. Er schließt auch dann den Vorrang von Forschung und Lehre aus, wenn ein Verweis auf die Primäraufgaben Forschung und Lehre erfolgt und sich daraus die Nachrangigkeit aller anderen Hochschulaufgaben ableitet. Nach ihm ist die Bewertung hochschulorganisatorischer Details nicht genügend aussagekräftig.

---

228 Schmidt-Bleibtreu/ Hofmann/ Hopfauf, Art. 1, Rn. 7; Jarass/Pieroth, Art. 1, Rn. 14.
229 Vgl. DÖV 1974, S. 632 ff.
230 Erläuterungen in Leuze/ Bender, § 39, Rn. 3.
231 Vgl. Schröder in MedR 1986, S. 61.

2.2.5.4.2 *Ansicht der Rechtsprechung*

Aus der Verfassungsrechtsprechung lässt sich ebenfalls kein absoluter Vorrang der Forschung und Lehre gegenüber der Krankenversorgung belegen. Für den StGH BW[232] ist die Universität nicht nur der Raum, in dem sich medizinische Wissenschaft und Lehre entfalten, sondern sie ist zugleich auch Trägerin einer gesellschaftlichen Aufgabe, nämlich der Krankenversorgung. Von einem Vorrang der Forschung und Lehre ist nicht die Rede. Vielmehr müssten beide Funktionsbereiche geeignet miteinander kooperieren. Hierzu zählt auch die sachgerechte organisatorische Verzahnung. Auch das BVerfG betont lediglich die Überschneidung und Verzahnungen zwischen den Aufgabenbereichen Forschung und Lehre sowie der Krankenversorgung, die der Gesetzgeber bei der Organisation der Hochschulklinika zu berücksichtigen und auszugleichen habe[233]. Noch weitergehend spricht das BVerwG in seiner Entscheidung vom 11. Februar 1983[234] von der in der Forschung und Lehre integrierten Krankenversorgung.

Nach alledem stützt die Rechtsprechung nur zwei Aspekte zugunsten der medizinischen Forschung und Lehre. Hierzu zählt einerseits das Verbot, deren Kernbereich durch Organisationsnormen anzutasten, und andererseits das Prinzip, in der Hochschulmedizin für einen angemessenen Interessenausgleich zu sorgen[235].

2.2.5.4.3 *Stellungnahme*

Die Hochschulmedizin umfasst den Gesamtbereich medizinischer Forschung, Lehre und Krankenversorgung. Dabei sind alle Aufgabenbereiche sehr eng - teilweise untrennbar - miteinander verbunden. Zeitgleich muss jedoch sichergestellt werden, dass die einzelnen Wesenskerne erhalten bleiben. Die Sorge *Küblers* einer Unterordnung der medizinischen Forschung und Lehre im Verhältnis zum stattlichen Aufgabenbereich Krankenversorgung sieht die Verfasserin nicht. Vielmehr kann der Ansicht *Schröders* zugestimmt werden, dass die komplizierten Fragen der Organisation, Leitung, Verwaltung und Finanzierung, die sich bei medizinischen Einrichtungen aus der Interdependenz mit Forschung und Lehre ergeben, so gelöst werden müssten, dass die

---

232 Vgl. Urteil vom 24.11.1973 abgedruckt in DÖV 1974, S. 632 ff.

233 BVerfGE 57, S. 70 ff.

234 Az. 7 C 2.82 U (mit dem wesentlichen Inhalt wiedergegeben in MittHV 4/83, S. 208 ff.).

235 Schröder in MedR 1986, S. 61.

medizinische Forschung und Lehre möglichst wenig beeinträchtigt wird. Dieses ergibt sich gerade vor dem Hintergrund, dass weder die Krankenversorgung noch andere Aufgaben im öffentlichen Gesundheitswesen Selbstzweck der Hochschulen sind. Das öffentliche Gesundheitswesen wird vielmehr durch die medizinische Forschung und Lehre geprägt und beeinflusst, so dass hierbei kein Vorrang eines Aufgabenbereiches besteht, sondern deren Zusammenwirken unabdingbar ist[236].

2.2.5.5 Finanzierungsproblematik

Hierzu zählen die Probleme, die mit der quantitativen Entwicklung zu Großbetrieben mit einem Jahresbudget von durchschnittlich 300 – 600 Mio. € pro Universitätsklinikum im Zusammenhang stehen. Darüber hinaus wird den Trägerländern und Universitäten eine besondere Organisations- und Finanzverantwortung auferlegt, die aus der Höchstleistungsmedizin bzw. aus überproportionalen Kostensprüngen gegenüber anderen Krankenhäusern erklärbar ist. Im Durchschnitt verfügt jedes Universitätsklinikum über das doppelte Budget und einen entsprechenden Personalkörper als der Rest der Universität. In der Dienstleistungsaufgabe begründet, liegt der Deckungsgrad aus Einnahmen der Krankenversorgung bei 75 %[237].

Die Deckung der Betriebskosten ist in die allgemeine Krankenhausfinanzierungsgesetzgebung eingebunden. Im Rahmen des Selbstkostendeckungsprinzips werden die nicht eindeutig abgrenzbaren Kosten für Forschung und Lehre mit einem Abzug von 20 % aus den Gesamtkosten ausgegliedert. Ohne dass ein Zusammenhang mit den realen Kosten von Forschung und Lehre besteht, nahmen die vom Trägerland zu tragenden Staatszuschüsse wegen dieser engen Verknüpfung an der Kostenentwicklung des Gesundheitswesens teil[238].

Die Kostendämpfungsgesetze haben sich schon in der Vergangenheit für die stationäre Versorgung überproportional auf die Universitätsklinika ausgewirkt.

---

236 Dallinger/ Bode/ Dellian, § 66, Rn. 9.

237 Vgl. BMBF Forschungslandkarte Hochschulmedizin, 2002, S. 716; Sandberger in Hochschulrecht ein Handbuch für die Praxis, S. 244, Sandberger, Rechtsfragen der Organisationsreform der Hochschulmedizin, S. 7, 8; bereits im Jahr 1981 bestand ein erheblicher Investitionsbedarf, vgl. Siebke, S. 169.

238 Sandberger in Hochschulrecht ein Handbuch für die Praxis, S. 244, Sandberger, Rechtsfragen der Organisationsreform der Hochschulmedizin, S. 8.

Der mit dem GSG[239] eingeleitete Übergang vom Selbstkostendeckungsprinzip zu einem System prospektiver Basis- und Abteilungspflegesätze, Fallpauschalen und Sonderentgelte, das im Rahmen der weiteren Gesetzgebung an die Entwicklung der Grundlohnsumme angebunden worden ist, erhöht den Druck auf eine ertragsorientierte Ausrichtung des Leistungsangebots und die betriebliche Kostensteuerung[240]. Dieser Druck wächst mit dem seit 2007 eingeführten System diagnoseorientierter Fallpauschalen. Zugleich verstärkt sich die Gefahr von Betriebsdefiziten und damit einer zweckwidrigen Inanspruchnahme der Staatszuschüsse für Versorgungsaufgaben. Vor diesem Hintergrund sind die Empfehlungen des Wissenschaftsrates zur Entwicklung der Hochschulmedizin[241] und der Kultusministerkonferenz zur Neugestaltung von Struktur und Finanzierung der Hochschulmedizin[242] zu sehen.

2.2.6 Die Organisationsreform der Hochschulmedizin

Aufgrund einer immer angespannter werdenden Finanzsituation und der damit verbundenen Sanierungsmängel in den Universitätsklinika bestehen derzeit verschiedene Reformbestrebungen, die Organisation der Hochschulmedizin effektiv zu verbessern.

2.2.6.1 Entwicklung

Ursprünglich war die Hochschulmedizin in die Universität und ihre akademische Selbstverwaltung integriert. Nach den Medizinempfehlungen des Wissenschaftsrates 1976 wurde die Hochschulmedizin ganz oder in ihrem krankenversorgungsbezogenen Teil in einer unselbständigen Anstalt der Universität – Universitätsklinikum und medizinische Einrichtung – mit eigener Aufbauorganisation (Klinikumsvorstand, Zentrum bzw. Klinika und

239 Gesundheitsstrukturgesetz vom 21.1.1992, BGBl. I S. 2266.

240 Sandberger in Hochschulrecht ein Handbuch für die Praxis, S. 244, Sandberger, Rechtsfragen der Organisationsreform der Hochschulmedizin, S. 8.

241 WR, Empfehlungen zur Struktur der Hochschulmedizin – Aufgaben, Organisation, Finanzierung, S. 37 ff.

242 Kultusministerkonferenz, Überlegungen zur Neugestaltung von Struktur und Finanzierung der Hochschulmedizin, Beschluss vom 29.09.1995, zitiert in WR, Empfehlungen zur Struktur der Hochschulmedizin – Aufgaben, Organisation, Finanzierung, S. 20.

Abteilungen) zusammengefasst[243]. Den organisatorischen Bedürfnissen der Krankenversorgung entsprechend wurde das die Organisation der Universität prägende Kollegialitätsprinzip durch eine von Amtsträgern bestimmte Organisation ersetzt. Finanzwirtschaftlich erhielt das Klinikum durch Einführung des kaufmännischen Rechnungswesens eine flexible Betriebsführung. Die Verantwortung der Medizinischen Fakultät reduzierte sich auf akademische Belange[244]. Die Abstimmung von Forschung, Lehre und Krankenversorgung erfolgte entweder durch Personenidentität von Dekan und Ärztlichem Direktor oder die Mitgliedschaft des Dekans im Klinikumsvorstand, auf der Klinikebene durch Personalunion von Lehrstuhlinhabern und Ärztlichen Direktoren der Abteilungen. Da die Fakultät in der Regel über kein eigenes Budget verfügte und von den Finanzzuweisungen des Klinikumsvorstandes abhängig war, kam dem Klinikumsvorstand auch im Bereich Forschung und Lehre die entscheidende zielbestimmende Rolle zu[245].

Diese Organisation hat zwar die Koordinationsprobleme innerhalb der Krankenversorgung teilweise gelöst. Zugleich hat die Form aber auch Schnittstellen zu den vorklinischen Fächern und zur Organisation der Universität, ihren Amtsträgern, Kollegialorganen und ihrer Verwaltung hinterlassen. Durch die ausgeübte Fachaufsicht war der Einfluss des Staates in der Hochschulmedizin spürbar gewachsen. Andererseits standen aber auch Verbesserungen des Rechnungswesens und der Informationsverarbeitung mit positiven Auswirkungen den Betriebsergebnissen gegenüber[246].

2.2.6.2 Reformempfehlungen der KMK und des Wissenschaftsrates

Die Änderungen des Krankenfinanzierungsrechts – der Übergang vom Selbstkostendeckungsprinzip in Form vollpauschalierter tagesgleicher Pflegesätze über Basis- und Abteilungspflegesätze zu einem System administrierter Preise (zunächst als Fallpauschalen und Sonderentgelte, ab 2004 in Form diagnosebezogener Entgeltgruppen, vgl. § 17b KHG) – und die an die Kosten-

243 Sandberger, Hochschulmedizin, S. 391; Sandberger in Hochschulrecht ein Handbuch für die Praxis, S. 246, Sandberger, Rechtsfragen der Organisationsreform der Hochschulmedizin, S. 9.

244 Sandberger in Hochschulrecht ein Handbuch für die Praxis, S. 246, Sandberger, Rechtsfragen der Organisationsreform der Hochschulmedizin, S. 9.

245 Sandberger in Hochschulrecht ein Handbuch für die Praxis, S. 246, Sandberger, Rechtsfragen der Organisationsreform der Hochschulmedizin, S. 10.

246 Sandberger in Hochschulrecht ein Handbuch für die Praxis, S. 246, Sandberger, Rechtsfragen der Organisationsreform der Hochschulmedizin, S. 10.

entwicklung des Krankenhausbetriebs gekoppelte Zuschussentwicklung der Universitätsklinika – Besorgnis der Trägerländer, der Zuschuss würde in nicht definierbarer Höhe zur Deckung von Betriebsdefiziten der Krankenversorgung zweckentfremdet werden – haben dem Wissenschaftsrat (WR[247]) und der Kultusministerkonferenz (KMK[248]) Anlass zu Reformempfehlungen gegeben[249].

Beide Reformempfehlungen zeigen deutliche Divergenzen in der Vorstellung der Betriebsgröße eines Universitätsklinikums. Der Wissenschaftsrat bekräftigt seine Forderung, die Bettenkapazität auf ein von Forschung und Lehre bestimmtes Maß zu reduzieren[250]. Die Empfehlung des KMK sieht bei der Durchsetzung dieser Ziele wenige Spielräume[251]. Die Vorschläge für Veränderungen der Finanzwirtschaft und Organisation der Universitätsklinika stehen im Zentrum beider Reformvorschläge. Insbesondere werden in den Empfehlungen

---

247 Der WR wurde am 05.09.1957 vom Bund und den Ländern gegründet. Er ist das älteste wissenschaftspolitische Beratungsgremium in Europa. In dieser Funktion berät er die Bundesregierung und die Regierungen der Länder. Sein Aufgabengebiet umfasst die Erarbeitung von Empfehlungen zur inhaltlichen und strukturellen Entwicklung der Wissenschaft, der Forschung und des Hochschulbereichs sowie zur Sicherung der internationalen Konkurrenzfähigkeit der Wissenschaft in Deutschland in nationalen und europäischen Wissenschaftssystemen beizutragen. Darüber hinaus gibt er Empfehlungen und Stellungnahmen zu den wissenschaftlichen Institutionen (Universitäten, Fachhochschulen und unteruniversitärer Forschungseinrichtungen), insbesondere zu ihrer Struktur und Leistungsfähigkeit, Entwicklung, Finanzierung, übergreifende Fragen des Wissenschaftssystems zu ausgewählten Strukturaspekten von Forschung, Lehre sowie Planung, Bewertung, Steuerung einzelner Bereiche ab; vgl. http://www.wissenschaftsrat.de.

248 Die KMK wurde 02.07.1948 gegründet. Für Aufgabe und Tätigkeit der KMK ist die bundesstattliche Verfassungsordnung des Grundgesetzes bestimmend. Nach dem Bundesstaatsprinzip haben sowohl der Gesamtstaat als auch die Gliedstaaten (die Länder) Staatsqualität. Den Ländern gehört hiernach die ganz überwiegende Zuständigkeit für Bildung, Wissenschaft und Kultur, vgl. BVerfGE 6, S. 309, 346 ff. Die KMK behandelt nach ihrer Geschäftsordnung Angelegenheiten der Bildungspolitik, der Hochschul- und Forschungspolitik sowie der Kulturpolitik von überregionaler Bedeutung mit dem Ziel einer gemeinsamen Meinungs- und Willensbildung und der Vertretung der gemeinsamen Anliegen. Hierbei haben die Kultusminister ihre vereinbarte ständige Konferenz auch nach der Gründung der BRD nicht nur als gemeinsame Interessenvertretung, sondern auch als Instrument der Selbstkoordinierung der Länder verstanden und auch fortgesetzt; vgl. http://kmk.org.

249 Sandberger in Hochschulrecht ein Handbuch für die Praxis, S. 247, Sandberger, Rechtsfragen der Organisationsreform der Hochschulmedizin, S. 10.

250 WR, Stellungnahme zur Entwicklung der Hochschulmedizin, S. 17.

251 KMK 1995, Überlegung zur Neugestaltung von Struktur und Finanzierung der Hochschulmedizin, S. 18 ff; vgl. auch Strehl, S. 610.

Kostentransparenz und Kostensteuerung mit dem Ziel der Kostendeckung der Krankenversorgung, zweckentsprechender Verwendung und des effizienten Einsatzes des Zuschusses für medizinische Forschung und Lehre als vorrangig erachtet[252].

Der Wissenschaftsrat hebt besonders hervor, dass der wirtschaftliche Zielkonflikt zwischen wirtschaftlich gebotener Schwerpunktbildung und einem Interesse des medizinischen Fortschritts und der Aufgaben in Forschung und Lehre gebotenen breiten Angebotsspektrums nicht zu Lasten der universitären Aufgaben gehen dürfe. Deshalb fordert er auch, dass das Vergütungssystem für stationäre Leistungen entsprechend dem besonderen Angebotsspektrum der Universitätsklinika auszugestalten sei[253]. Die KMK legt ihr Hauptaugenmerk auf eine nach Aufgabenbereichen differenzierte Budgetierung und Zuordnung der Aufwendungen zu den jeweiligen Funktionsbereichen, auf eine kostenkritische Überprüfung der Notwendigkeit und des Umfangs von Leistungen, nicht zuletzt aber auch auf eine vermehrte marktstrategische Orientierung des Leistungsangebots. Nach ihrer Ansicht sei der Kernpunkt der notwendigen Anpassungen eine Verfeinerung der Budgetierung, der Kosten- und Leistungsrechnung, die die Verfügbarkeit moderner Dokumentations- und Informationssysteme voraussetzt[254].

Darüber hinaus soll nach beiden Reformvorschlägen das Kostenbewusstsein der verantwortlichen Ärzte durch eine dezentrale abteilungsbezogene Budgetierung und Anreizsysteme geschärft werden. Auch besteht die Notwendigkeit der Überarbeitung der Struktur und Größe der Abteilung[255].

Daher kommt auf die Leiter der Abteilungen zusätzlich zu den ärztlichen Leitungsfunktionen eine erhöhte wirtschaftliche Ergebnisverantwortung zu. Das KMK-Papier schlägt vor, einen Ausgleich dieser Mehrverantwortung über eine ergebnisabhängige Vergütung der Chefärzte vorzunehmen. Der Wissenschaftsrat hebt indes mehr die Notwendigkeit unterstützender administrativer Infrastruktur hervor[256]. Im Mittelpunkt beider Papiere stehen die Vorschläge zur Änderung der Bewirtschaftungsbestimmungen und Entscheidungsstrukturen in

252 Sandberger in Hochschulrecht ein Handbuch für die Praxis, S. 247, Sandberger, Rechtsfragen der Organisationsreform der Hochschulmedizin, S. 11.

253 WR, Stellungnahme zur Entwicklung der Hochschulmedizin, S. 18.

254 Strehl, S. 612; Sandberger in Hochschulrecht ein Handbuch für die Praxis, S. 247, Sandberger, Rechtsfragen der Organisationsreform der Hochschulmedizin, S. 11.

255 WR, Stellungnahme zur Entwicklung der Hochschulmedizin, S. 17.

256 Sandberger in Hochschulrecht ein Handbuch für die Praxis, S. 247, Sandberger, Rechtsfragen der Organisationsreform der Hochschulmedizin, S. 12.

den Klinika und Medizinischen Fakultäten. Der Systemwechsel des Finanzierungsrechts berührt die Entscheidungsebenen Land und Klinikum sowie Klinikum, Fakultät und Universität. Hierbei stellt sich die Aufgabe, die Eigenverantwortung des Klinikums zu stärken und das derzeitige Geflecht von ex-ante- und ablaufsteuernden Eingriffen des Ministeriums durch eine Ergebniskontrolle zu ersetzen[257].

Nach dem KMK-Papier erfordert die Stärkung der Finanzautonomie zum einen den Abbau von Genehmigungsvorbehalten und zum anderen die Flexibilisierung der Bewirtschaftungsbestimmungen. Dieses beinhaltet insbesondere den Verzicht auf das Stellenplanprinzip, die vollständige Deckungsfähigkeit und Übertragbarkeit und die Überlassung der Investitionsentscheidungen an den Klinikvorstand. Weiterhin ist die KMK aufgrund der Zusammenhänge von wirtschaftlicher Betriebsführung und Investitionsentscheidungen der Ansicht, die Bauherrenfunktion und Zuordnung entsprechender Baumittelkontingente zumindest teilweise an das Klinikum zu übertragen. Auch würden die wirtschaftliche Größenordnung moderner Universitätsklinika und die Verantwortung für Forschung und Lehre das Überdenken von Bildung neuer Organisationsformen bis hin zur Verselbständigung der Klinika nahelegen. Dabei sind die Auswirkungen hinsichtlich Forschung, Lehre, Krankenversorgung sowie das Verhältnis von Klinikum, Fakultät und Universität in diese Überlegungen einzubeziehen[258].

Der Wissenschaftsrat geht mit dieser Entwicklungsoption für die Klinika nicht konform. Er schlägt vor, die Anpassung des bisherigen Strukturmodells des Landesbetriebes der Universität an die Anforderung einer effizienten Wirtschaftsführung zu optimierten. Die möglichen Strukturvarianten – Verselbständigung in getrennter Trägerschaft als Anstalt des öffentlichen Rechts oder GmbH – werden vom Wissenschaftsrat nicht befürwortet. Vielmehr spricht er sich für eine Organisationsvielfalt aus, um den jeweiligen Gegebenheiten und spezifischen Ansprüchen einer Fakultät und ihres Klinikums gerecht zu werden[259].

Hiergegen äußert das KMK-Papier deutliche Zweifel, insbesondere zu der Frage, ob die gegenwärtige Organisation der Hochschulmedizin geeignet ist, die gebotene Übertragung finanzwirtschaftlicher Eigenständigkeit und Eigenverant-

---

257 Sandberger in Hochschulrecht ein Handbuch für die Praxis, S. 248, Sandberger, Rechtsfragen der Organisationsreform der Hochschulmedizin, S. 12.

258 Strehl, S. 612, 613; Meinhold, Nicht einfach ein „Rezept“ für die Medizin, S. 607.

259 WR, Stellungnahme zur Entwicklung der Hochschulmedizin, S. 27, 28.

wortung zu sichern. Dieses gilt vor dem Hintergrund, dass im Rahmen eines Landesbetriebes die Trägerverantwortung des Landes fortbesteht. Die KMK bevorzugt daher die Ausgliederung des Klinikums in eine Anstalt des öffentlichen Rechts mit einem Klinikumsvorstand und einem aus Vertretern des Ministeriums, der Universität und Sachverständigen zusammengesetzten Aufsichtsrat. Die Medizinische Fakultät soll an der Universität verbleiben. Die Verbindung von Forschung, Lehre und Krankenversorgung wäre im Rahmen der gesetzlichen Aufgabenbeschreibung der Anstalt, der Mitwirkung des Dekans im Klinikumsvorstand und durch die Personalunion der Ärztlichen Direktoren mit einem personalrechtlichen Doppelstatus als Professoren der Universität und einem befristeten Anstellungsverhältnis als Abteilungsleiter des Klinikums zu sichern (sog. Kooperationsmodell)[260]. Diese Lösungsmöglichkeit steht im Gegensatz zum sog. Integrationsmodell, bei dem ein einheitliches Leitungsorgan für das Klinikum und die Fakultät geschaffen wird[261].

Bei der Neugestaltung der Fakultät sind sich beide Institutionen einig. Der Zuschuss für Forschung und Lehre soll in Teilbudgets für eine Basis- und Zusatzausstattung für Lehre und Forschung (Forschungs- und Lehrfonds) aufgegliedert und nach Leistungskriterien vergeben werden. Diese Vorgehensweise führt zu einer Verbesserung der Entscheidungsfähigkeit. Explizit ist hierbei die Übertragung der Vergabeentscheidung vom Fakultätsrat auf den Dekan, der dabei durch Kommissionen für Lehre und Forschung, letztere auch durch externe Wissenschaftler besetzt, beraten wird, hervorzuheben[262].

Die Empfehlungen des Wissenschaftsrats von 1999 knüpfen an diese Vorschläge an. Darüber hinaus zielen sie auf eine umfangreiche Systemanalyse der Aufgaben, Organisation und Finanzierung der Hochschulmedizin auf der Grundlage der zwischenzeitlich in den Ländern vorgenommenen Reformentwicklungen. Konkrete Reformempfehlungen legt der Wissenschaftsrat nicht fest. Er befürwortet jedoch die Stärkung der rechtlichen und wirtschaftlichen Selbständigkeit der Universitätsklinika und betont den Grundsatz der Trennung der Träger- und Betriebsverantwortung, der Leitungs- und Aufsichtsverantwortung, der sachgerechten Aufteilung von zentraler und dezentraler Verantwortung. Zudem fordert er zweckdienliche Verfahren hinsichtlich der Abstimmung zwischen den Belangen der Krankenversorgung, Forschung und

---

260 WR, Empfehlungen zur Struktur der Hochschulmedizin – Aufgaben, Organisation, Finanzierung, S. 90.

261 WR, Empfehlungen zur Struktur der Hochschulmedizin – Aufgaben, Organisation, Finanzierung, S. 90.

262 WR, Stellungnahme zur Entwicklung der Hochschulmedizin, S. 25, 30.

Lehre[263]. Sorge hat der Wissenschaftsrat im Bereich der Finanzwirtschaft. Er befürchtet, dass die Entwicklung des Krankenfinanzierungsrechts den besonderen Aufgaben und Kosten der Universitätsklinika als Einrichtung der Supramaximalversorgung, in denen neue diagnostische und therapeutische Verfahren in die Versorgungsaufgaben eingebracht werden, nicht gerecht wird. Im Investitionsbereich besteht nach seiner Ansicht die Gefahr, dass die bisherige Finanzierung der Hochschulmedizin durch das HBFG[264] zu Zweckentfremdungen für die Krankenversorgung und angesichts der nicht bedarfsgerechten Fortschreibung des HBFG-Fördervolumens zu einem Investitionsstau führe der letztendlich die Wettbewerbsfähigkeit der Universitätsklinika nachhaltig beeinträchtigt[265].

Parallel zu Organisations- und Finanzreform des Klinikums fordert der Wissenschaftsrat eine klare Trennung von operativen und strategischen Entscheidungen in der Fakultät und empfiehlt das Vorstandsmodell[266]. In finanzwirtschaftlicher Hinsicht bevorzugt er ein System belastungs- und leistungsbezogener Mittelverteilung des Fakultätsbudgets[267].

In seinen Empfehlungen zu forschungs- und lehrförderlichen Strukturen in der Universitätsmedizin aus dem Jahr 2004 stellt der Wissenschaftsrat fest, dass die Kostenentwicklung im Gesundheitswesen sowie die Umstrukturierung der Krankenhausfinanzierung und des Vergütungssystems, die mit dem Gesundheitsstrukturgesetz 1992 und der Bundespflegesatzverordnung 1995 eingeleitet worden sind, die Universitätsklinika vor besonderen Herausforderungen stellen[268].

> „Der Notwendigkeit einer Reform der organisatorischen Strukturen wird seit Ende der 90er Jahre die rechtliche Verselbständigung der Universitätsklinika gefordert. Leitbilder sind dabei privatwirtschaftliche Unternehmen, an denen sich die Betriebsführung der Universitätsklinika ausrichten soll. In den Entscheidungs-

---

263 WR, Empfehlungen zur Struktur der Hochschulmedizin – Aufgaben, Organisation, Finanzierung, S. 43 ff.

264 Das HBFG trat zum 01.01.2007 im Wege der Föderalismusreform außer Kraft.

265 WR, Empfehlungen zur Struktur der Hochschulmedizin – Aufgaben, Organisation, Finanzierung, S. 43 ff.

266 WR, Empfehlungen zur Struktur der Hochschulmedizin – Aufgaben, Organisation, Finanzierung, S. 47.

267 WR, Empfehlungen zur Struktur der Hochschulmedizin – Aufgaben, Organisation, Finanzierung, S. 67.

268 WR, Empfehlungen zu forschungs- und lehrförderlichen Strukturen in der Universitätsmedizin, S. 23.

strukturen sollen Geschäftsführungsfunktionen und Trägerfunktionen klar voneinander getrennt werden. Staatliche Detailsteuerung soll durch ein Aufsichtsgremium abgelöst werden. Um den Zusammenhang des verselbständigten Klinikums mit der Universität zu wahren, wird die institutionelle und personelle Verankerung von Forschung und Lehre in den Leitungs- und Aufsichtsorganen des Klinikums vorausgesetzt.[269]"

Auch in dieser Empfehlung bekräftigt der Wissenschaftsrat, dass er entgegen der KMK das Integrationsmodell befürwortet, da hierbei die Zusammenfassung von Entscheidungskompetenzen und Verantwortlichkeiten für Forschung, Lehre und Krankenversorgung in einem einheitlichen Vorstand charakteristisch ist. Daher empfiehlt der Wissenschaftsrat dieses Modell auch für die Vereinigung der Berliner Hochschulmedizin in Form einer eigenen Gebietskörperschaft[270].

Am Ende seiner Empfehlung hinsichtlich der Organisationsstruktur der Universitätsklinika aus dem Jahr 2004 ist der Wissenschaftsrat der Ansicht, dass der Prozess der Verselbständigung der Universitätsklinika noch nicht abgeschlossen sei und auch die bisherigen Erfahrungszeiträume der bereits verselbständigten Einrichtungen nicht ausreichten, allgemeine Schlüsse über die Vor- und Nachteile der beiden Modelle (Integrations- oder Kooperationsmodell) zu ziehen. Der Wissenschaftsrat hat sich daher im Kontext der wirtschaftlichen und rechtlichen Trennung von Universitätsklinikum und Fakultät dazu entschlossen, mit den verschiedenen Modellen Erfahrungen zu sammeln, die Entwicklungen der verselbständigten Universitätsklinika zu verfolgen und erneut Stellung zu beziehen[271].

In seiner letzten Stellungnahme aus dem Jahr 2008[272] stellt der Wissenschaftsrat die verschiedenen Rechtsformen und Modelle hinsichtlich der Organisation eines Universitätsklinikums vor. Eine abschließende Meinung zu der bestmöglichen Organisationsform eines Universitätsklinikum behält er sich weiterhin vor.

---

269 WR, Empfehlungen zu forschungs- und lehrförderlichen Strukturen in der Universitätsmedizin, S. 24.

270 WR, Stellungnahme zu Strukturreformen in der Berliner Hochschulmedizin, S. 35.

271 WR, Empfehlungen zu forschungs- und lehrförderlichen Strukturen in der Universitätsmedizin, S. 24.

272 WR, Allgemeine Empfehlungen zur Universitätsmedizin, S. 26.

2.2.6.3 Hochschulrechtliche Maßstäbe für das Organisationsrecht der Hochschulmedizin

Die hochschulrechtlichen Maßstäbe für das Organisationsrecht der Hochschulmedizin gründen sich auf das Rahmen- und Verfassungsrecht.

2.2.6.3.1 Rahmenrecht

Mit seiner bis 1998 geltenden Dispensregelung in § 66 Abs. 4 S. 2 hat das HRG die Organisation und Verwaltung medizinischer Einrichtungen nahezu vollständig zur Disposition des Landesgesetzgebers gestellt[273]. Nur die Anbindung als Einrichtung der Fakultät oder als zentrale Einrichtungen unter der Verantwortung der Fakultät bzw. der Hochschulleitung oder als zentrales Kollegialorgans mussten hiernach gewährleistet sein, vgl. § 66 IV S. 1 i. V. m. I, II HRG. Über die Rechtsform wird nichts ausgesagt. In der Enthaltung des Bundesgesetzgebers spiegeln sich zugleich die vorgefundene Organisationsvielfalt und auch die Unsicherheit des Gesetzgebers über die den Belangen der Krankenversorgung angemessenen Organisationsformen wieder. Mit der 4. HRG Novelle ist jedoch jede organisationsrechtliche Rahmenvorgabe für die Hochschulmedizin durch das HRG entfallen[274].

2.2.6.3.2 Verfassungsrecht

Mit der Verfassungsmäßigkeit des Klinikorganisationsrechts hat sich zunächst der Staatsgerichtshof Baden – Württemberg befasst[275]. Mit der Frage der Weisungsbindung von Professoren im Bereich der Krankenversorgung hat sich das BVerfG beschäftigt[276]. Zudem hat sich Schröder mit dem verfassungsrechtlichen Rahmen auseinandergesetzt[277].

Verfassungsrechtliche Richtlinien, an denen sich die gesetzgeberische Ausgestaltung der Hochschulmedizin auszurichten hat, ergeben sich aus dem Spannungsfeld von Wissenschaftsfreiheit gemäß Art. 5 III GG und den Organisationsprinzipien der Krankenversorgung, die auf dem Grundrecht der körperlichen Unversehrtheit nach Art. 2 II S. 1 GG beruhen.

---

273 Dallinger/ Bode/ Dellian, § 66, Rn. 9; Denninger, § 66, Rn. 76.
274 Sandberger, Organisationsreform der Hochschulmedizin, S. 373.
275 Urteil vom 24.11.1973, abgedruckt in DÖV 1974, S. 632 ff.
276 Beschluss des BVerfGs vom 08.04.1981, Az. 1 BvR 608/79; BVerfGE 57, S. 70 ff.
277 Vgl. 2.2.4.1.1.

Das Bundesverfassungsgericht hat in seinem Beschluss vom 08.04.1981[278] entschieden, dass der Gesetzgeber bei der Organisation der Universitätskliniken verschiedenen rechtlichen Interessen gerecht werden muss. Das Bundesverfassungsgericht ist der Ansicht, dass der Gesetzgeber einerseits das Grundrecht der medizinischen Hochschullehrer auf Wissenschaftsfreiheit zu achten habe. Andererseits habe der Gesetzgeber eine bestmögliche Krankenversorgung zu gewährleisten.

Der Staatsgerichtshof für das Land Baden-Württemberg hat in seinem Urteil vom 24. November 1973[279] darüber hinaus entschieden, dass die Krankenversorgung innerhalb der Universität als solche nicht zum Kernbereich der akademischen Selbstverwaltung gehört und daher nicht dieser Verfassungsgarantie zugerechnet werden kann. Deshalb kann die Strukturierung der universitären Krankenversorgung zwar weitgehend unbedenklich mit Rücksicht auf die Effizienz der Krankenversorgung erfolgen. Aber es ist zu berücksichtigen, dass die Kliniken und Institute mit ihren sächlichen und persönlichen Ressourcen, durch die in der klinischen Praxis erworbenen und erprobten Verfahren eine bedeutende Grundlage für Forschung und Lehre im medizinischen Bereich bilden, dass die Freiheit medizinischer Forschung und Lehre und die akademische Selbstverwaltung nur dann in ihrem Wesenskern unangetastet bleiben, wenn eine Organisation des medizinischen Gesamtbereichs der Universität, die den beiden kaum trennbaren Aufgabenbereichen Rechnung trägt, besteht. Dazu gehört vor allem, dass durch geeignete Koordinations- und Kooperationsmöglichkeiten sowie durch sachgerechter, organisatorischer Verzahnung beiden Funktionsbereichen Rechnung getragen wird[280].

Damit fordern beide Entscheidungen auf der Basis der Grundrechtskonkordanz einen Ausgleich der Interessen der Wissenschaftsfreiheit mit denen der Krankenversorgung. Deutlicher als der Staatsgerichtshof Baden-Württemberg setzt das Bundesverfassungsgericht dabei der Übertragung von Krankenversorgungsaufgaben in dem für Forschung und Lehre bedingten Umfang Grenzen, ohne jedoch ein bevorzugtes Aufgabengebiet festzulegen[281].

Die Verselbständigung der Krankenversorgung in einer unselbständigen Anstalt der Universität erklären beide Gerichte im Rahmen der legislatorischen

278 Vgl. Rn. 276.

279 Urteil vom 24. November 1973, Az. Gesch Reg 1/73.

280 Sandberger, Organisationreform der Hochschulmedizin, S. 379.

281 Sandberger, Organisationsreform der Hochschulmedizin, S. 379.

Gestaltungsfreiheit für zulässig. *Schröder*[282] ist zudem der Ansicht, dass die mittelbare Staatsverwaltung mit der Universität als Anstaltsträger die hochschulfreundlichere Lösung sei. Die Zuordnung der Krankenversorgung zu den staatlichen Angelegenheiten führt nicht nur zur staatlichen Fachaufsicht über das Klinikum, sondern hat auch die Organisationskompetenz des Staates zur Folge. Der Staatsgerichtshof hat daher die entsprechende Ermächtigung des Ministeriums zur Regelung der Aufbauorganisation des Klinikums mit der Einschränkung, dass das Ministerium verpflichtet ist, bei der notwendigen Abstimmung mit der Universität den ernsthaften Versuch eines Einvernehmens zu unternehmen, für verfassungsgemäß erklärt[283]. Die zuständigen staatlichen Stellen müssen deshalb bei der Gliederung der Hochschulmedizin den Vorstellungen der Universität besonderes Gewicht beilegen. Zusätzlich haben die Universitäten die Belange einer effizienten Krankenversorgung zu gewährleisten.

Den Schwerpunkt bildet der verfassungsrechtliche Rahmen für die Binnenorganisation und Kompetenzverteilung. Hervorzuheben ist hierbei der Bereich der Haushalts- und Wirtschaftsführung[284].

Sowohl das Bundesverfassungsgericht als auch der Staatsgerichtshof Baden-Württemberg haben die rechtliche Trennung der Organe der Krankenversorgung und der Organe für Forschung und Lehre für zulässig erklärt, aber nur vor dem Hintergrund intensiver personeller Verflechtungen durch Personenidentität in den Leitungsorganen und wechselseitiger Mitgliedschaften sowie Abstimmungspflichten bei Entscheidungen in der Schnittstelle beider Kompetenzen. Für den Staatsgerichtshof ist darüber hinaus maßgeblich gewesen, dass die Kompetenzen und Befugnisse des Klinikums ausdrücklich auf die Verantwortung für die ordnungsgemäße Krankenversorgung beschränkt sind, woraus sich eine deutliche Zuständigkeitsbeschränkung des Klinikums gegenüber den Interessen der Grundrechtsträger der Wissenschaftsfreiheit ergibt[285].

Darüber hinaus hält auch die haushaltsrechtliche Herauslösung des Klinikumshaushalts der verfassungsrechtlichen Prüfung stand. Aufgrund der Abhängigkeit der Grundrechtsverwirklichung von den erforderlichen Ressourcen muss aber auch hier den Organen für Forschung und Lehre ein entsprechender Spielraum der Mitgestaltung und Mitentscheidung eingeräumt

---

282 Schröder, MedR 1986, S. 60, 61.

283 StGH BW, Urteil vom 24.11.1973, abgedruckt in DÖV 1974, S. 635.

284 Sandberger, Organisationsreform der Hochschulmedizin, S. 378.

285 Sandberger, Organisationsreform der Hochschulmedizin, S. 379.

werden. Der Vorschlag der KMK, der Medizinischen Fakultät ein eigenes Budget für Forschung und Lehre einzuräumen, erfüllt diese Anforderungen[286].

Der Staatsgerichtshof Baden-Württemberg begründet seine Feststellung, das Universitätsklinikum sei nicht in verfassungsrechtlich unzulässiger Weise aus der Universität ausgegliedert, mit dem Argument, dass das Klinikum aufgrund des Außenvertretungsrechts der Universität für das Klinikum, des Beanstandungsrechts, der Aufsicht und der ordnungsrechtlichen Verantwortlichkeit des Rektors/ Präsidenten für das Klinikum, der Zuständigkeit des Verwaltungsrates für den Haushaltsplan und für die bauliche Entwicklung und Planung des Klinikums, der personellen Verflechtung zwischen Fakultät und Klinikumsvorstand als unselbständige Anstalt der Universität Bestandteil der Universität bleibe[287]. Bei seiner Feststellung hat der StGH BW insbesondere für die allgemeine Abstimmung der Belange der Krankenversorgung und der Forschung und Lehre das gesetzlich vorgesehene Benehmen im Wege verfassungskonformer Auslegung in das Bemühen um Einvernehmen umgedeutet und dieses Erfordernis auf Organisationsmaßnahmen, z. B. die Aufbauorganisation und Verwaltungsordnungen, Personalentscheidungen (Bestellung der Ärztlichen Direktoren), erweitert[288].

Darüber hinaus hat der StGH BW die haushaltsrechtliche Trennung des Klinikums für zulässig erklärt. Er hat aber auch die Kompetenz der Universitätsorgane für die zentral-akademischen Angelegenheiten (Studiengestaltung, Promotion, Habilitation) bestätigt. Da nach der damaligen Rechtslage die Klinikverwaltung Teil der Einheitsverwaltung der Universität gewesen ist und sich die eigenverantwortliche Zuständigkeit des Verwaltungsdirektors auf laufende Geschäfte beschränkt hat, ist eine Entscheidung hinsichtlich der Verwaltungszuständigkeiten durch den StGH BW unerheblich gewesen[289].

Mit seiner Entscheidung vom 08. April 1981 hat das Bundesverfassungsgericht die Kernpunkte der Entscheidung des StGH BW bestätigt[290]. Ebenfalls ist die rechtliche Ausgliederung nach den beiden Entscheidungen zulässig. Es werden durch die Entscheidungen vielmehr die Anforderungen an die organisationsrechtliche Sicherung des Kernbereichs Forschung und Lehre sowie die

---

286 Sandberger, Organisationsreform der Hochschulmedizin, S. 379.

287 Sandberger, Organisationsreform der Hochschulmedizin, S. 380.

288 Sandberger, Organisationsreform der Hochschulmedizin, S. 380.

289 Sandberger, Organisationsreform der Hochschulmedizin, S. 380.

290 Vgl. BVerfGE 57, S. 70, 95-100.

Grenzen für den gesetzgeberischen Gestaltungsspielraum bei der Reorganisation der Universitätsklinika gesetzt. Hiernach hat der Gesetzgeber trotz organisatorischer Gestaltungsfreiheit zu beachten, dass die Klinika und theoretisch-medizinischen Institute mit ihrer personellen und medizinischen Ausstattung die materielle Basis medizinischer Forschung und Bildung darstellen. Daher würden ohne rechtliche Sicherung sowohl das Individualrecht freier Forschung und Lehre als auch der institutionelle Auftrag der Universität und Fakultät nicht gewährleistet werden können[291].

Nach alledem müssten nach *Sandberger*[292] etliche Kriterien erfüllt sein, damit nach den Entscheidungen des StGH BW und des Bundesverfassungsgerichts keinerlei rechtliche Bedenken gegen eine rechtliche Verselbständigung der Universitätsklinika bestehen. Zuzustimmen ist Sandberger bezüglich des Aspekts der Sicherstellung, dass die Einrichtungen des rechtlich verselbständigten Klinikums zugleich Einrichtungen der medizinischen Fakultät für Forschung und Lehre sind. Aufgrund der engen Verflechtung von Forschung, Lehre und Krankenversorgung durch die praktische Ausbildung und patientennahe Forschung werden erhebliche durch Abstimmung zu koordinierende Schnittstellenbereiche bleiben.

Hinsichtlich der Strukturierung und möglicher Rechtsformen der Universitätsklinika hat der Wissenschaftsrat – wie nachfolgend noch ausgeführt – bis zum Jahr 2008 einige Empfehlungen ausgesprochen. Derzeit ist es sogar möglich, ein Universitätsklinikum vollständig zu privatisieren (z.B. Universitätsklinikum Gießen-Marburg), so dass es einer Diskussion zu dem zulässigen Umfang der rechtlichen Verselbständigung von Einrichtungen der Hochschulmedizin nicht mehr bedarf. Davon unabhängig bleibt jedoch die Frage nach der Notwendigkeit einer solchen Privatisierung.

---

291 Sandberger, Organisationsreform der Hochschulmedizin, S. 382.

292 Sandberger, Organisationsreform der Hochschulmedizin, S. 382.

3 Zweiter Teil: Universitätsklinika im Kompetenzgeflecht zwischen Universität und Land

3.1 Einleitung

Die besondere Aufgabenstellung – der Einklang von Forschung, Lehre und Krankenversorgung – der Universitätsklinika stellt sich auch bei den Planungs-, Vorbehalts-, Genehmigungs-, Weisungs- und Aufsichtsrechten dar. Dieses Kompetenzgeflecht hat in der Vergangenheit wiederholt zu Kompetenzüberschneidungen, Koordinations- und Kommunikationsmängeln geführt[293]. Im Folgenden wird ein Rückblick auf die frühere Zuständigkeitsaufteilung sowie die jüngsten Reformen mit den heutigen möglichen Organisationsformen eines Universitätsklinikums skizziert.

Die Kompetenzaufteilung in der Hochschulmedizin unterscheidet grundsätzlich nach Selbstverwaltungsaufgaben und staatlichen Auftragsangelegenheiten. Die Planung und Durchführung der klinischen Forschung und Lehre obliegen als originäre universitäre Selbstverwaltungsaufgaben der Universität und ihren Gremien. Die Aufgabe der Krankenversorgung und der Förderung des öffentlichen Gesundheitswesens entstammen dem staatlichen Auftrag und fallen nicht unter die Zuständigkeit der Hochschulorgane. Sie unterstehen der direkten Aufsicht der Landesbehörden[294].

Für die Universitätsklinik in ihrer Eigenschaft als Bestandteil des Wissenschafts- und Bildungssystems[295] wird der rechtliche Rahmen durch die entsprechenden Hochschulgesetze und Verordnungen der Länder abgesteckt. Die Universitäten verfügen über formelle und personelle Kompetenzen. Die Wahrnehmung dieser Kompetenzen erfolgt durch die unterschiedlichen Organe und Gremien. Die Belange von Forschung und Lehre obliegen den zentralen Universitätsorganen, der Universitätsverwaltung (Senat, Senatsausschüsse,

293 Baumgarten, S. 217.

294 Leonhard, S. 83.

295 Ursprünglich hatten die Universitätsklinika die Form von Betriebseinheiten der Universitäten und Fakultäten. Dieses entsprach der Rechtsform einer öffentlich rechtlich unselbständigen Anstalt, unabhängig davon, ob die Landeshochschulgesetze diese Form explizit angaben oder nicht; vgl. Leonhard, S. 83; Lippert, S. 125; Leuze, S. 493.

Verwaltungsrat) und der medizinischen Fakultät[296]. Die Universität besitzt ein Mitspracherecht bei Entscheidungen und Beschlüssen des Klinikumsvorstandes. Hierdurch wird das erforderliche Lehrangebot gewährleistet. Die Prüfungs-, Promotions- und Habilitationsordnung zu erlassen und deren Umsetzung zu überwachen ist Aufgabe der Fakultät mit Genehmigung durch das jeweilige Landesministerium für Wissenschaft (für Sachsen das SMWK).

Die Universitätsklinika haben eine eigene, von einem kaufmännischen Direktor geführte Verwaltung, die dem Vorstand untersteht. Die Leitungsstruktur besteht in der Regel in einer Pluralinstanz[297], dem Kollegialorgan, in Form eines berufsständisch organisierten Dreierdirektoriums[298]. Zudem gehören dem Vorstand regelmäßig der Dekan (zum Teil aber nur mit beratender Stimme) sowie je nach Landesregelung ein stellvertretender Direktor und gegebenenfalls Fachvertreter der theoretischen, konservativen und operativen Fächer an[299].

In der Vergangenheit lag die rechtliche Kompetenz für den gesamten Bereich der Forschung und Lehre bei den Universitäten. Jedoch ging die faktische Entscheidungsmacht zunehmend auf den Klinikumsvorstand über, der grundlegende Entscheidungen bezüglich der Finanz- und Bauplanung oder der Organisation in weitergehender Selbständigkeit gegenüber den universitären Organen traf[300]. Die Universitätsklinik hatte einen eigenen und von der Universität unabhängigen Haushalt, der den Klinika die finanzwirtschaftliche Eigenständigkeit ermöglichte. Dieser Aspekt hatte insbesondere für die interne Ressourcenallokation weitreichende Folgen, da der Klinikumsvorstand und nicht die universitären Gremien über die Verteilung der im Wirtschaftsplan ausgewiesenen Stellen und Mittel für Forschung und Lehre bestimmte[301].

Gemessen am Leistungs- und Haushaltsvolumen und an den Beschäftigungszahlen übertraf das Wachstum der Hochschulmedizin in der Vergangen-

---

296 Leonhard, S. 83.

297 Pluralistische Leitungsmodelle tragen der Aufgabenstellung der Klinika besser Rechnung als eine monistische Leitung, vgl. hierzu Leonhard, S. 84.

298 Sachsen sieht keine Mitgliedschaft der Pflegedienstleitung im Vorstand vor. Der Vorstand der sächsischen Universitätsklinika (Dresden, Leipzig) besteht aus einem medizinischen und einem kaufmännischen Vorstand.

299 Leonhard, S. 84.

300 Vgl. Leonhard, S. 84; Eichhorn, Managementprobleme in Universitätskliniken, S. 258 ff.

301 Leonhard, S. 84

heit den allgemeinen Universitätsbereich bei weitem[302]. Aufgrund ihrer Größe, Komplexität und der Probleme, die aus der besonderen Aufgabenstellung der Universitätsklinika resultierten, fühlten sich die Universitäten in den 90er Jahren zunehmend überfordert, den Betrieb der Klinika zu verantworten[303]. Daher überließen die Universitäten dem Klinikum immer mehr das Betriebsgeschehen und somit auch die Entscheidungsmacht, die ihre eigenen fachspezifischen Interessen tangierten. Daher bewiesen die Klinikumsvorstände gegenüber den größeren und damit schwerfälligeren und zudem nicht unternehmerisch geprägten universitären Organen eine weitaus größere Entscheidungs- und Handlungsfähigkeit[304].

Der hieraus resultierende Machtverlust der Universitäten trug nicht nur zur zunehmenden Vereinnahmung der Universitätsklinika als Krankenversorgungseinrichtungen bei, sondern ermöglichte auch eine direktere Einflussnahme der Aufsichtsbehörden[305]. Angesichts der begrenzten Handlungsfähigkeit der universitären Organe vertraten die Länder die Auffassung, dass die Universitäten im Rahmen ihrer organisatorischen und strukturellen Ausstattung nicht die geeignete Instanz für eine funktionsfähige Führung dieser komplexen Betriebe bildeten. Die Bundesländer bauten daraufhin – im Gegensatz zu den universitären Gremien – ihren Einfluss aus und zogen den Verantwortungsbereich der Krankenversorgung und die Finanzgewalt der Klinika an sich[306].

3.2 Entwicklung

Ursprünglich führten die jeweiligen Bundesländer ihre Universitätsklinika bis auf wenige Ausnahmen in Form rechtlich unselbständiger Landesbetriebe nach § 26 I LHO. In dieser Rechtsform verfügten die Klinika zwar auch über einen eigenen Wirtschaftsplan, der im jeweiligen Trägerhaushalt als Anlage erschien, jedoch blieben die Universitätsklinika in dieser Rechtsform eher eine untergeordnete Behörde als ein selbständig wirtschaftendes Dienstleistungs-

302 WR, Empfehlungen zur Struktur der Hochschulmedizin – Aufgaben, Organisation, Finanzierung, S. 6; Leonhard, S. 85.

303 Leonhard, S. 85; vgl. auch Arbeitsgruppe Hochschulmedizin des Hochschulausschusses der Kultusministerkonferenz, Beschluss vom 29.09.1995.

304 Färber, S. 7; Leonhard, S. 85.

305 Leonhard, S. 85; Siburg, S. 27.

306 Leonhard, S. 85; vgl. auch Arbeitsgruppe Hochschulmedizin des Hochschulausschusses der Kultusministerkonferenz, Beschluss vom 29.09.1995.

unternehmen[307]. Im Bereich der Krankenversorgung und des öffentlichen Gesundheitswesens waren die Klinika dem staatlichen Zugriff auch organisatorisch vollständig zugänglich[308]. Die Länder als Träger und als Sachwalter des öffentlichen Auftrags übten aufgrund ihrer intensiven staatlichen Fachaufsicht einen erheblichen Einfluss auf die Geschäftspolitik aus[309].

Jedoch ist wegen der unternehmerischen Größe und Komplexität der Universitätsklinika eine funktionsfähige Steuerung und effiziente Wirtschaftsführung nur auf Basis detaillierter Entscheidungsstrukturen möglich[310].

In der Praxis verhinderte jedoch der Einsatz administrativer Instrumente des Dienst-, Haushalts- und Organisationsrechts eine dezentrale Steuerung im Sinne des Subsidiaritätsgrundsatzes[311]. Die Entscheidungsfreiheit der Universitätsklinika selbst wurde insbesondere durch das Haushaltsrecht, welches in Form von Landeshaushaltsordnung, Haushaltsgesetz und der allgemeinen Verwaltungsvorschriften zur LHO (VV-LHO)[312] auf LHO-Betriebe Anwendung fand, eingeschränkt. Umfangreiche Kontroll- und Einflussmöglichkeiten der Ministerialbehörden bestanden über den Planvermerk zum Wirtschaftsplan, z.B. Einwilligungsvorbehalte, den Haushaltsvollzugerlass, und in einzelnen Bundesländern durch die Prüfung der Haushalts- und Wirtschaftsführung durch den Landesrechnungshof[313].

Die Klinika wurden durch die mangelnde gegenseitige Deckungsfähigkeit bei Personal-, Sach- und Investitionsmitteln in ihrer Handlungsfreiheit erheblich beeinträchtigt. Zudem gingen aufgrund des direkten Zugriffs des Trägers auf erwirtschaftete Überschüsse kaum Anreize zu einer effizienteren Betriebsführung aus. Des Weiteren verhinderten die tarif- und besoldungsrechtlichen Regelungen eine flexible Personalbewirtschaftungspolitik. Allein für die Personalbewirtschaftung fanden das öffentliche Dienstrecht und die Personalvertretungsgesetze der Länder Anwendung. Das Finanzministerium hatte über die Stellenpläne und Stellenübersichten im Landeshaushaltsplan die Kompetenz

---

307 WR 1999, S. 20; Eichhorn, Managementprobleme in Universitätskliniken, S. 260; Eichhorn, Organisation des Klinikums, S. 50.

308 Schröder, in MedR, 1986, S. 68; Leonhard, S. 86.

309 Leonhard, S. 86; Thiemeyer, S. 60; Eichhorn, Öffentliche und gemischtwirtschaftliche Unternehmungen, Sp. 2925.

310 Leonhard, S. 86; Sieben/Rossels, S. 343.

311 Leonhard, S. 86; Eichhorn, Rechtliche Grundlagen und wirtschaftliche Besonderheiten der § 26 BHO / LHO-Betriebe, S. 193; Leonhard, S. 86.

312 Leonhard, S. 86; Buchholz, S. 223.

313 Sieben/Rossels, S. 341.

der Stellenbewirtschaftung, Stellensperrung und Stellungstreichung inne. Daher waren die Universitätsklinika selbst bei untergeordneten Personalangelegenheiten auf die Zustimmung des Trägers angewiesen[314].

Weitere Einschnitte in dieser Rechtsform bestanden im Bereich der Investitionen. Die entsprechenden wirtschaftlichen Folgen eines Universitätsklinikums sind zwar nur vor Ort abschätzbar, dennoch oblagen die Gebäudeplanung und -erstellung der staatlichen Hochbauverwaltung. Zudem führte der geringe Einfluss der Universitätsklinika auf die bauliche Ausgestaltung zu unnötigen betrieblichen Folgekosten[315]. Nach alledem war eine mittel- oder langfristige Investitionsplanung nicht möglich, da die Investitionsentscheidungen von der Haushaltslage und der Genehmigungswilligkeit des Staates abhingen und gerade nicht auf betrieblicher Ebene entschieden wurden. Hierdurch entstanden unnötige Verzögerungen und Unterbrechungen der Bauvorhaben, was zu erheblicher Kostenvermehrung führte, da die Genehmigungsverfahren des Finanzministeriums als oberster Baubehörde in der Regel langwierig und bürokratisch waren. Schließlich bestand keine Planungssicherheit bezüglich des künftigen und des tatsächlich verfügbaren Mittelvolumens im laufenden Haushaltsjahr[316].

Die Organisationform des Klinikums hatte aber auch Folgen für die interne betriebliche Steuerung und Transparenz. Bereits im Jahr 1978 sollte der Übergang zum kaufmännischen Rechnungswesen eine Stärkung der betriebswirtschaftlichen Komponente bewirken[317]. Jedoch konnte mit dieser Maßnahme keine Verbesserung der betrieblichen Transparenz, Effizienz des Leitungsgeschehens sowie im Rahmen der Überwachung und Förderung der Aufgabenerfüllung in Forschung und Lehre erfolgen. Die Klinika unterlagen betriebswirtschaftlich weiterhin den obersten Landesbehörden[318].

1995 sprachen sich der Wissenschaftsrat[319] und die KMK[320] für eine Verbesserung der Wirtschaftlichkeit des Klinikums und der Mittelverwendung für

---

314 Leonhard, S. 86.

315 Leonhard, S. 87.

316 Leonhard, S. 87.

317 Zu den Unterschieden zwischen Kameralistik und Doppik vgl. Eichhorn, Allgemeine und Öffentliche Betriebswirtschaftslehre, S. 48, Leonhard, S. 87.

318 Leonhard, S. 88; Sieben/Rossels, S. 342.

319 WR, Stellungnahme zur Entwicklung der Hochschulmedizin, S. 77.

320 KMK, Überlegung zur Neugestaltung von Struktur und Finanzierung der Hochschulmedizin, Beschluss vom 29.09.1995; WR, Stellungnahme zur Entwicklung der Hochschulmedizin, S. 77.

Lehre und Forschung aus. Um eine deutliche Verbesserung zu erreichen, befürwortete der Wissenschaftsrat auch eine rechtliche Verselbständigung der Universitätsklinika[321]. Zudem verfolgte die Organisations- und Finanzreform der Universitätsklinika aus dem Jahr 1995 die Unternehmensorganisation des Klinikums: Aufhebung der Steuerung durch die Fachaufsicht des Ministeriums, Stärkung der äußeren und inneren Entscheidungsautonomie der Fakultät, die Trennung der Budgetkreisläufe, die leistungsbezogene Mittelverteilung sowie die Deregulierung der Bewirtschaftungsbestimmungen.

Schließlich stand im Rahmen der Wissenschaftspolitik das Ziel der Sicherung der Zweckbestimmung der Zuwendungen für Forschung und Lehre im Vordergrund[322].

Daher beschloss die Mehrheit der Bundesländer, die Klinika im Zuge von Strukturreformen der Hochschulmedizin in rechtsfähige Anstalten des öffentlichen Rechts des Landes bzw. der Universität umzuwandeln[323]. Mit dieser Umwandlungsmöglichkeit erfolgten nunmehr erste Schritte einer Beschränkung des staatlichen Einflusses und damit einer Ausweitung der unternehmerischen Befugnisse und der Wettbewerbsfähigkeit der Universitätsklinika[324].

Die gegenwärtigen Rechtsformen des Universitätsklinikums sind vielfältig. Aufgrund des weiten gesetzgeberischen Gestaltungsspielraums gibt es heute Rechtsformen, ausgehend von der unselbständigen Anstalt des öffentlichen Rechts[325] über die rechtsfähige Anstalt des öffentlichen Rechts und der Körperschaft des öffentlichen Rechts bis hin zur vollständigen Privatisierung des Universitätsklinikums (vgl. Universitätsklinikum Gießen-Marburg) sowie Möglichkeiten eines Klinikums Kooperationsverträge mit umliegenden Krankenhäusern zu schließen (vgl. Klinikum Ruhr-Universität Bochum).

---

321 WR, Empfehlungen zur Struktur der Hochschulmedizin, S. 18.

322 Sandberger, Hochschulmedizin in der Rechtsform der öffentlich-rechtlichen Anstalt oder Kapitalgesellschaft, S. 450; Sandberger, Organisation der Hochschulmedizin auf dem Prüfstand, S. 154, 155; Meinhold, Nicht einfach ein „Rezept“ für die Medizin, S. 606.

323 Die Errichtung, Gewährträgerschaft und Aufsichten der Anstalten des öffentlichen rechts liegen beim jeweiligen Bundesland, vgl Leonhard, S. 88; in Baden-Württemberg, Hessen und Schleswig-Holstein sollte die Trägerschaft der Universität dem Verbund zwischen den Aufgaben Rechnung tragen, vgl Karthaus/Schmehl, S. 301.

324 Leonhard, S. 88.

325 Heute wird diese Rechtsform des rechtlich unselbständigen Landesbetriebes nur noch in Hannover bevorzugt, vgl. WR, Allgemeine Empfehlungen zur Universitätsmedizin, S. 60.

3.3 Charakterisierung der (möglichen) Rechtsformen der Klinika

Die Organisationsstrukturen der Universitätsmedizin in Deutschland lassen sich formal in zwei verschiedene Organisationsmodelle unterscheiden[326]. Bilden Medizinische Fakultät (Forschung und Lehre) und Universitätsklinikum (Krankenversorgung) eine rechtliche Einheit, wird dieser Zusammenschluss als Integrationsmodell bezeichnet[327]. Das Kooperationsmodell hingegen umfasst die rechtliche Trennung von Aufgaben (Forschung, Lehre und Krankenversorgung) und ihrer jeweiligen Träger[328].

Die KMK bevorzugt die Verselbständigung der Universitätsklinika in einer Anstalt des öffentlichen Rechts verbunden mit weitergehender personeller Verflechtung mit der Fakultät; und folglich das Kooperationsmodell. Der Wissenschaftsrat hingegen präferiert das Integrationsmodell und somit eine Organisationsvielfalt, die sowohl die Rechtsformen des öffentlichen als auch des privaten Rechts als auch eine Integration der Leitungsorganisation des Klinikums und der Fakultät einschließt[329].

Daher bedingt die Entscheidung für das eine oder andere Organisationsmodell zugleich weitgehend die Wahl der Rechtsform, in der Medizinische Fakultät und Universitätsklinikum verbunden sind. Die Umsetzung des Kooperationsmodells erfolgt zumeist mit der rechtlichen Verselbständigung der Universitätsklinika als Anstalt des öffentlichen Rechts. Das Integrationsmodell verwirklicht sich in der Rechtsform der Körperschaft des öffentlichen Rechts[330].

Nach alledem werden zunächst die grundlegenden Rechtsformen der Universitätsklinika und die Verhältnisse zu ihren Universitäten und Medizinischen Fakultäten dargestellt, bevor die Unterschiede der Organisationsmodelle und ihre Ausgestaltung näher betrachtet werden.

326 WR, Allgemeine Empfehlungen zur Universitätsmedizin, S. 37.

327 WR, Allgemeine Empfehlungen zur Universitätsmedizin, S. 37.

328 Die Begriffe „Integrationsmodel“ und „Kooperationsmodell“ wurden von der KMK geprägt, vgl. Überlegungen zur Neugestaltung von Struktur und Finanzierung der Hochschulmedizin, Beschluss der KMK vom 29.09.1995, vgl. auch Sandberger, Organisation der Hochschulmedizin auf dem Prüfstand, S. 158.

329 Sandberger, Hochschulmedizin in der Rechtsform der öffentlich-rechtlichen Anstalt oder Kapitalgesellschaft, S. 451.

330 WR, Allgemeine Empfehlungen zur Universitätsmedizin, S. 37.

3.3.1 Unselbständige Anstalt des öffentlichen Rechts

Bis vor wenigen Jahren waren die meisten Universitätsklinika unselbständige Landesbetriebe bzw. rechtlich unselbständige Anstalten des öffentlichen Rechts. Derzeit wird nur noch die Medizinische Hochschule Hannover (MHH) als Landesbetrieb und damit als rechtlich unselbständiger Teil der Landesverwaltung geführt. Darüber hinaus weist die MHH als einzige medizinische Hochschule weitere Besonderheiten auf. So ist der Vorstand zugleich Präsidium der Hochschule und der Senat entspricht in Funktion und Zusammensetzung in etwa dem Fachbereichsrat/Fakultätsrat anderer Standorte. Zudem erübrigt sich die Existenz einer gesonderten Medizinischen Fakultät als organisatorische Grundeinheit der Hochschule, da es sich um eine medizinische Hochschule handelt[331].

3.3.1.1 Definition

Eine Anstalt ist nach herrschender Meinung eine öffentlich-rechtliche Organisationsform, die durch Hoheitsakt errichtet wird[332]. Die öffentliche Anstalt ist ein Bestand von Mitteln, welche in der Hand eines Trägers öffentlicher Verwaltung einem besonderen öffentlichen Zweck dauernd zu dienen bestimmt ist. Der öffentliche Zweck, dem die Anstalt zu dienen bestimmt ist, besteht vornehmlich in der Erbringung von Leistungen für die Bürger oder sonstige außerhalb der Verwaltung stehende Rechtssubjekte aufgrund eines Benutzungsverhältnisses. Der Anstaltsträger setzt Organverwalter der Anstalt ein. Die Anstalt hat keine Mitglieder, sondern in der Regel Benutzer[333].

Die unselbständige Anstalt des öffentlichen Rechts besitzt darüber hinaus keine volle Rechtsfähigkeit. Ein Rechtssubjekt kann immer nur im Hinblick auf bestimmte Zuordnungsgegenstände Träger von Rechten und Pflichten sein. Somit bestimmt sich das Maß der Rechtsfähigkeit nach der Zuweisung im Einzelfall. Nichtrechtsfähige Anstalten sind dem Bereich der unmittelbaren Staatsverwaltung zuzuordnen. Rechtlich bleibt der dahinterstehende Gründer Träger von Rechten und Pflichten, die aus den Geschäften der Eigen- bzw. Regiebetriebe folgen[334].

331 Vgl. WR, Allgemeine Empfehlungen zur Universitätsmedizin, S. 37.
332 Maurer, S. 605, Rn. 48; Schmidt, S. 38, Rn. 99; Becker, S. 122.
333 Becker, S. 122; Schmidt, S. 38, Rn. 100; Erichsen/ Ehlers, S. 280, Rn. 13.
334 Becker, S. 123; Maurer, S. 605, Rn. 48; Schmidt, S. 40, Rn. 105.

Nach alledem bleibt das Universitätsklinikum Bestandteil der Universität. Träger des Klinikums ist die Universität oder auch direkt das Bundesland. Das jeweilige Bundesland führt zudem die Rechts- und Fachaufsicht über das Universitätsklinikum[335].

3.3.1.2 Verfassungsmäßigkeit

Der Zusammenschluss der medizinischen Einrichtungen zu einer unselbständigen Anstalt des öffentlichen Rechts ist mit der Verfassung vereinbar[336]. Nach *Becker*[337] habe Kritik jedoch darin bestanden, dass im Klinikum alle medizinischen Einrichtungen zusammengefasst werden und so neben den der unmittelbaren sowie der mittelbaren Krankenversorgung dienenden Kliniken und medizinisch-theoretischen Instituten auch die theoretischen Institute als Einheit stehen[338]. Zur Begründung führt er an, dass *„somit der Fachbereich ohne Substrat verbleibe."*

3.3.1.3 Struktur

Aufgrund der nicht vollen Rechtsfähigkeit und insbesondere der fehlenden Außenrechtsfähigkeit ergeben sich wesentliche Einschnitte der in dieser Rechtsform betriebenen Klinika im Bereich der Leitungsstruktur, Verwaltung und Finanzwirtschaft.

3.3.1.3.1 Verwaltung

Das Hochschulklinikum in dieser Rechtsform verwaltet seine Angelegenheiten weitgehend selbständig. Es kann aber weder Beamte noch Angestellte beschäftigen, da die Dienstherrenfähigkeit nur juristischen Personen des öffentlichen Rechts wie Körperschaften, selbständigen Anstalten und Stiftungen gemäß § 121 BRRG verliehen werden. Zudem können Universitätsklinika in der Rechtsform der unselbständigen Anstalt des öffentlichen Rechts aufgrund der nicht vorhandenen Außenrechtsfähigkeit keine Anstellungsverträge schließen.

335 Becker, S. 123.

336 BVerfGE 57, S. 70, 101; Leuze/Bender, § 38 Rn. 2; Sandberger, Handbuch der Wissenschaft, S. 937; Becker, S. 123.

337 Becker, S. 124.

338 Becker, S. 124; Sandberger, Handbuch der Wissenschaft, S. 929; Zeller in DÖV 1974, S. 626, 627.

Insoweit fehlt es dem Klinikum an der Arbeitgebereigenschaft. Schließlich besitzen die Klinika in dieser Rechtsform keine Bauherrenschaft[339].

3.3.1.3.2 Finanzwirtschaft

Die Hochschulklinika besaßen schon früh ihr eigenes Haushaltskapital[340]. Die Klinika in der Rechtsform der unselbständigen Anstalt des öffentlichen Rechts werden als Landes- bzw. Staatsbetrieb im Sinne der Landeshaushaltsordnung geführt[341]. Das Klinikum erhält einen globalen Zuschuss, der auf Grundlage eines jährlich aufzustellenden Wirtschaftsplanes eigenständig zu bewirtschaften ist[342]. Hinzu treten Möglichkeiten der dezentralen Budgetierung. Auch die Einführung einer Trennungsrechnung, der getrennten Erfassung der Kosten für Forschung und Lehre einerseits und die Kosten für die Krankenversorgung andererseits, sind durchaus auch in dieser Rechtsform möglich[343].

Hinsichtlich des Rechnungswesens ergeben sich zu den in anderen Rechtsformen geführten Klinika keine Unterschiede. Die Krankenhaus-Buchführungsverordnung (KHBV), die die Rechnungs- und Buchführungspflichten von Krankenhäusern regelt, findet auf alle Krankenhäuser Anwendung, unabhängig davon, in welcher Rechtsform sie geführt werden, § 1 I S. 1 KHBV. Gemäß § 3 S. 1 KHBV führt das Krankenhaus seine Bücher nach den Regeln der kaufmännischen doppelten Buchführung. Im Übrigen gelten die Vorschriften der §§ 238, 239 HGB.

Der Jahresabschluss des Krankenhauses setzt sich gemäß § 4 I S. 1 KHBV aus der Bilanz, der Gewinn- und Verlustrechnung sowie dem Anhang einschließlich des Anlagennachweises zusammen. Ferner ist eine Kosten- und Leistungsrechnung aufzustellen, die eine betriebsinterne Steuerung und eine Beurteilung der Wirtschaftlichkeit und Leistungsfähigkeit erlaubt. Die Kosten- und Leistungsrechnung muss sodann die Ermittlung der pflegesatzfähigen Kosten sowie die Erstellung der Leistungs- und Kalkulationsaufstellung nach den Vorschriften der Bundespflegesatzverordnung ermöglichen, § 8 I KHBV.

---

339 Becker, S. 125; Zöllner, S. 615; Heintzen, S. 533.

340 Der Staatsgerichtshof Baden-Württemberg hat das Haushaltskapital ausdrücklich als verfassungsgemäß angesehen, vgl. DÖV 1974, S. 632, 635; Thieme, Rn. 1079; Becker, S. 126.

341 Becker, S. 126; Sandberger, Handbuch des Wissenschaftsrechts, S. 957; Heintzen, S. 536.

342 Volle, S. 199; Becker, S. 126.

343 Becker, S. 126.

Das dieser Rechtsform angehörende Klinikum kann hingegen aber nicht die Fähigkeit eingeräumt werden, eigenständig Kredite aufzunehmen, da es insoweit an der Außenrechtsfähigkeit fehlt[344].

3.3.1.3.3 Aufsichtsbehörde

Die unselbständige Anstalt des öffentlichen Rechts besitzt keine volle Rechtsfähigkeit. Sie ist daher dem Bereich der unmittelbaren Staatsverwaltung zuzuordnen. Mithin bleibt das Universitätsklinikum Bestandteil der Universität. Aufgrund der nicht vollen Rechtsfähigkeit und fehlenden Außenrechtsfähigkeit kann das Universitätsklinikum in dieser Rechtsform nicht verklagt werden. Vielmehr ist der Träger des Klinikums zu verklagen. Dies kann die Universität oder auch direkt das Bundesland sein[345].

Zudem führt das jeweilige Bundesland die Rechts- und Fachaufsicht über das Universitätsklinikum[346]. Zuständige Aufsichtsbehörde der MHH ist somit das Niedersächsische Ministerium für Wissenschaft und Kultur.

3.3.1.3.4 Leitungsstruktur

Aufgrund der Offenheit des Anstaltsbegriffs ist es ohne weiteres möglich, die Struktur des Klinikums der einer Kapitalgesellschaft anzugleichen. Im Wettbewerb mit anderen Krankenhäusern sind aber moderne Führungsstrukturen unerlässlich[347]. Diese modernen Führungsstrukturen allein genügen jedoch ebenfalls nicht. Dies ist insbesondere dann der Fall, wenn die Organe nicht über die entsprechenden weitreichenden Befugnisse verfügen, um den Betrieb flexibel, schnell und ohne Rücksicht auf die weitgehende Bindung zu leiten. Möglicherweise haben viele Universitätsklinika aus diesem Grund eine rechtlich verselbständigende Rechtsform gewählt[348].

Dabei stände den Klinika in der Rechtsform der unselbständigen Anstalt des öffentlichen Rechts die Möglichkeit offen, sich für die Erfüllung ihrer Aufgaben Dritter zu bedienen und sich an fremden Unternehmen zu beteiligen[349].

---

344 Heintzen, S. 533; Zöllner, S. 615; Becker, S. 127.
345 WR, Allgemeine Empfehlungen zur Universitätsmedizin, S. 37.
346 Oppermann, S. 1109; Becker, S. 127.
347 Becker, S. 129.
348 Becker, S. 129.
349 So auch Becker, S. 129.

3.3.1.4 Ergebnis/Stellungnahme

Nach der Betrachtung der Zuständigkeiten und Befugnisse eines Klinikums in der Rechtsform der unselbständigen Anstalt des öffentlichen Rechts kann nicht angenommen werden, dass eine fehlende Rechtsfähigkeit im Außenverhältnis zwingend die wirtschaftliche Unselbständigkeit zur Folge haben muss[350].

Insgesamt gesehen verwaltet das Hochschulklinikum zwar seine Angelegenheiten weitgehend selbständig. Allerdings kann es aufgrund seiner Rechtsstellung selbst keine Kredite aufnehmen, Anstellungsverträge schließen sowie keine Bauherreneigenschaft ausüben. Zudem fehlen dem Klinikum die Beteiligtenfähigkeit im Prozess und die uneingeschränkte Zuständigkeit in der Stellenbewirtschaftung[351].

Nach Ansicht der Verfasserin wird diese Rechtsform keine Zukunft mehr haben. Derzeit wird nur noch ein Klinikum (MHH) in dieser Rechtsform geführt.[352]

Darüber hinaus kann sich nach Ansicht der Verfasserin ein Hochschulkrankenhaus im Wettbewerb nur dann behaupten, wenn es ein hohes Maß an Handlungsfähigkeit und Flexibilität in der Unternehmensführung besitzt. Die für die Wirtschaftsführung erforderliche Eigenständigkeit und notwendigen Freiräume können danach im vollen Umfang aber erst auf der Grundlage einer rechtlichen Verselbständigung und mit den entsprechenden Befugnissen (eigenständige Kreditaufnahme, Bauherreneigenschaft, uneingeschränkte Zuständigkeit in der Stellenbewirtschaftung) erreicht werden. Von daher ist die Entwicklung, die Abkehr von der unselbständigen Anstalt des öffentlichen Rechts, folgerichtig.

3.3.2 Rechtsfähige Anstalt des öffentlichen Rechts

Nach der Organisations- und Finanzreform der Universitätsklinika im Jahr 1995 haben sich viele Bundesländer für die Rechtsform der rechtsfähigen Anstalt des öffentlichen Rechts entschieden.

Heute werden die meisten Universitätsklinika in Baden-Württemberg[353] (Freiburg, Heidelberg, Tübingen, Ulm), Bayern (TU München, Erlangen, LMU

350 Becker, S. 130; Sandberger, FuL 1997, 570; Heintzen, DÖV 1997, S. 533.
351 Becker, S. 130.
352 Becker, S. 121.

München, Regensburg, Würzburg), Hessen (Frankfurt), Mecklenburg-Vorpommern (Greifswald, Rostock), Nordrhein-Westfalen (Aachen, Bonn, Düsseldorf, Essen, Köln, Münster), Saarland (Homburg/Saar), Sachsen (Dresden, Leipzig), Sachsen-Anhalt (Halle, Magdeburg) und Schleswig-Holstein (Kiel, Lübeck) in dieser Rechtsform geführt[354].

3.3.2.1 Definition

Die rechtsfähige Anstalt des öffentlichen Rechts ist wie die unselbständige Anstalt ein Zusammenschluss von sachlichen und personellen Mitteln zur Erreichung eines bestimmten Zwecks[355]. Allerdings ist sie im Gegensatz zur unselbständigen Anstalt eine mit eigener Persönlichkeit ausgestattete Einrichtung aus Personal und Sachmitteln, die dem öffentlichen Zweck, insbesondere im Bereich der Leistungsverwaltung, dient[356].

Darüber hinaus bildet diese Rechtsform nicht nur gegenüber Dritten, sondern auch gegenüber ihrem Träger eine selbständige rechtliche Einheit. Zudem besitzt sie eigene Satzungsgewalt, genießt partielle Selbstverwaltungsrechte und kann bei entsprechender Ausgestaltung wie eine GmbH oder Aktiengesellschaft[357] geführt werden und somit Kredite aufnehmen[358].

3 3.2.2 Verfassungsmäßigkeit

Anfang der 80er Jahre hatte insbesondere der Staatgerichtshof Baden-Württemberg verfassungsrechtliche Bedenken bezüglich der rechtlichen Verselbständigung eines Universitätsklinikums.

---

353 Am 3. Februar 2011 hat der Baden-Württembergische Landtag (noch unter der Regierungskoalition CDU und FDP) das Universitätsmedizingesetz beschlossen, nach welchem bis spätestens 1. Januar 2013 die Medizinische Fakultät und das Klinikum in einer Gliedkörperschaft als Teil der Universität aufgehen soll; vgl. Sandberger, Integration oder Desintegration, S. 121; Deutsches Ärzteblatt, 2011, S. A 240; ausführlich siehe 3.4.3.

354 Becker, S. 131; vgl. auch Anlage 1.

355 Becker, S. 131; Maurer, S. 606, Rn. 49.

356 Schmidt, S. 38, Rn. 101; WR, Allgemeine Empfehlungen zur Universitätsmedizin, S. 38.

357 Becker, S. 132; § 8 S. 2 SächsUKG.

358 WR, Allgemeine Empfehlungen zur Universitätsmedizin, S. 38.

3.3.2.2.1 Rechtsprechung

In seinem Urteil vom 24. November 1973[359] hatte der Staatsgerichtshof Baden-Württemberg darüber zu entscheiden, ob der Zusammenschluss medizinischer Einrichtungen zu einer unselbständigen Anstalt mit dem Grundgesetz vereinbar gewesen ist. In seiner Beurteilung hat das Gericht unter anderem ausgeführt, dass das Universitätsklinikum nicht in verfassungsrechtlich unzulässiger Weise aus der Universität ausgegliedert worden sei. Auch in dieser Konstellation verbleibe es als Bestandteil der Universität[360].

Nach *Balders*[361] könnte diese Schlussfolgerung bedeuten, dass der Staatsgerichtshof Baden-Württemberg eine Ausgliederung des Klinikums als verfassungswidrig erachtet[362]. Für diese Deutung spreche nach seiner Auffassung der Zeitpunkt der Entscheidung. Eine eigene Rechtsträgerschaft eines Universitätsklinikums sei 1973 noch nicht absehbar gewesen[363]. *Balders* ist davon ausgegangen, dass das Gericht entschieden habe, dass ein in der Rechtsform einer juristischen Person des öffentlichen Rechts bestehendes Klinikum nicht mit der Wissenschaftsfreiheit vereinbar sei.

Becker[364] ist hingegen der Meinung, dass die gesamten Urteilsgründe auch auf eine andere Auslegung hinwiesen. Nach dessen Auffassung komme es für die Frage der Verfassungsmäßigkeit weniger auf die Rechtsform an sich, sondern vielmehr auf die Umstände der rechtlichen Beziehung zwischen Klinikum, Fakultät und Universität an. Darüber hinaus habe der Staatsgerichtshof Baden-Württemberg in seiner Entscheidung keine allgemeingültigen Kriterien für die Verselbständigung von Universitätsklinika aufstellen wollen, da er allein für den Fall des Zusammenschlusses der medizinischen Einheiten zu einer unselbständigen Anstalt innerhalb der Universität zu entscheiden gehabt habe.

Eine weitere wichtige Entscheidung zur Hochschulmedizin ist durch das Bundesverfassungsgericht 1981 ergangen[365]. Jedoch ist hier lediglich die innere Organisation eines Klinikums, insbesondere das Weisungsrecht des Abteilungs-

---

359 Becker, S. 132; DÖV 1974, S. 632 ff.

360 Becker, S. 132; DÖV 1974, S. 636.

361 Balders, WissR 1998, S. 111.

362 Balders, WissR 1998, S. 111; Becker, S. 132.

363 Becker, S. 132; Heintzen, Verfassungsrechtliche Eckdaten und Probleme bei der Privatisierung von Universitätsklinika, S. 132.

364 Becker, S. 133.

365 Beschluss vom 08.04. 1981, Az. 1 BvR 608/79 in BVerfGE 57, S. 70 ff.

leiters, zu bewerten gewesen. Die Organisationsstruktur an sich ist nicht separat rechtlich gewürdigt worden[366].

Im Jahr 2002 hat das Bundesverfassungsgericht[367] eine zusätzliche Entscheidung getroffen. Zu dieser Zeit sind bereits einige Universitätsklinika in der Rechtsform der selbständigen Anstalt des öffentlichen Rechts geführt worden. Jedoch hat das Bundesverfassungsgericht wiederum nur über interne Organisationsfragen entschieden[368]. Da das Gericht nicht explizit zur rechtlichen Verselbständigung der Klinika Stellung bezogen hat, geht *Becker*[369] davon aus, dass die rechtliche Verselbständigung als solche vom Bundesverfassungsgericht nicht als verfassungswidrig gewertet werde.

Nach alledem ist *Becker* zuzustimmen, dass die rechtliche Verselbständigung eines Universitätsklinikums im Einklang mit dem Grundgesetz steht.

3.3.2.2.2 Literatur

In der Literatur besteht ebenfalls keine Einigkeit über die Verfassungsmäßigkeit der rechtlichen Verselbständigung eines Klinikums.

Während *Sandberger*[370] und *Meinhold*[371] die rechtliche Verselbständigung in der Form einer rechtsfähigen Anstalt des öffentlichen Rechts für bedenkenlos erachten, stehen *Leuze*[372] und *Siburg*[373] dieser neuen Rechtsform kritisch gegenüber. Sie befürworten den Verbleib der Klinika im organisatorischen Verbund mit der Universität[374].

---

366 Becker, S. 133.

367 Nichtannahmebeschluss vom 11.11.2002, Az. 1 BvR 2145/01, 1 BvR 2146/01, 1 BvR 2175/01, 1 BvR 2176/01 in MedR 2003, S. 294 ff.

368 Becker, S. 133.

369 Becker, S. 134.

370 Becker, S. 134; Sandberger, Integration, Trennung, Koordination? Rechtsfragen der Organisationsreform der Hochschulmedizin, S. 14 ff.

371 Becker, S. 134; Meinhold, das Hochschulrecht in Baden-Württemberg, S. 442, Rn. 1280.

372 Becker, S. 134; Leuze in Leuze/Bender, Gesetz über die Universitäten des Landes Nordrhein-Westfalen unter Berücksichtigung des Hochschulrahmengesetzes des Bundes und der Hochschulgesetze der einzelnen Länder, Vorb. §§ 37-45, Rn. 3.

373 Becker, S. 134; Siburg, S. 31.

374 Becker, S. 134.

3.3.2.2.3 *Stellungnahme*

Der StGH Baden-Württemberg hat sich in seiner Entscheidung vom 24. November 1973 nicht explizit zu der Frage der Verfassungsmäßigkeit bezüglich der rechtlichen Verselbständigung der Universitätsklinika als Anstalten des öffentlichen Rechts geäußert. Allein aus der Formulierung der Urteilsgründe des StGH:

> „die Kliniken sind nicht in verfassungsrechtlich unzulässiger Weise aus der Universität ausgegliedert, vielmehr weiterer Bestandteil der Universität",

kann gerade nicht der Schluss gezogen werden, dass eine rechtliche Ausgliederung in der Form als selbständige Anstalt des öffentlichen Rechts per se als verfassungswidrig anzusehen ist. Auch in der Form der rechtlichen Verselbständigung verbleiben die Klinika Bestandteil der Universität. Insoweit kann der Ansicht *Sandbergers*[375] durchaus gefolgt werden[376].

Die von *Leuze*[377] formulierten Bedenken sind Kernpunkte in der Diskussion um die Rechtmäßigkeit einer rechtlichen Verselbständigung eines Universitätsklinikums gewesen. Nach der Ansicht von *Leuze* bestehe die Gefahr eines nicht zu überwindenden Schadens durch den Verlust der Einheit zwischen Universitätsklinikum und Universität, weil gerade die enge Verbindung von Forschung, Lehre und Krankenversorgung die Grundvoraussetzung für eine erfolgreiche humanmedizinische Ausbildung und klinische Forschung sowie eine leistungsfähige stationär-medizinische Versorgung sei[378].

Der Ansicht kann nicht gefolgt werden. Vielmehr ist *Beckers*[379] Auffassung zu folgen, wonach die Rechtsform eines Klinikums an sich nicht die Sicherung der Gewährleistung der Aufgabenbereiche eines Universitätsklinikums begründet. Gegen *Leuzes* Auffassung spricht auch, dass nach der dargestellten verfassungsgerichtlichen Rechtsprechung die Krankenversorgung nicht zum Kernbereich des Art. 5 III GG und der Selbstverwaltungsgarantie gehört. Zudem

---

375 Sandberger, Rechtsfragen der Privatisierung von Universitätsklinika, S. 25.

376 Vgl. auch Becker, S. 134.

377 Becker, S. 134; Leuze, Gesetz über die Universitäten des Landes Nordrhein-Westfalen unter Berücksichtigung des Hochschulrahmengesetzes des Bundes und der Hochschulgesetze der einzelnen Länder, Vorb. §§ 37 – 45, Rn. 3.

378 Vgl. auch Becker, S. 134.

379 Becker, S. 135.

hat das Bundesverfassungsgericht[380] bisher davon abgesehen, Art. 5 III GG als institutionelle Garantie zu sehen.

Vielmehr ist das BVerfG der Ansicht, dass dem Staat die Verpflichtung obliege, natürliche Grenzen, die sich aus dem Zusammentreffen der Anliegen mehrerer Grundrechtsträger und aus der Rücksicht auf andere gewichtige Gemeinschaftsinteressen ergeben, zu ziehen[381]. Deshalb hat es das BVerfG auch abgelehnt, aus Art. 5 III GG eine individualrechtliche oder institutionelle Bestandsgarantie einzelner Wissenschaftseinrichtungen abzuleiten[382].

Nach *Sandbergers*[383] Ansicht habe der Gesetzgeber trotz grundsätzlicher organisatorischer Gestaltungsfreiheit die enge Verflechtung des medizinisch-wissenschaftlichen Bereichs mit der Krankenversorgung zu gewährleisten und zu beachten, dass die Kliniken und theoretisch klinischen Institute mit ihrer personellen und sächlichen Ausstattung die materielle Basis für die medizinische Forschung und Lehre bilden und sichern. Ohne rechtlich gesicherte Zugriffsmöglichkeit der Universität und ihrer für medizinische Forschung und Lehre verantwortlichen Mitglieder würden der institutionelle Auftrag der Universität und Fakultät sowie das Individualrecht freier Forschung und Lehre ins Leere laufen.

Daher sind bei einer rechtlichen Verselbständigung strengere Anforderungen an die organisatorische Verflechtung der Aufgabenbereiche von Forschung, Lehre und Krankenversorgung zu stellen. *„Die Einheit von Forschung, Lehre und Krankenversorgung könnte bereits durch eine personelle Verflechtung durch Personenidentität in den Leitungsorganen gesichert werden“*[384].

Nach alledem stimme ich der Auffassung *Sandbergers*[385] zu, dass sich *„verfassungsrechtliche Bedenken gegen eine rechtliche Verselbständigung ausräumen lassen, wenn durch gesetzliche Regelungen sichergestellt wird, dass das rechtliche verselbständigte Klinikum Aufgaben eines Universitätsklinikums wahrnimmt.“*

---

380 Urteil des BVerfG vom 29.05.1973, Az. 1 BvR 424/71, 1 BvR 325/72 in BVerfGE 35, S. 79, 122.

381 Becker, S. 135; BVerfGE 35, S. 122.

382 Sandberger, Rechtsfragen von Hochschulverbünden und Hochschulfusionen, S. 16; BVerfGE 85, S. 360.

383 Sandberger, Rechtsfragen der Privatisierung von Universitätsklinika, S. 26.

384 So auch Becker, S. 135.

385 Sandberger, Rechtsfragen der Privatisierung von Universitätsklinika, S. 27.

Sandberger hat zudem Kriterien für die Ausräumung verfassungsrechtlicher Bedenken verfasst[386]. Hiernach solle das bestehende Geflecht der Aufgaben eines Universitätsklinikums in die gesetzliche Regelung aufgenommen werden. Allein die Bezeichnung *„Klinikum der Universität"* genüge nicht. Darüber hinaus müsse die personelle Verflechtung von Fakultäts-, Klinikums- und Klinikleitung gewährleistet werden. Das wissenschaftliche Personal gehöre dienst- und korporationsrechtlich zur Universität und sei somit auch verpflichtet, Dienste im Universitätsklinikum zu leisten. Ebenfalls solle im Überschneidungsbereich zwischen Forschung, Lehre und Krankenversorgung das Ziel der Einigung mittels eines Abstimmungsverfahrens vorgesehen werden. Im Falle einer Nichteinigung solle ein Schlichtungsverfahren etabliert werden. Des Weiteren müsse nach den Abstimmungspflichten in Angelegenheiten, welche die Forschung, Lehre und Krankenversorgung betreffen, durch wechselseitige Informationen ergänzt werden. Ebenso sei im Rahmen der jeweiligen Funktionsgewährleistung bei jeder rechtlichen Verselbständigung eine Verminderung von Schnittstellen anzustreben. Dies beinhalte eine Trennung der Budgetkreisläufe und einen wechselseitigen Kostenausgleich. Schließlich habe das jeweilige Bundesland die unterschiedlichen Interessen des Klinikums und der Universität im Wege eines Kooperationsvertrages zu regeln. Auch erfordere das Demokratieprinzip aus Art. 20 II GG bei fortbestehender staatlicher Trägerschaft des rechtlich verselbständigten Klinikums eine Repräsentation von Vertretern des Landes und der Universität im Aufsichtsorgan des Universitätsklinikums. Die Fakultät bleibe organisationsrechtlich und finanzwirtschaftlich nach den Hochschulgesetzen in der Universität integriert. Ebenfalls entscheide die Fakultät über die für Forschung und Lehre vorgesehen Mittel und Stellen.

Die von *Sandberger* formulierten Kriterien sind zwar bereits sehr umfassend, berücksichtigen aber die verschiedenen Organisationsmodelle einer rechtlichen Verselbständigung der Universitätsklinika noch nicht. Allerdings wird mit Sandbergers Hinweisen die Funktionseinheit von Forschung, Lehre und Krankenversorgung gewährleistet, wonach eine Vereinbarkeit mit Art. 5 III GG besteht.

Nach alledem bestehen keine Bedenken gegen die Verfassungsmäßigkeit der Rechtsform der selbständigen Anstalt des öffentlichen Rechts.

386 Sandberger, Rechtsfragen der Privatisierung von Universitätsklinika, S. 27 ff.

3.3.2.3 Folgen

Anschließend wird erörtert, welche Folgen mit der Wahl der Rechtsform einer selbständigen Anstalt des öffentlichen Rechts für das Universitätsklinikum verbunden sind.

3.3.2.3.1 Aufsichtsbehörde

Bis 1997 hat für die Hochschulaufsicht eine einheitliche Rechtslage bestanden. Nach § 59 II HRG a.F. ist der akademische Bereich von Forschung und Lehre unter dem Bereich der Rechtsaufsicht gefasst worden. Demgegenüber haben die Hochschulgesetze für die Krankenversorgung die erweiterte Fachaufsicht vorgesehen[387].

Erst im Zuge der Reformmaßnahmen in der Universitätsmedizin ist dieses einheitliche Regelungsmuster wegen der wesentlichen Forderung, die Trägerverantwortung von der Betriebsverantwortung zu trennen und das Klinikum von der uneingeschränkten Fachaufsicht zu befreien, aufgebrochen worden[388]. An die Stelle der Fachaufsicht sollte eine interne Kontrolle des Krankenversorgungsbereichs über den Aufsichtsrat des Universitätsklinikums treten[389]. Daher haben alle Länder außer Berlin, die das Klinikum rechtlich verselbständigt haben, die allgemeine Fachaufsicht abgeschafft. Die in der Rechtsform der Anstalt oder Körperschaft des öffentlichen Rechts geführten Klinika unterliegen daher mit einigen Einschränkungen regelmäßig allein der Rechtsaufsicht[390]. Die zuständige Aufsichtsbehörde der Universität und des Universitätsklinikums sind dabei identisch.

Die rechtsfähige Anstalt des öffentlichen Rechts ist – wie bereits ausgeführt – eine mit eigener Persönlichkeit ausgestattete Einrichtung aus Personal und Sachmitteln. Sie ist daher selbst Träger von Rechten und Pflichten und kann somit eigenständig nach außen auftreten. Als juristische Person des öffentlichen Rechts ist sie zudem aktiv- und passivlegitimiert. Sie wird durch den Klinikumsvorstand gesetzlich vertreten.

---

387 Oppermann, S. 1109; Becker, S. 127, WR, Empfehlungen zur Struktur der Hochschulmedizin, S. 20.

388 WR, Empfehlungen zur Struktur der Hochschulmedizin, S. 22 ff.

389 Trute/Wahl, S. 72.

390 Becker, S. 295.

3.3.2.3.2 *Beschäftigungsverhältnisse*

Zunächst eröffnet die rechtliche Verselbständigung des Universitätsklinikums diesem die Möglichkeit, Beschäftigungsverhältnisse zwischen den in der Hochschulmedizin tätigen Personen und dem Klinikum selbst zu schließen.

Hierbei bestehen jedoch für die Gruppen des wissenschaftlichen, des nichtwissenschaftlich beamteten und des nichtwissenschaftlich nichtbeamteten Personals unterschiedliche Bestimmungen[391].

Das wissenschaftliche Personal verbleibt regelmäßig beim Land, der Hochschule oder Trägerstiftung. Mit dieser Regelung wird dem wissenschaftlichen Personal die Mitgliedschaft an der Hochschule gesichert. Das wissenschaftliche Personal hingegen ist gemäß seinem Dienstverhältnis verpflichtet, im Universitätsklinikum Aufgaben der Krankenversorgung und sonstige Aufgaben auf dem Gebiet des öffentlichen Gesundheitswesens und Schulungen für die nichtärztlichen medizinischen Berufe zu erfüllen[392].

Für das nichtwissenschaftliche und nichtbeamtete Personal üben die Universitätsklinika die Arbeitgeberfunktion aus. Die Klinika sind verpflichtet, die Tarifbindung an das Tarifrecht des öffentlichen Dienstes durch unmittelbaren oder mittelbaren Beitritt zur Tarifgemeinschaft der deutschen Länder herbeizuführen[393].

Schließlich bestehen auch keine erheblichen Konsequenzen bei der Verselbständigung der Anstalt des öffentlichen Rechts im Zusammenhang mit den Beschäftigungsverhältnissen des in der Hochschulmedizin tätigen Personals. Das rechtlich verselbständigte Universitätsklinikum verliert mit der Überleitung des nichtwissenschaftlichen Personals seinen korporationsrechtlichen Status an der Hochschule[394]. Unabhängig von der Rechtsform des Universitätsklinikums wird den leitenden Ärzten deren Aufgabe in der Krankenversorgung auf Grundlage eines privatrechtlichen Vertrages, des Chefarztvertrages, übertragen.

391 Becker, S. 136.
392 Becker, S. 137.
393 Becker, S. 137.
394 Becker, S. 137.

3.3.2.3.3 Personalvertretungsrecht

Nach den Personalvertretungsgesetzen der Länder müssen für die rechtsfähigen Anstalten des öffentlichen Rechts eigene Personalräte gebildet werden[395]. Das wissenschaftliche Personal selbst verbleibt in dieser Rechtsform weiterhin bei der Universität, daher werden zwei Personalräte benötigt. Ein Personalrat ist für das nichtwissenschaftliche Personal am Klinikum und der zweite Personalrat ist für die wissenschaftlichen Beschäftigten der Universität zuständig.

Nach *Boemke* und *Ankersen*[396] hat diese Organisationsvorgehensweise jedoch nicht unerhebliche Kritik hervorgerufen. Nach ihrer Ansicht fühle sich das wissenschaftliche Personal aufgrund der Besonderheiten des medizinischen Faches nicht ausreichend vom Universitätspersonalrat vertreten.

3.3.2.3.4 Finanzwirtschaft

Mit der Föderalismusreform zum 1. Januar 2007 ist die Gemeinschaftsaufgabe der Hochschulbauförderung weggefallen. Die Förderung von Hochschulbauten ist allein den jeweiligen Bundesländern überlassen[397]. Damit erübrigt sich auch der über Jahre hinweg dauernde Streit, ob ein Klinikum in der Rechtsform einer rechtsfähigen Anstalt des öffentlichen Rechts weiterhin nach dem Hochschulbauförderungsgesetz Investitionsmittel erhalten kann.

Die Wirtschaftsführung und Rechnungslegung selbst erfolgt bei den als rechtsfähige Anstalt des öffentlichen Rechts geführten Universitätsklinika nach den handelsrechtlichen Grundsätzen. Das Prüfungsrecht der Obersten Landesrechnungshöfe bleibt bestehen[398] Im Übrigen ergeben sich bei der Wahl der rechtsfähigen Anstalt keine steuerlichen Nachteile. Die nach der Rechtsform der verselbständigten Anstalt des öffentlichen Rechts geführten Klinika verfolgen nach dem Gesetz ausschließlich und unmittelbar gemeinnützige Zwecke[399] und sind daher von der Körperschafts- und Gewerbesteuer befreit[400]. Ebenfalls besteht für die rechtsfähige Anstalt des öffentlichen Rechts nach § 4 Nr. 14b UStG die Umsatzsteuerbefreiung. Diese Norm wird durch § 108 SGB V konkretisiert und gilt für alle Universitätsklinika.

395 Vgl. § 1 SächsPerVG.
396 Boemke/ Ankersen, SächsVBl 2003, S. 4; Becker, S. 138.
397 Siehe oben 2.2.3.3.5.1.
398 WR, Allgemeine Empfehlungen zur Hochschulmedizin, S. 38; Becker, S. 140.
399 Vgl. § 1 IV SächsUKG; Becker, S. 140.
400 Vgl. § 5 I Nr. 9 KGSt; § 3 Nr. 6 GewStG; Becker, S. 140.

3.3.2.4 Ergebnis/Stellungnahme

Die rechtsfähige Anstalt des öffentlichen Rechts ist aufgrund ihrer rechtlichen Verselbständigung berechtigt, ihre Aufgaben eigenständig zu erfüllen. Zudem erfährt sie durch die eigene Betriebsführung ein höheres Maß an Selbständigkeit. Diese Selbständigkeit ist insbesondere im Bereich von zu tätigenden Investitionen und der damit verbundenen Wettbewerbsstärkung im Vergleich zu den anderen Universitätsklinika dringend notwendig. Allerdings ist durch die Verselbständigung des Klinikums auch zu beachten, dass die Aufgabenbereiche Forschung, Lehre und Krankenversorgung in ihrem Zusammenschluss weiterhin gewährleistet werden müssen. Demzufolge ist der Verbund von Forschung und Lehre einerseits und der Krankenversorgung andererseits durch eine entsprechende Verbindung zwischen dem Klinikum und der medizinischen Fakultät sicherzustellen.

3.3.3 Körperschaft des öffentlichen Rechts

Zum 1. Januar 2009 ist in Rheinland-Pfalz das Universitätsmedizingesetz in Kraft getreten. Mit diesem Gesetz sind der Fachbereich Medizin der Johannes-Gutenberg-Universität Mainz und das Universitätsklinikum in einer Körperschaft des öffentlichen Rechts als *"Universitätsmedizin der Johannes-Gutenberg-Universität Mainz"* zusammengeführt worden[401]. Zudem wurden Körperschaftslösungen in Berlin, Hamburg und Jena verwirklicht[402].

3.3.3.1 Definition

Eine Körperschaft des öffentlichen Rechts wird wie die Anstalt des öffentlichen Rechts durch einen staatlichen Hoheitsakt errichtet und weist eine mitgliedschaftliche Struktur auf. Sie ist ebenso rechts- und handlungsfähig. Primär dient sie öffentlichen Zwecken, kann aber auch private Interessen befriedigen[403].

---

401 Universitätsmedizingesetz vom 10.09.2008, GVBl. Rheinland-Pfalz, S. 205 ff.

402 WR, Allgemeine Empfehlungen zur Universitätsmedizin, S. 39.

403 Schmidt, S. 33, Rn. 91; Maurer, S. 589, Rn. 37.

Die Körperschaftslösung in der Universitätsmedizin beinhaltet, dass das Universitätsklinikum und die Medizinische Fakultät eine gemeinsame, mitgliedschaftlich strukturierte Rechtspersönlichkeit haben[404].

3.3.3.2 Verfassungsmäßigkeit

Das Universitätsklinikum wird in dieser Rechtsform als „Gliedkörperschaft" der Universität bezeichnet[405]. Nach der herrschende Lehre sind die Studierendenschaften[406] Teil- oder Gliedkörperschaften der jeweiligen Hochschule und im Rahmen ihres Selbstverwaltungsrechts rechtsfähig[407]. Durch diese Umschreibung ist das Universitätsklinikum formal in die Universität eingebunden[408]. Da eine institutionelle Verankerung der Hochschulmedizin in der Universität durch Art. 5 III S. 1 GG nicht gefordert wird, ist der Verbund von Klinikum und Fakultät im Wege des Körperschaftsmodell wie die rechtsfähige Anstalt des öffentlichen Rechts nicht rechtswidrig[409].

3.3.3.3 Verwirklichung des Körperschaftsmodells

Im Nachfolgenden werden die Merkmale der körperschaftlichen Verfassung in Berlin, Hamburg, Jena und Mainz dargestellt.

3.3.3.3.1 Berlin

Der Reformprozess in der Hochschulmedizin in Berlin hat mit dem Vorschaltgesetz zum Gesetz über die Umstrukturierung der Hochschulmedizin vom 27. Mai 2003 begonnen[410]. Mit diesem Gesetz sind die medizinischen Fachbereiche und Klinika der Freien Universität Berlin sowie der Humboldt-Universität zu Berlin zu einer Körperschaft des öffentlichen Rechts „Charité – Universitätsmedizin Berlin" vereint worden, die wiederum Gliedkörperschaft beider Uni-

404 WR, Allgemeine Empfehlungen zur Universitätsmedizin, S. 39.

405 Becker, S. 146

406 Die Rechtsnatur der verfassten Studentenschaften bzw. nach der neueren Terminologie der Studierendenschaften wird im HRG nicht näher bestimmt, sondern allenfalls mit dem Hinweis auf das Selbstverwaltungsrecht angedeutet. So erfolgt in § 41 HRG z. B. die Festlegung ihrer Aufgaben; vgl. Maurer, S. 597, Rn. 34.

407 Maurer, S. 597, Rn. 34.

408 Becker, S. 146.

409 Becker, S. 149.

410 GVBl. S. 185.

versitäten ist[411]. Die Universitätsmedizin Berlin hat sich dabei für einen integralen Aufbau mit gemeinsamen Organen für die Bereiche Forschung, Lehre und Krankenversorgung entschieden[412].

Zu den Organen der Charité zählen der Medizinsenat, der Fakultätsrat, der Aufsichtsrat, der Vorstand, die Fakultätsleitung und die Klinikumsleitung[413]. Die integrativen Aufgaben nehmen der Vorstand, bestehend aus dem Vorstandsvorsitzenden, dem Direktor des Klinikums sowie dem Dekan, und der Aufsichtsrat wahr. Darüber hinaus führt der Vorstand durch seinen Vorstandsvorsitzenden die Geschäfte der Gliedkörperschaft und vertritt sie in allen Angelegenheiten nach innen und außen[414]. Zudem stellt er einen Gesamtwirtschaftsplan auf und sorgt für den Interessenausgleich zwischen Klinikumsleitung und Fakultätsleitung[415].

Der Vorstand wird vom Aufsichtsrat beraten und überwacht. Die Überwachung erstreckt sich auch auf die Recht- und Zweckmäßigkeit und Wirtschaftlichkeit der Geschäftsführung[416]. Mitglieder der Körperschaft des öffentlichen Rechts sind die in der Charité hauptberuflich Beschäftigten und die immatrikulierten Studierenden. Das Mitspracherecht der Mitglieder erstreckt sich auf den Fakultätsrat, somit mittelbar auf die Fakultätsleitung und auf den Medizinsenat[417].

3.3.3.3.2 Hamburg

In Hamburg sind der Fachbereich Medizin und das Universitätsklinikum im Rahmen der Körperschaft seit dem 12.09.2001 integriert. Die Körperschaft besteht nach § 6 I Gesetz zur Errichtung der Körperschaft Universitätsklinikum Hamburg-Eppendorf (UKEG) aus vier Organen (Vorstand, Kuratorium, Dekan, Fachbereichsrat). Der Vorstand leitet das Klinikum und sorgt dafür, dass die Einrichtungen des Klinikums ihre Aufgaben im Rahmen des Budgets erfüllen, § 11 I, II UKEG. Zudem trifft er im Benehmen mit dem Dekanat der Medizinischen Fakultät Entscheidungen, die sich auf den Bereich Forschung und Lehre auswirken, § 11 III UKEG. Mitglieder des Vorstands sind nach § 10 I

411 Becker, S. 144; § 2 I UMG Berlin.
412 Vgl. auch Becker, S. 144.
413 § 6 I UMG Berlin.
414 § 14 I S. 1 UMG Berlin.
415 § 14 III S. 1 UMG Berlin.
416 § 12 I S. 1 UMG Berlin.
417 Vgl. Becker, S. 145.

UKEG der Ärztliche Direktor, der Dekan der Medizinischen Fakultät, der Kaufmännische Direktor und der Direktor für Patienten- und Pflegemanagement[418].

Mitglieder der Körperschaft sind gemäß § 1 II S.1 UKEG die am Universitätsklinikum hauptberuflich Beschäftigten und die immatrikulierten Studierenden. Der Einfluss der Mitglieder bleibt allerdings auf den Fachbereich beschränkt. Ein entsprechender Einfluss auf die Organe besteht für die Mitglieder nicht. Weder das Kuratorium noch der Vorstand sind Mitgliederorgane[419].

Ein gemeinsames Organ für den Fachbereich und das Klinikum gibt es nach dem Hamburger Modell nicht, vgl. § 6 I UKEG. Dekan und Fachbereichsrat sind Organe des Fachbereichs, Kuratorium und Vorstand Organe des Klinikums, mithin bleiben im Hamburger Körperschaftsmodell Fachbereich und Klinikum als getrennte Einheiten erhalten, so dass ein Schlichtungsausschuss bei Streitigkeiten zwischen Fachbereich und Klinikum zu entscheiden hat[420].

3.3.3.3.3 Jena

Zum 1. Januar 2007 sind die Medizinische Fakultät und das unselbständige Universitätsklinikum als rechtsfähige Körperschaft des öffentlichen Rechts zum „Universitätsklinikum Jena“ (UKJ) zusammengefasst und als Teilkörperschaft in die Universität Jena integriert worden[421]. Mitglieder der Teilkörperschaft sind die Studierenden und die Angestellten des Klinikums[422].

Das UKJ besteht gemäß § 95 ThürHG aus einem Fakultätsrat, dem Klinikumsvorstand und dem Verwaltungsrat. Der Vorstand – Kaufmännischer Vorstand, Medizinischer Vorstand, Dekan des Fachbereichsrats als Wissenschaftlicher Vorstand – entscheidet über alle wesentlichen Angelegenheiten des UKJ, allerdings müssen seine Entscheidungen im Einvernehmen mit dem Dekan als Wissenschaftlicher Vorstand getroffen werden[423]. Eine Schlichtungsstelle ist nicht vorgesehen. Der Fakultätsrat wird durch den Dekan geleitet. Er bereitet die Sitzung des Fakultätsrates vor, vollzieht dessen Beschlüsse und führt dessen

---

418 Vgl. Becker, S. 142.
419 § 8 II UKEG.
420 § 22 UKEG.
421 WR, Stellungnahme Universitätsmedizin Jena, S. 7; § 91 ThürHG.
422 Vgl. § 91 I S. 2 ThürHG; WR, Stellungnahme Universitätsmedizin Jena, S. 13.
423 Vgl. § 97 ThürHG; WR, Stellungnahme Universitätsmedizin Jena, S. 13.

Geschäfte in eigener Zuständigkeit[424]. Bei seinen Aufgaben bedient sich der Dekan der beratenden Kommissionen (Kommission für Forschung und Haushalt, Kommission für Lehre und Studium, Promotions- und Habilitationskommission, ständige Kommission für die Verleihung der Bezeichnung „außerplanmäßiger Professor" und Berufungskommission), bei denen er oder ein von ihm benannter Vertreter oder ein von ihm benannter und vom Fakultätsrat gewählter Vertreter den Vorsitz hat[425]. Zusätzlich gibt es für den Bereich Forschung und Lehre jeweils einen Prodekan. Beide Prodekane werden auf Vorschlag des Dekans und durch Wahl des Fakultätsrates besetzt[426].

Darüber hinaus besteht zwischen Klinikumsvorstand und Fakultätsrat die Einigung, dass unmittelbar nach Vorstellung der Bewerber dem Vorstand die Möglichkeit gegeben wird, die Sachdienlichkeit für die Krankenversorgung zu bewerten, um anschließend seine Einschätzung der Berufungskommission mitzuteilen[427].

Schließlich obliegt dem Bundesland Thüringen eine Steuerungsmöglichkeit durch dessen Mitgliedschaft im Verwaltungsrat des Klinikums, seinen Genehmigungsvorbehalt für Maßnahmen von gesteigerter Bedeutung im Rahmen dessen Gewährträgerschaft, den Abschluss von Ziel- und Leistungsvereinbarungen, der Rechtsaufsicht und der Bescheid über den Umfang der stationären und tagesklinischen Versorgung[428].

Nach dem Thüringischen Hochschulgesetz[429] werden Professoren in leitender Funktion mit ärztlichen Aufgaben am UKJ in der Regel im Angestelltenverhältnis eingestellt.

In seiner Stellungnahme vom 29. Januar 2010[430] hat der *Wissenschaftsrat* das in Jena entwickelte Integrationsmodell *„als eine gute Basis für die künftige Entwicklung des UKJ"* bewertet. Nach seiner Ansicht habe sich der Zusammenschluss von Fakultät und Klinikum im dreiköpfigen Vorstand bewährt. Insbesondere wird durch den Wissenschaftsrat in diesem Zusammenhang positiv hervorgehoben, dass der wissenschaftliche Vorstand durch sein umfangreiches

---

424 WR, Stellungnahme Universitätsmedizin Jena, S. 14.
425 WR, Stellungnahme Universitätsmedizin Jena, S. 14.
426 WR, Stellungnahme Universitätsmedizin Jena, S. 14.
427 WR, Stellungnahme Universitätsmedizin Jena, S. 14.
428 WR, Stellungnahme Universitätsmedizin Jena, S. 15.
429 Vgl. § 92 III S. 1 ThürHG.
430 Vgl. WR, Stellungnahme Universitätsmedizin Jena, S. 76.

Vetorecht eine starke Position innehabe und er somit die Belange von Forschung und Lehre gegenüber der Krankenversorgung sichern könne[431].

3.3.3.3.4 Mainz

Zum 1. Januar 2009 ist die bisherige Anstalt des öffentlichen Rechts „Klinikum der Johannes-Gutenberg-Universität Mainz" durch das Landesgesetz über die Errichtung der Universitätsmedizin der Johannes-Gutenberg-Universität Mainz (UMG) vom 10. September 2008 als rechtsfähige Körperschaft des öffentlichen Rechts „Universitätsmedizin der Johannes-Gutenberg-Universität Mainz" mit Sitz in Mainz fortgeführt worden[432].

Nach § 3 I UMG erfüllt die Universitätsmedizin die Aufgaben in Forschung und Lehre in enger Verbindung mit der Universität unter Wahrung der Entscheidungs- und Mitwirkungskompetenzen der in § 71 II S. 1 HochschG genannten zentralen Organe der Universität. Die Universitätsmedizin nimmt in Forschung und Lehre die Aufgaben nach § 86 I Satz 1 und 2 sowie II Nr. 1 bis 11 HochschG wahr. Sie kann zusammen mit anderen Fachbereichen ein Vorhaben, insbesondere im Bereich der Forschung und Entwicklung, als gemeinsame Aufgabe, durchführen, § 4 II UMG. Die Universitätsmedizin steht gemäß § 5 UMG unter der Rechtsaufsicht des für das Hochschulwesen zuständigen Ministeriums. Deren Organe sind der Fachbereichsrat, der Aufsichtsrat, der Vorstand und der Klinik- und Pflegeausschuss, § 6 UMG.

Der Fachbereichsrat berät und entscheidet in Angelegenheiten von Forschung und Lehre. Den Vorsitz im Fachbereichsrat führt der Wissenschaftliche Vorstand, §§ 8 I, 7 III UMG. Dem Land Rheinland-Pfalz obliegt eine Steuerungsmöglichkeit im Rahmen dessen Mitgliedschaft im Aufsichtsrat. Der Aufsichtsrat entscheidet in allen grundsätzlichen Angelegenheiten der Universitätsmedizin, § 10 I UMG.

Schließlich hält sich das Land auch die Privatisierung des Universitätsklinikums offen, indem es mit § 25 UMG bereits einen Formwechsel in eine Umwandlung zur Gesellschaft mit beschränkter Haftung ins UMG aufgenommen hat.

---

431 WR, Stellungnahme Universitätsmedizin Jena, S. 76.
432 GVBl. 2008, S. 205.

3.3.3.4 Folgen

Auch bei der Körperschaft des öffentlichen Rechts bestehen bei Wahl dieser Rechtsform wie bei der selbständigen Anstalt des öffentlichen Rechts rechtliche Folgen.

3.3.3.4.1 Aufsichtsbehörde

Die zuständige Aufsichtsbehörde der Universität und des Universitätsklinikums ist bei der Körperschaft des öffentlichen Rechts identisch. Als juristische Person des öffentlichen Rechts ist sie zudem aktiv- und passivlegitimiert.

In Berlin wird die Charité durch den Vorstandvorsitzenden gesetzlich vertreten. Das Universitätsklinikum Jena wird durch den Sprecher des Klinikumsvorstandes gemeinsam mit einem weiteren Mitglied vertreten. Das Universitätsklinikum Hamburg-Eppendorf wird durch den Vorstandsvorsitzenden und die Universitätsmedizin der Johannes Gutenberg-Universität Mainz wird durch den Vorstand gesetzlich vertreten.

3.3.3.4.2 Beschäftigungsverhältnisse

Das Universitätsklinikum in der Rechtsform der Körperschaft des öffentlichen Rechts besitzt ebenfalls Dienstherrenfähigkeit und Arbeitgeberfunktion. Zudem kann durch die Integration der Medizinischen Fakultät in das Klinikum und die Rückbindung an die Hochschule als Gliedkörperschaft das wissenschaftliche Personal im Gegensatz zum Anstaltsmodell beim Klinikum ohne den Verlust der korporationsrechtlichen Stellung beschäftigt bleiben[433].

Die Arbeitsverhältnisse der am früheren Fachbereich und Klinikum tätigen Arbeitnehmer gehen auf das neue Klinikum über, und die Beamten werden an das Klinikum versetzt[434]. So nimmt in Jena das am Universitätsklinikum tätige wissenschaftliche Personal im Beamtenverhältnis seine Aufgaben in der Krankenversorgung grundsätzlich als Dienstaufgabe wahr[435].

Die Wahrnehmung von Aufgaben im Bereich Krankenversorgung wird im Rahmen eines privatrechtlichen Dienstverhältnisses eigener Art geregelt[436].

---

433 Becker, S. 149.
434 Becker, S. 149.
435 Vgl. § 92 II ThürHG
436 Vgl. § 92 III, S. 3, 2. HS ThürHG

3.3.3.4.3 Personalvertretungsrecht

Aufgrund der Beschäftigung aller Mitarbeiter beim Universitätsklinikum besteht die Möglichkeit getrennter Personalräte für das wissenschaftliche und das nichtwissenschaftliche Personal oder ein gemeinsamer Personalrat[437].

Das Universitätsklinikum in Hamburg hat einen Personalrat für das wissenschaftliche Personal und für die Angestellten des öffentlichen Dienstes[438].

3.3.3.5 Ergebnis/ Stellungnahme

Die Körperschaft des öffentlichen Rechts ist sowohl im Kooperationsmodell als auch im Integrationsmodell möglich[439]. Der medizinisch-wissenschaftliche Bereich und der Bereich der Krankenversorgung liegen in dieser Rechtsform eng beieinander. Es besteht somit eine Vereinigung des Fachbereichs und des Klinikums. Die Rechtseinheit von Fachbereich und Klinikum wird in allen vier Körperschaftsmodellen aufrechterhalten, und die Funktionseinheit von Forschung, Lehre und Krankenversorgung wird gesichert.

Hamburg grenzt das Klinikum gegenüber dem ihm zugehörigen Fachbereich Medizin jedoch nicht ab, sondern bildet einen rechtlichen Verbund mit dem Fachbereich in Form einer Gliedkörperschaft der Universität. Nach dem *Wissenschaftsrat*[440] ist hierfür wesentlich, dass der notwendige Zusammenhang zwischen Lehre, Forschung und Krankenversorgung nicht durch eine isolierte Verselbstständigung des Klinikums und die damit verbundene institutionelle Aufspaltung gefährdet werde.

In Berlin, Jena und in Mainz hat man sich für einen integralen Aufbau entschieden. Im Rahmen des Integrationsmodells bilden Fakultät und Klinikum eine gemeinsame Rechtspersönlichkeit. Daher ist es nur konsequent, diese Rechtsform im Rahmen des Integrationsmodells zu führen, damit für beide Bereiche ein gemeinsames Organ geschaffen werden kann, das sowohl Zuständigkeiten im Bereich von Forschung, Lehre als auch in der Krankenversorgung besitzt.

---

437 Becker, S. 150.

438 § 10 V des Hamburgischen Personalvertretungsgesetzes in der Fassung vom 4. Dezember 2001 (GVBl. S. 462).

439 Becker, S. 150.

440 WR, Stellungnahme zur Strukturreformen in der Berliner Hochschulmedizin, S. 20.

3.3.4 Stiftung des öffentlichen Rechts

Zum 1. Januar 2003[441] ist die Georg-August-Universität Göttingen gemäß § 55 Niedersächsisches Hochschulgesetz (NHG) auf Antrag des Senats in die Trägerschaft einer Stiftung des öffentlichen Rechts überführt worden. Mit der Umwandlung der Universität Göttingen in eine rechtsfähige Anstalt des öffentlichen Rechts wurde die Trägerschaft auch für die Universitätsmedizin in Göttingen auf eine Stiftung übertragen[442].

Auch in Dresden hat man im Jahr 2005 die Überführung der TU Dresden und des Universitätsklinikums CGC in Stiftungen des öffentlichen Rechts diskutiert[443]. Eine Überführung in die Rechtsform der Stiftung hat aber nicht stattgefunden. Derzeit wird nur das Universitätsklinikum in Göttingen in der Rechtsform der Stiftung des öffentlichen Rechts geführt.

3.3.4.1 Definition

Die Stiftung des öffentlichen Rechts ist eine einem öffentlichen Zweck gewidmete Vermögensmasse, der durch einen Hoheitsakt die Eigenschaft einer juristischen Person des öffentlichen Rechts verliehen worden ist. Im Unterschied zur rechtsfähigen Anstalt des öffentlichen Rechts ist die Einflussnahme des Stifters auf die laufende Verwaltung begrenzt. Zudem ist die Aufhebung der Stiftung nur unter besonderen eng umgrenzten Voraussetzungen möglich[444].

3.3.4.2 Verfassungsmäßigkeit

Bereits mit Aufnahme der Möglichkeit der Errichtung einer Stiftungsuniversität in das Niedersächsische Hochschulgesetz (NHG) vom 24. Juni 2002[445] sowie

---

441 Verordnung vom 17. Dezember 2002, Niedersächsisches Gesetz- und Verordnungsblatt (GVBl), S. 812.

442 Die Universitätsmedizin Göttingen verbindet in einer Einheit die Medizinische Fakultät der Universität und das Universitätsklinikum. Seit dem 1. Januar 2003 gehört die Universitätsmedizin Göttingen zur Stiftung öffentlichen Rechts Georg-August-Universität Göttingen.

443 Post, S. 7.

444 Maurer, S. 609, Rn. 55; Schmidt, S. 40, Rn. 108; Röpke, S. 13.

445 Verordnung über die Neuregelung der Trägerschaft Georg-August-Universität und der Aufgaben und Organisation ihres Bereiches Humanmedizin, § 46 II und § 55 I S. 3, 4 und 6 des NHG vom 24.06.2002.

11.12.2002[446] haben sich die Verwaltungsgerichte mit der Frage der rechtmäßigen Errichtung der Universitätsstiftung befasst.

Darüber hinaus hat am 16.03.2005 ein Kolloquium über die Struktur der Universität und des Universitätsklinikum in Dresden stattgefunden[447].

In diesem wurde die Möglichkeit besprochen, einerseits die TU Dresden als Körperschaft öffentlichen Rechts und zugleich staatliche Einrichtung und andererseits das Universitätsklinikum Carl Gustav Carus (CGC) als Anstalt des öffentlichen Rechts in jeweils eine Stiftung öffentlichen Rechts zu überführen. Die TU-Dresden-Stiftung sollte das Dach für die selbständige und rechtsfähige Dresdner Medizinstiftung bilden[448]. Zudem basierte der vorgelegte Entwurf zur Überführung der TU Dresden und des Universitätsklinikum CGC in Stiftungen des öffentlichen Rechts auf dem Managementmodell, welches *Battis*[449] einer Verfassungsmäßigkeitsüberprüfung unterzogen hat[450].

Mit seiner Entscheidung vom 26. Oktober 2004[451] zum Brandenburgischen Hochschulgesetz hat das BVerfG erklärt, dass das Managementmodell mit dem Grundgesetz – insbesondere mit Art. 5 III S. 1 GG – vereinbar sei[452]. Aufgrund dieser verfassungsrechtlichen Neuorientierung bestehen hinsichtlich der Neuordnung der TU Dresden und des Universitätsklinikums auf der Grundlage des Managementmodells keine verfassungsrechtlichen Bedenken. Zu beachten ist aber, dass *„durch verfassungsrechtliche Neuorientierungen auch gesetzgeberische Spielräume eröffnet werden, deren Ausgestaltung durchaus verfassungsrechtliche Risiken bergen“*[453].

---

446 §§ 3, 6, 10 NHG betreffend die Errichtung und Finanzierung von Stiftungen als Träger niedersächsischer Hochschulen vom 11.12.2002.

447 Post, S. 8.

448 Unter dem Dach der TU-Dresden-Stiftung bedeutet, dass die TU-Dresden-Stiftung die Rechtsaufsicht über die Medizinstiftung CGC ausübt. Entscheidungen der Medizinstiftung CGC, die Forschung und Lehre betreffen, bedürfen der Genehmigung der TU-Dresden-Stiftung, vgl. Post, Eckpunkte zur Überführung TU Dresden, S. 37.

449 Professor für Staats- und Verwaltungsrecht an der Humboldt-Universität zu Berlin, hat ebenfalls am Kolloquium vom 16.03.2005 teilgenommen.

450 Battis, S. 77.

451 Beschluss des BVerfG vom 26.10.2004, Az. 1 BvR 911/00.

452 Andere Ansicht vgl. Hufeld, DÖV 2002, S. 309; Thieme, Deutsches Hochschulrecht, 3. Auflage, 2004, Rn. 149 ff; Herzog in Maunz/Dürig, Art. 5 III, Rn. 167; Pernice, in Dreier, GG, 2. Auflage, 2004, Art. 5 III, Rn. 21, 57.

453 Battis, S. 77.

Schließlich hat auch das Bundesverwaltungsgericht[454] mit seinem Urteil vom 26.11.2009 festgestellt, dass die Umwandlung der Anstalt Universität in eine Stiftungsuniversität rechtmäßig erfolgt sei, obwohl zunächst die Verordnung über den Bereich Humanmedizin bei ihrem Erlass nichtig gewesen sei[455]. Das Bundesverwaltungsgericht hat ausgeführt:

> „Die Stiftungsverordnung vom 17. Dezember 2002 - StiftVO-UGÖ - war rechtswirksam. Insbesondere blieb sie von der Nichtigkeit der Verordnung über den Bereich Humanmedizin der Universität G. vom gleichen Tag - HumanmedGöVO - unberührt.
>
> Die Nichtigkeit dieser Verordnung konnte weder die Errichtung der Beklagten als juristische Person des öffentlichen Rechts noch die Überführung der Universität G. in ihrer Gesamtheit in die Trägerschaft der Beklagten verhindern. Der Eintritt dieser Rechtsfolgen hing nach § 55 Abs. 1 Satz 1 NHG ausschließlich davon ab, dass aufgrund des Überführungsantrags der Universität eine Stiftungsverordnung mit dem gesetzlich vorgesehenen Mindestinhalt erlassen wurde. Beides ist durch § 1 Abs. 1 und § 2 Abs. 1 StiftVO-UGÖ geschehen. Auf die Rechtswirksamkeit der Organisationsstrukturen der Fakultäten und Bereiche der Universität kam es in diesem Zusammenhang nicht an.
>
> Darüber hinaus hat der Landesgesetzgeber die rechtsstaatlichen Defizite der Verordnungsermächtigung des § 46 Abs. 2 NHG durch Art. 1 Nr. 3 des Änderungsgesetzes vom 22. Januar 2004 (GVBl S. 33) mit Wirkung vom 1. Januar 2003 behoben und durch Art. 1 Nr. 4 bis 7 dieses Gesetzes die Grundlagen für die besonderen Stiftungsorgane in Angelegenheiten des Bereichs Humanmedizin geschaffen (§ 59 Abs. 3, §§ 60a, 60b, 61 Abs. 4 NHG).
>
> Die Anordnung der rückwirkenden Geltung dieser Regelungen ab dem 1. Januar 2003 durch Art. 2 Abs. 1 Satz 2 des Änderungsgesetzes verstößt nicht gegen das Rechtsstaatsgebot des Art. 20 Abs. 3 GG“.

Nach alledem bestehen keine verfassungsrechtlichen Bedenken gegen die Rechtsform der Stiftung des öffentlichen Rechts.

3.3.4.3 Folgen

In Göttingen gliedert sich die Universität als Körperschaft unter dem Dach einer rechtsfähigen Stiftung des öffentlichen Rechts, in welcher die Universitäts-

454 BVerwG, Urteil vom 26.11.2009, Az. 2 C 15/08.

455 Andere Ansicht, insbesondere zur Rechtmäßigkeit der Stiftungserrichtung: Sattler, S. 104; Behrends, S. 29.

medizin Göttingen mit eigenem Stiftungsvermögen enthalten ist. Die Humanmedizin in Göttingen ist somit Teil der Georg-August-Stiftung.

3.3.4.3.1 Leitungsstruktur

Die Universitätsmedizin Göttingen wird nach § 63 b S. 2 NHG von einem Vorstand geleitet, der zugleich Organ der Stiftung Universität Göttingen und der Hochschule ist. Der Vorstand tritt in Angelegenheiten der Universitätsmedizin Göttingen an die Stelle des Präsidiums, soweit nicht in den nachfolgenden Vorschriften etwas anderes bestimmt ist. Das Vorstandsmitglied nach § 63 b Satz 4 Nr. 1 der Universität Göttingen ist gemäß § 63 e I S. 5 NHG zugleich Dekanin oder Dekan der Medizinischen Fakultät.

Darüber hinaus werden nach § 63 g I NHG in den humanmedizinischen Einrichtungen jeweils eine Klinikkonferenz und eine Krankenhausbetriebsleitung einschließlich einer Pflegedienstleitung eingerichtet. Die Klinikkonferenz berät das Vorstandsmitglied nach § 63 b Satz 4 Nr. 2 NHG in allen wesentlichen das Ressort betreffenden Fragen, insbesondere in Bezug auf den Wirtschaftsplan, soweit die Krankenversorgung betroffen ist, der Einrichtung und Auflösung von Organisationseinheiten, die ganz oder zum Teil der Krankenversorgung dienen, der Strukturveränderungen im Bereich der Krankenversorgung sowie der Errichtung von Gesellschaften und die Beteiligung an Gesellschaften, wenn die Krankenversorgung betroffen ist. Folgt in der Universitätsmedizin Göttingen das Vorstandsmitglied nach § 63 b Satz 4 Nr. 2 einem Vorschlag der Klinikkonferenz nicht, so hat es in einer Angelegenheit nach Absatz 2 Satz 1 Nr. 1 oder 4 dem Stiftungsausschuss Universitätsmedizin und in einer Angelegenheit nach Absatz 2 Satz 1 Nr. 2 oder 3 dem Vorstand die Auffassung der Klinikkonferenz mitzuteilen, § 63 g III NHG.

3.3.4.3.2 Verwaltung

Darüber hinaus hat die Stiftung Universität Göttingen Dienstherreneigenschaft, wobei der Vorstand der Universitätsmedizin über die dienstrechtlichen Befugnisse des Hochschulpersonals gemäß § 63 h VI i.V.m. § 63 b S. 3 NHG verfügen darf.

Die uneingeschränkte Bauherreneigenschaft liegt bei der Universität und Universitätsmedizin, § 55 a VIII NHG. Die Rechtsaufsicht über die Hochschule (Körperschaft) liegt nach § 60 II S. 2 Nr. 7 NHG bei der Stiftung. Die Stiftung nimmt somit die staatlichen Angelegenheiten als eigene Aufgabe wahr. Es besteht somit keine Fachaufsicht.

3.3.4.3.3 Aufsichtsbehörde

Mit der Entscheidung in Göttingen die Universität als Trägerschaft in öffentlich-rechtlicher Form zu wählen, bleibt die (Stiftungs-)Hochschule wie bisher Teil der mittelbaren Landesverwaltung[456]. Die Stiftung unterliegt weiterhin der Rechtsaufsicht des Landes[457]. Zuständige Aufsichtsbehörde ist das Niedersächsische Ministerium für Wissenschaft und Kultur. Die Universitätsmedizin Göttingen wird durch den Sprecher des Vorstandes nach außen vertreten.

3.3.4.3.4 Finanzwirtschaft

Schließlich erhalten die humanmedizinischen Einrichtungen von der Stiftungsuniversität gemäß § 57 a I S. 1 NHG ein gesondertes Stiftungsvermögen, welches auch die Gebäude und Liegenschaften beinhaltet. Beide Teilvermögen sind nach § 57 a I S. 4 NHG in getrennten Bilanzen auszuweisen. Darüber hinaus dürfen die Teilvermögen nicht zur Verbesserung des jeweils anderen Teilvermögens herangezogen werden, § 57 a I S. 5 NHG.

3.3.4.4 Ergebnis/ Stellungnahme

Insgesamt stellt die Rechtsform der Stiftung des öffentlichen Rechts durchaus eine alternative Rechtsform eines Universitätsklinikums dar, da die Hochschule mittelbar beim Land verbleibt und somit den hoheitlichen Auftrag von Forschung und Lehre gewährleisten kann. Ebenso besteht mit dieser Rechtsform die Möglichkeit einer betriebswirtschaftlichen Führung.

Die Stiftung in Göttingen ist eine Einkommensstiftung. Sie bekommt gemäß § 56 IV S. 1 NHG jährlich eine Finanzhilfe aus dem Staatshaushalt. Daher kann der Ansicht *Battis*[458], *„dass hierdurch der Eindruck erweckt wird, die Vorteile des Stiftungsrechts mit einem gesicherten Zugriff in den Staatshaushalt zu verbinden und somit jegliche Vorteil für sich zu nutzen“*, durchaus gefolgt werden. Das Vorliegen einer „echten“ Stiftung ist somit zu verneinen.

Darüber hinaus hat sich Niedersachsen bei seinem stiftungsrechtlichen Modell für ein Nebeneinander von Stiftung und Hochschulkörperschaft entschieden. Es belässt die Hochschule selbst in ihrer organisatorischen Gestalt unverändert und schiebt mit der Trägerstiftung nur eine weitere Verwaltungs-

---

456 Battis, S. 78.

457 WR, Allgemeine Empfehlungen zur Universitätsmedizin, S. 40.

458 So auch Battis, S. 78.

einheit zwischen Hochschule und Ministerium. Auch hier ist der Auffassung *Battis*[459] zuzustimmen, „*dass mit diesem Konstrukt weitere Bürokratien geschaffen werden, ohne an den defizitären Strukturen des Hochschulwesens wesentliche Änderungen zu bewirken*". Zudem ist bei den nebeneinanderstehenden Strukturen von Stiftung und Universität bzw. Universitätsklinikum und Medizinischer Fakultät ein Konfliktpotential nicht auszuschließen.

Nach alledem ist das Modell, das auch in Dresden zur Diskussion gestanden hat, die Doppelstiftung, in welcher der enge Verbund durch das Klinikum und Medizinische Fakultät dadurch erreicht wird, dass die Humanmedizin mit Universitätsklinikum und Medizinischer Fakultät in eine Stiftung zusammengeführt wird, durchaus überdenkenswert. Der Vermögensaufbau könnte durch Zustiftungen aus der Wirtschaft gesichert werden. Insoweit wäre die Kritik an dem stetigen Zugriff aus dem Staatshaushalt entkräftet.

3.3.5 Klinikum in privater Rechtsform – rechtliche Grenzen und Möglichkeiten

Neben den Rechtsformen in öffentlich-rechtlicher Trägerschaft besteht auch die Möglichkeit, das Klinikum in privater Rechtsform zu leiten. Derzeit werden zwei Universitätsklinika als GmbH geführt. In Baden-Württemberg (Mannheim) besteht für das Universitätsklinikum die Rechtsform der gemeinnützigen GmbH (gGmbH). Ein materiell privatisiertes Universitätsklinikum gibt es in Deutschland seit dem 2. Januar 2006 in Hessen, das Universitätsklinikum Marburg/Gießen.

3.3.5.1 Definition

Bei der Privatisierung eines Universitätsklinikums ist zwischen der formellen und der materiellen Privatisierung zu unterscheiden. Eine Privatisierung – gleich ob formell oder materiell – liegt nicht vor, wenn ein medizinischer Fachbereich bzw. eine Universität unter Verzicht auf ein eigenes Universitätsklinikum mit mehreren Krankenhäusern kooperiert[460]. Von der Privatisierung des Gesamtklinikums ist auch die Auslagerung einzelner Krankenhauseinheiten zu

459 Vgl. Battis, S, 79.

460 Vgl. Bochumer Modell, siehe 3.3.6.1.

unterscheiden.[461]. Hierzu zählen die Einrichtungen, die nicht zum Kernbereich der Krankenversorgung gehören, z.B. Wäscherei, Küche, Gebäudemanagement und Reinigung[462].

3.3.5.1.1 Formelle Privatisierung

Eine formelle Privatisierung, die Organisationsprivatisierung, ist bei einer Überführung einer Krankeneinrichtung bei fortwährender öffentlicher Trägerschaft von einer öffentlichen in eine private Rechtsform gegeben[463]. Die Verwaltung erfüllt weiterhin eine öffentliche Aufgabe, jedoch mit den Instrumenten des Privatrechts. Ein Beispiel ist die Klinikum Mannheim gGmbH, deren alleinige Gesellschafterin die Stadt Mannheim ist[464].

Die formelle Privatisierung wird im Krankenhauswesen seit längerer Zeit genutzt, um vorhandene Wirtschaftlichkeitsreserven zu erschließen[465].

3.3.5.1.2 Materielle Privatisierung

Die materielle Privatisierung, die Aufgabenprivatisierung, beinhaltet die Übertragung der Trägerschaft auf Private[466]. Die öffentliche Hand gibt damit eine Aufgabe ab und überträgt die Verantwortung auf den privatwirtschaftlichen Bereich. Werden die Gesellschaftsanteile vollständig an einen privaten Partner veräußert, liegt eine Vollprivatisierung vor. Behält die öffentliche Hand Gesellschaftsanteile in ihrem Besitz oder privatisiert nur einzelne Leistungsbereiche, besteht eine Teilprivatisierung. Bezogen auf die universitäre Krankenversorgung sind hier die Auslagerungen bestimmter Bereiche, z.B. Orthopädie, Kardiochirurgie, aus einem Klinikum und ihre Übernahme durch einen privaten Betreiber oder die direkte externe Etablierung in privater Trägerschaft zu nennen[467].

Als Gründe für eine Aufgabenprivatisierung werden bestehender Investitionsstau, anhaltende Betriebsdefizite der Bundesländer, verschärfter Wettbewerbsdruck im Krankenhausmarkt, Grenzen der Professionalisierung des

461 Becker, S. 152.
462 Becker, S. 152.
463 Sandberger, Hochschulmedizin, S. 411, Rn. 1218.
464 WR, Empfehlungen PPP in der universitätsmedizinischen Krankenversorgung, S. 14.
465 Sandberger, Hochschulmedizin, S. 411, Rn. 1218.
466 Sandberger, Hochschulmedizin, S. 411, Rn. 1218.
467 WR, Empfehlungen PPP in der universitätsmedizinischen Krankenversorgung, S. 15.

Managements bei staatlicher Trägerschaft, Einbindung in das Tarif- und Mitbestimmungsrecht öffentlicher Arbeitgeber und Realisierung von Vermögenswerten zur Haushaltskonsolidierung angeführt[468].

3.3.5.2 Verfassungsmäßigkeit

Die Erörterung der Verfassungsmäßigkeit der Privatisierung bezieht sich nur auf das Universitätsklinikum, nicht auf die Medizinische Fakultät.

Sowohl der Staatsgerichtshof des Landes Baden-Württemberg[469] als auch das Bundesverfassungsgericht[470] haben die rechtliche Verselbständigung des Universitätsklinikums nur unter der Voraussetzung, dass die Medizinische Fakultät bei der Universität verbleibt und die Funktionsbereiche Forschung, Lehre und Krankenversorgung durch geeignete Koordinations- und Kooperationsmodelle organisatorisch verzahnt bleiben, für verfassungsrechtlich unbedenklich erachtet.

Die rechtliche Zulässigkeit richtet sich nach der Ansicht *Schochs*[471] nach dem gesetzten Rahmen des Gesetzgebers und der Verwaltung, verbunden mit dem Geltungsbereich des Gesetzesvorbehalts.

Ein Privatisierungsverbot enthält das Grundgesetz nicht[472]. Darüber hinaus sieht das Grundgesetz nicht vor, dass der Betrieb von Krankenhäusern ausschließlich dem Staat obliegt[473]. Der Staat muss zwar nach der vom Bundesverfassungsgericht[474] aus Art. 2 II GG abgeleiteten Schutzpflicht die bestmögliche Krankenversorgung gewährleisten. Die Schutzpflicht enthält aber keine Verpflichtung des Staates, die Krankeneinrichtungen selbst zu betreiben[475].

468 Sandberger, Hochschulmedizin, S. 412, Rn. 1222.

469 Urteil des Staatsgerichtshofs für das Land Baden-Württemberg vom 24. November 1973, Az. Gesch Reg 1/73.

470 Nichtannahmebeschluss des BVerfG vom 11. November 2002, Az. 1 BvR 2145/01, 1 BvR 2146/01, 1 BvR 2175/01, 1 BvR 2176/01.

471 Schoch, S. 969.

472 Vgl. Sandberger, Rechtsfragen der Privatisierung von Universitätsklinika, S. 16.

473 Vgl. Sandberger, Rechtsfragen der Privatisierung von Universitätsklinika, S. 19.

474 BVerfGE 39, S. 42; BVerfGE 46, S. 164; BVerfGE 88, S. 251.

475 Vgl. Sandberger, Rechtsfragen der Privatisierung von Universitätsklinika, S. 19.

3.3.5.2.1 Formelle Privatisierung

Bei der Organisationsprivatisierung ist es entscheidend, ob die Rechtsform der AG oder GmbH Unternehmenszwecke wie den Betrieb eines Universitätsklinikums und eine Verbandsorganisation zulässt, die auch den organisatorischen Anforderungen des Art. 5 III GG entspricht[476]. Darüber hinaus müssen die Ingerenzmöglichkeiten des Trägerlandes durch Verbandsverfassung zugelassen werden[477].

Die Gemeinden dürfen Unternehmen in der Rechtsform einer AG errichten, übernehmen oder beteiligen, wenn der öffentliche Zweck des Unternehmens nicht ebenso gut in einer anderen Rechtsform erfüllt wird oder erfüllt werden kann[478]. Dieses gilt entsprechend auch für die GmbH. Nach dem AktienG und dem GmbHG wird als Unternehmenszweck sowohl jede erlaubte wirtschaftliche als auch nichtwirtschaftliche oder gemeinnützige Zwecksetzung nach § 3 I AktG sowie § 1 GmbHG zugelassen.

Jedoch sind in der Satzungsgestaltung im Aktienrecht gemäß § 23 V AktG enge Grenzen gesetzt. Insbesondere die Gestaltung der Unternehmensverfassung steht nicht zur Disposition der Satzung. Hierunter fällt auch die in § 76 AktG verankerte Unabhängigkeit der Unternehmensleitung durch den Vorstand[479]. Daher kann der Vorstand weder durch den Aufsichtsrat noch durch die Hauptversammlung Weisungen unterworfen werden.

Nach alledem hat das Trägerland keinen direkten Einfluss auf die Geschäftsführung. In der Unternehmensverfassung ist daher nur die personelle, nicht aber die sachliche Legitimation im Sinne einer Weisungsbindung der Unternehmensleitung an die Trägerinteressen realisierbar[480].

Bei der GmbH werden die Grenzen gesellschaftsvertraglicher Gestaltungsfreiheit nur durch das zwingende Gesetzesrecht gezogen, § 45 GmbHG. Die Repräsentation des Trägerlandes kann in der Gesellschafterversammlung oder in einem außerhalb des Geltungsbereiches des Mitbestimmungsgesetzes fakultativen Aufsichtsrat gemäß § 52 GmbHG gesichert werden. Der Inhalt und Umfang der Kontroll- und Mitwirkungsrechte des Aufsichtsrats sind frei gestaltbar. Zudem enthält § 37 I GmbHG die Bindung der Geschäftsführer an

476 Battis/ Grigoleit, ZRP 2002, S. 65, 69.
477 Sandberger, Hochschulmedizin, S. 412, Rn. 1224.
478 Sandberger, Hochschulmedizin, S. 413, Rn. 1228.
479 Sandberger, Hochschulmedizin, S. 412, Rn. 1224.
480 Sandberger, Hochschulmedizin, S. 413, Rn. 1226.

Beschlüsse der Gesellschafterversammlung. Allerdings wird hierdurch nicht definitiv geklärt, ob bei einem fakultativen Aufsichtsrat die Aufsichtsratsmitglieder Weisungen der Gesellschafterversammlung unterworfen sind[481].

Nach alledem ist die GmbH-Verfassung flexibler und eignet sich daher besser, staatliche Ingerenzrechte zu sichern. Kommunalverfassungsrechtlich besteht deshalb eine Bevorzugung für die GmbH.

Hinsichtlich der Mitspracherechte im Kernbereich von Forschung und Lehre sind schließlich innerhalb der gesellschaftlichen Gestaltungsmöglichkeiten und entsprechenden Gestaltung eines Kooperationsvertrages zwischen der Universität und dem Klinikum geeignete Gremien und Mitwirkungsverfahren vorzusehen[482].

3.3.5.2.2 Materielle Privatisierung

Ein hochschulverfassungsrechtliches Verbot der Aufgabenprivatisierung besteht nicht, solange der Kernbereich des Art. 5 III GG – die medizinische Forschung und Lehre – in staatlicher Hand und der Zugriff auf Einrichtungen der Krankenversorgung für die medizinische Forschung und Lehre durch vertragliche Vereinbarungen gesichert bleibt[483].

Becker[484] ist der Ansicht, dass die materielle Privatisierung den Belangen von Forschung und Lehre nicht ausreichend Rechnung trage und daher mit der Wissenschaftsfreiheit unvereinbar sei.

Nach der Auffassung *Sandbergers*[485] obliege die Sicherung des Kernbereiches aus Art. 5 III GG jedem einzelnen Bundesland. Dieses ergibt sich aus der Gewährleistungspflicht gemäß Art. 20 I GG und Art. 5 III GG. Bezüglich des Aufgabenbereiches der Krankenversorgung trage nach den Bestimmungen der Landesverfassung und den Regelungen des Grundgesetzes nicht das einzelne Bundesland, sondern vielmehr der Staat die Pflicht, ein ausreichendes Angebot

---

481 Sandberger, Hochschulmedizin, S. 413, Rn. 1228.
482 Sandberger, Hochschulmedizin, S. 414, Rn. 1229.
483 Sandberger, Hochschulmedizin, S. 414, Rn. 1230.
483 Sandberger, Hochschulmedizin, S. 414, Rn. 1230.
484 Becker, S. 169.
485 Sandberger, Hochschulmedizin, S. 414, Rn. 1230.
485 Sandberger, Hochschulmedizin, S. 413 ff.

an Krankenversorgungseinrichtungen verschiedener Versorgungsstufen zu gewährleisten[486].

Nach alledem unterliegt die Aufgabenprivatisierung dem Gesetzesvorbehalt. Der Gesetzgeber muss die inhaltlichen Vorgaben für die Sicherung von Forschung und Lehre definieren. Zudem sollte das Gesetz Regelungen für die Aufnahme der Funktion als Universitätsklinikum in den Gesellschaftsvertrag, die Gewährleistung eines Einflusses des Landes bei strategischen Problemen, die den Bereich Forschung und Lehre betreffen, sowie Abstimmungsprozesse zwischen Fakultät und Klinikum und Schlichtungsverfahren bei Meinungsverschiedenheiten beinhalten[487].

Schließlich muss im Rahmen des Privatisierungsgesetzes auch die Frage der Personalüberleitung geklärt werden. Erfolgt die Privatisierung durch formwechselnde Umwandlung von der Anstalt des öffentlichen Rechts in eine AG oder GmbH, liegt kein Wechsel des Rechtsträgers, sondern nur der Rechtsform vor, §§ 301 ff., 202 Nr. 1 UmwG. Der Wechsel des Rechtsträgers führt auch zu einem Wechsel des Mitbestimmungsstatuts. Daher sind Überleitungsvorschriften erforderlich. Zudem müssen tarifliche Konsequenzen geregelt werden. Ebenfalls bedarf es einer Zuweisung, wenn beamtetes Personal der Universität im Klinikum tätig werden soll, § 123a BRRG[488].

3.3.5.2.3 Ergebnis

Der bereits bestehende starke Wettbewerb im Gesundheitswesen erfordert noch mehr, die Entscheidungen der Medizinischen Fakultät mit denen des Klinikums eng zu verbinden, damit der Auftrag des Landes für medizinische Forschung und Lehre erfüllt werden kann.

Eine weitere Möglichkeit besteht daher durchaus in der Wahl einer Aufgabenprivatisierung des Universitätsklinikums, für die sich auch das fusionierte Universitätsklinikum Gießen-Marburg entschieden hat. Beachtet werden muss bei der Aufgabenprivatisierung jedoch, dass die Gewährleistungspflicht des Landes für die medizinische Forschung und Lehre fortbesteht und damit zwingend im Gesellschaftsvertrag und ergänzenden Vertragswerken sichergestellt werden muss. Nach *Sandberger* [489]sollen *„die Belange von Forschung*

486 Sandberger, Hochschulmedizin, S. 414, Rn. 1230.
487 Sandberger, Hochschulmedizin, S. 414, Rn. 1231.
488 So auch Sandberger, Hochschulmedizin, S. 414, Rn. 1232.
489 Sandberger, Recht der Hochschulmedizin, S. 387, Rn. 82.

und Lehre durch einen öffentlich rechtlichen Vertrag zwischen der Universität und dem Klinikum in privater Rechtsform gewährleistet werden. Dieser umfasst vor allem die Bereithaltung einer personell und sächlich angemessen ausgestatteten Infrastruktur für Forschung und Lehre und für die Förderung des wissenschaftlichen Nachwuchses sowie ein für die medizinische Ausbildung nach Maßgabe der Ausbildungsordnungen angemessenes Fächerspektrum."

Zudem sollte in die Vertragswerke eine Regelung aufgenommen werden, die ein mögliches Scheitern der Privatisierung (Insolvenz des Klinikums, erhebliche Leistungsstörungen) abfedert. *Sandberger*[490] präferiert in diesem Zusammenhang die zusätzliche Gewährleistungspflicht des Landes, die für das besondere Kompetenzgeflecht eines Universitätsklinikums mit den Aufgabenbereichen Forschung, Lehre, Krankenversorgung zwingend notwendig ist. Zudem sollte ein besonderes Kündigungsrecht des Bundeslandes mit einem verbundenen Rückfallrecht an das Land in die vertraglichen Regelungen einbezogen werden, so dass vorausschauend bei allen Eventualitäten die Anforderungen an Forschung, Lehre und Krankenversorgung gewährleistet werden[491].

Mit den zusätzlichen Vertragswerken können die Belange von Forschung und Lehre im Rahmen des Art. 5 III S. 1 GG absolut sichergestellt werden. Insoweit kann die Verfasserin die Bedenken *Beckers*[492] hinsichtlich des Verstoßes gegen Art. 5 III S. 1 GG nicht teilen.

Die Option der Organisationsprivatisierung eines Universitätsklinikums ist nicht vielversprechend, da bereits der Rechtsform der Anstalt des öffentlichen Rechts etliche Gestaltungsspielräume zustehen und die Organisationsprivatisierung keinen zusätzlichen Vorteil verspricht.

3.3.5.3 Rechtliche Voraussetzungen für die Umwandlung in eine Kapitalgesellschaft

Einige Landesgesetzgeber haben in ihren Universitätsklinikgesetzen eine ausdrückliche Regelung vorgesehen, wodurch die Universitätsklinika durch Gesetz in eine andere Rechtsform umgewandelt werden können[493].

---

490 Sandberger, Wissenschaftsrecht 2006 Beiheft 17, S. 31.

491 So auch Sandberger, Recht der Hochschulmedizin, S. 387, Rn. 83.

492 Becker, S. 169.

493 Vgl. § 1 I S. 2 UKG Baden-Württemberg; Verordnung zur Umwandlung des Universitätsklinikums Gießen und Marburg in eine Gesellschaft mit beschränkter Haftung

Die Umwandlung der Anstalten/Körperschaften des öffentlichen Rechts kann jedoch auch durch einen identitätswahrenden Formwechsel nach dem Umwandlungsgesetz erfolgen. Nach §§ 301-304 UmwG können die Anstalten/Körperschaften des öffentlichen Rechts durch Rechtsformwechsel in eine Kapitalgesellschaft umgewandelt werden. Hierfür ist jedoch Voraussetzung, dass die Anstalt/Körperschaft rechtsfähig ist und das für sie maßgebende Landesrecht einen Formwechsel vorsieht oder zulässt, § 301 II UmwG. Ein Rechtsformwechsel in andere Rechtsformen, z.B. die Stiftung, ist nach dem Umwandlungsgesetz nicht möglich. Zunächst müsste ein neuer Rechtsträger errichtet werden und anschließend die Übertragung des Vermögens der Anstalt/Körperschaft auf diesen erfolgen[494].

Nach alledem bedarf es für die Umwandlung einer Anstalt/Körperschaft des öffentlichen Rechts eines weiteren Gesetzes entweder durch Schaffung eines neuen Rechtsträgers und Überführung sämtlicher Aktiva und Passiva der Universitätsklinika auf den neu errichteten Rechtsträger oder durch einen identitätswahrenden Formwechsel nach dem Umwandlungsgesetz[495].

3.3.5.4 Kartellrechtliche Aspekte

Weiterhin ist zu beachten, dass bei einer Privatisierung von öffentlichen Krankenhäusern und auch Universitätsklinika durch Veräußerung des Betriebsvermögens oder nach Umwandlung durch eine Beteiligung Dritter der Anwendungsbereich der europäischen oder deutschen Fusionskontrolle nach Art. 81 EG, §§ 1 GWB eröffnet ist. Die deutsche Fusionskontrolle greift schon beim Erwerb von 25 % der Anteile gemäß § 37 I Nr. 3b GWB ein. Die europäische Fusionskontrolle setzt den Erwerb eines bestimmenden Einflusses auf ein Unternehmen voraus, Art. 3 II FKVO. Bei der kartellrechtlichen Überprüfung des Zusammenschlusses ist vor allem maßgeblich, ob sich die

(UK-UmwVO) vom 1. Dezember 2005, GVBl. I S. 792; § 25 I Landesgesetz über die Errichtung der Universitätsmedizin der Johannes Gutenberg-Universität Mainz vom 10. September 2008, GVBL. 2008, S. 205.

494 Ministerium für Wissenschaft, Forschung und Kunst des Landes Baden-Württemberg, S. 112.

495 Vgl. auch Ministerium für Wissenschaft, Forschung und Kunst des Landes Baden-Württemberg, S. 111.

Aktivitäten des Universitätsklinikums und des Erwerbers auf einem relevanten Markt überschneiden[496].

3.3.5.5 Möglichkeiten der privatrechtlichen Einkleidung des Universitätsklinikums

Das privatisierte Universitätsklinikum kann als Stiftung des Privatrechts oder in einer Kapitalgesellschaft geführt werden. Im Nachfolgenden soll untersucht werden, welcher dieser Möglichkeiten der Vorrang zu geben ist.

3.3.5.5.1 Aktiengesellschaft

Bereits in zahlreichen wirtschaftlichen Unternehmungen hat sich die öffentliche Hand der Rechtsform der AG bedient.

Eine Aktiengesellschaft ist eine juristische Person mit eigener Rechtspersönlichkeit, § 1 I AktG.

Nach § 3 I AktG ist als Unternehmenszweck sowohl jede erlaubte wirtschaftliche als auch nichtwirtschaftliche oder gemeinnützige Zwecksetzung möglich. Somit kann auch die Gewährleistung der Lehr- und Forschungsfreiheit in die Satzung der AG aufgenommen werden[497]. Die Aktiengesellschaft hat ein in Aktien zerlegtes Grundkapital, § 1 II AktG. Eine Haftung gegenüber den Gläubigern besteht ausschließlich über das Gesellschaftsvermögen, nicht über das Vermögen der Aktionäre selbst. Als Organe der AG sind gesetzlich der Vorstand, die Hauptversammlung und der Aufsichtsrat vorgeschrieben.

Allerdings bestehen für die Ausgestaltung der Satzung enge Grenzen nach § 23 V AktG. Hier ist insbesondere die gesetzlich geregelte strikt getrennte Kompetenzverteilung zwischen Vorstand, Aufsichtsrat und Hauptversammlung als prägendes Strukturmerkmal hervorzuheben[498]. § 76 AktG sichert gesetzlich die Unabhängigkeit der Unternehmensleitung durch den Vorstand. Der Vorstand einer AG leitet diese unter eigener Verantwortung und ist für die Betriebsführung des Universitätsklinikums zuständig. Er nimmt das laufende Tagesgeschäft wahr und verwaltet den Finanzierungs-, Produktions- und Vertriebsprozess. Zudem trifft er alle für die Unternehmensentwicklung

496 Vgl. auch Ministerium für Wissenschaft, Forschung und Kunst des Landes Baden-Württemberg, S. 143.

497 Vgl. Sandberger, Recht der Hochschulmedizin, S. 428, Rn. 247.

498 Henssler/Strohn, § 1 AktG, Rn. 5.

erforderlichen Führungsentscheidungen im Rahmen der Unternehmenskontrolle, Koordinierung und Planung[499]. Schließlich kann er außerhalb von Unternehmensverträgen keinen Weisungen unterworfen werden[500]. Mithin wird ein direkter Einfluss des öffentlichen Trägers auf die Geschäftsführung unterbunden. Ein direkter Einfluss auf die Geschäftsführung ist somit nur im Rahmen der zustimmungsbedürftigen Geschäfte durch den Aufsichtsrat gemäß § 111 IV AktG möglich. Selbst das Trägerland kann nur durch entsprechende Besetzung des Aufsichtsrats und durch satzungsmäßig festgelegte Entsendungsrechte seinen Einfluss auf die Zusammensetzung des Vorstands geltend machen[501].

Nach alledem können die Trägerinteressen nur personell, aber nicht sachlich im Rahmen einer Weisungsbindung an die Unternehmensleitung verwirklicht werden[502].

Die Hauptversammlung einer AG entspricht im Grundsatz der Gesellschafterversammlung der GmbH mit der Einschränkung, dass nur ein vergleichbar sehr geringer Einfluss besteht. Schließlich fungiert der Aufsichtsrat als Kontrollorgan. Seine Hauptaufgabe ist die Bestellung und Abberufung des Vorstands sowie die Überwachung der Geschäftsführung des Vorstands. Er kann allerdings keine Maßnahmen der Geschäftsführung treffen. Nach § 111 IV S. 2 AktG kann jedoch bestimmt werden, dass bestimmte Arten von Geschäften nur mit Zustimmung des Aufsichtsrats vorgenommen werden dürfen.

3.3.5.5.2 Gesellschaft mit beschränkter Haftung

Eine GmbH ist eine Handelsgesellschaft mit körperlicher Organisation und eigener Rechtspersönlichkeit, die zu jedem zulässigen, auch nicht gewerblichen Zweck gegründet werden kann[503].

Wie bei der Satzung der AG kann auch der Gesellschaftsvertrag der GmbH die Sicherstellung von Forschungs- und Lehrfreiheit beinhalten. Darüber hinaus gleicht die GmbH in den allgemeinen Wesensmerkmalen der AG[504]. Es besteht jedoch im Vergleich zur AG eine weitergehende Gestaltungsfreiheit des Gesell-

---

499 Ministerium für Wissenschaft, Forschung und Kunst des Landes Baden-Württemberg, S. 121.

500 Vgl. Sandberger, Recht der Hochschulmedizin, S. 428, Rn. 247.

501 Vgl. Sandberger, Recht der Hochschulmedizin, S. 428, Rn. 248.

502 Vgl. Sandberger, Recht der Hochschulmedizin, S. 428, Rn. 249.

503 Baumbach/ Hueck, Einl., Rn. 1.

504 Baumbach/ Hueck, Einl., Rn. 4.

schaftervertrages, §§ 3, 45 GmbHG. Zudem ist das GmbH-Recht insgesamt weniger streng als das Aktienrecht. Vor allem ist das GmbH-Recht im Vergleich zur Aktiengesellschaft dispositiv und räumt der Vertragsgestaltung weiteren Raum ein. Hierzu zählen auch die Rechtsstellung der Gesellschafter und die Satzungsautonomie. Nach alledem kann die GmbH im Gesellschaftsvertrag (Satzung) mehr oder weniger personalistisch ausgestaltet werden[505].

Durch die umfangreichere Vertragsgestaltung kann die Repräsentation des Trägerlandes in der Gesellschafterversammlung und in einem fakultativen Aufsichtsrat gesichert werden, § 52 GmbHG. Hiernach sind sowohl Inhalt als auch Umfang der Kontroll- und Mitwirkungsrechte des Aufsichtsrats frei gestaltbar[506]. Zudem sieht § 37 I GmbHG bei Vorliegen eines formell und materiell rechtmäßigen Beschlusses der Gesellschafterversammlung eine Bindung der Geschäftsführer an Beschlüsse der Gesellschafterversammlung vor[507]. Wichtige Entscheidungen werden somit der Zustimmung der Gesellschafterversammlung unterworfen. Hierdurch wird auch eine Neutralität des bei der Größenordnung eines Klinikums paritätisch besetzten Aufsichtsrats, §§ 1, 25 MBG, ermöglicht[508].

Als Gesellschafter kommen das jeweilige Bundesland oder die Universitäten selbst in Betracht, wobei es nach dem Ministerium für Wissenschaft, Forschung und Kunst des Landes Baden-Württemberg[509] empfehlenswert sei, dass das Bundesland selbst Gesellschafter des Universitätsklinikums werden sollte. Immerhin wäre nur das Land in der Lage, das wirtschaftliche Risiko zu tragen. Darüber hinaus obliegt die Sicherstellung der Krankenversorgung ebenfalls dem jeweiligen Bundesland[510].

Ein als GmbH geführtes Universitätsklinikum handelt durch seine Organe. Die Vertretung nach außen erfolgt durch die Geschäftsführung, welche keiner

505 Baumbach/ Hueck, Einl., Rn. 4.

506 Vgl. Sandberger, Recht der Hochschulmedizin, S. 428, Rn. 249.

507 Vgl. Sandberger, Recht der Hochschulmedizin, S. 428, Rn. 249.

508 Vgl. Sandberger, Rechtsfragen der Privatisierung von Universitätsklinika, S. 30.

509 Ministerium für Wissenschaft, Forschung und Kunst des Landes Baden-Württemberg, S. 115.

510 Vgl. auch Ministerium für Wissenschaft, Forschung und Kunst des Landes Baden-Württemberg, S. 115.

unmittelbaren staatlichen Kontrolle unterliegt. Als Kontrollorgane agieren vielmehr die Gesellschafterversammlung und der fakultative Aufsichtsrat[511].

Nach alledem kann die Gesellschafterversammlung mittels ihres uneingeschränkten Weisungsrechts direkten Einfluss auf die Geschäftsführung des Universitätsklinikums nehmen.

3.3.5.5.3 Exkurs: gGmbH

Die GmbH kann darüber hinaus auch als gemeinnützige GmbH ausgestaltet sein. Sie ist keine eigenständige Rechtsform, sondern es besteht lediglich ein Rechtsformzusatz, der auf die gemeinnützige Zweckverbindung der GmbH hindeutet[512].

Mit dem Zusatz der gemeinnützigen Zweckverbindung sind dabei insbesondere steuerrechtliche Vorteile verbunden. Nach § 5 I Nr. 9 KStG, § 3 Nr. 6 GewStG wird eine gGmbH von der Körperschafts- und Gewerbesteuer ganz oder zum Teil befreit, wenn die Gesellschaft die Voraussetzungen nach §§ 51 ff. AO (Verfolgung unmittelbarer, gemeinnütziger, mildtätiger oder kirchlicher Zwecke) erfüllt. Die Tatbestandsvoraussetzungen der Gemeinnützigkeit sind auch bei der Förderung des öffentlichen Gesundheitswesens gemäß § 52 I S. 1 i.V.m. II Nr. 3 AO und der Förderung der Wissenschaft und Forschung nach § 52 I S. 1 i.V.m. II Nr. 1 AO als gegeben anzusehen, so dass ein Universitätsklinikum aufgrund seiner Tätigkeit den Gemeinnützigkeitsstatus durchaus erreicht. Mit Erlangung dieses Status erfolgt eine Besteuerung der gGmbH nur mit ihren wirtschaftlichen Geschäftsbetrieben (Kantine, Telefongebühren, Parkplatzgebühren)[513]. Konsequenz dieser Gemeinnützigkeit ist jedoch die besondere Bindung des Vermögens an die Gesellschaft. Die laufenden Erträge der Gesellschaft können nicht an die Gesellschafter ausgeschüttet, sondern müssen grundsätzlich zeitnah für die gemeinnützigen Zwecke verwendet werden, § 55 I Nr. 5 AO.

Zu beachten ist aber, dass gemäß § 61 III AO die innerhalb der letzten zehn Jahre erzielten Erträge nachträglich der Besteuerung unterworfen werden

---

511 Ministerium für Wissenschaft, Forschung und Kunst des Landes Baden-Württemberg, S. 116.

512 Ministerium für Wissenschaft, Forschung und Kunst des Landes Baden-Württemberg, S. 113.

513 Ministerium für Wissenschaft, Forschung und Kunst des Landes Baden-Württemberg, S. 114.

können, wenn die allgemeinen Voraussetzungen für die Anerkennung der Gemeinnützigkeit doch wegfallen sollten[514].

3.3.5.5.4 Rechtsfähige Stiftung bürgerlichen Rechts

Eine Stiftung ist die vom Stifter geschaffene Institution, die die Aufgabe hat, mit Hilfe des der Stiftung gewidmeten Vermögens den festgelegten Stiftungszweck dauernd zu verfolgen. Sie ist eine reine Verwaltungsinstitution und hat wie die Anstalt des öffentlichen Rechts keine Mitglieder. Sie bildet aber eine selbständige Vermögensmasse[515].

Die Stiftung ist im Gegensatz zur AG und GmbH keine Kapitalgesellschaft. Eine Umwandlung der Klinikumsanstalten in Stiftungen des bürgerlichen Rechts ist daher nach §§ 301 ff. UmwG nicht möglich. Vielmehr müssten die Errichtung eines neuen Rechtsträgers und die Überführung des Vermögens der gegenwärtigen Anstalten auf die neu errichtete Stiftung erfolgen[516]. Die Errichtung selbst erfolgt nur durch einen Stiftungsakt des Stifters. Eine Gründung ist durch juristische oder natürliche Personen möglich. Das Stiftungsgeschäft, bestehend aus einem organisationsrechtlichen und einem vermögensrechtlichen Teil, ist eine einseitige nicht empfangsbedürftige Willenserklärung. Diese unterliegt dem Schriftformerfordernis[517] . Darüber hinaus ist das Vorhandensein eines Stiftungsvermögens erforderlich. Dabei muss die Ausstattung so ausreichend dotiert sein, dass der Stiftungszweck nachhaltig verfolgt werden kann. Zusätzlich erfolgt oftmals eine weitere Finanzierung durch Spenden und Zustiftungen[518].

Die Stiftung kann dabei das Universitätsklinikum selbst betreiben, oder sie hält selbst nur die Beteiligung an einer Personen- oder Kapitalgesellschaft bzw. ist Träger einer Körperschaft des öffentlichen Rechts (Trägerstiftung). Die Organstruktur ist bei beiden Arten der Stiftung jedoch gleich. Geschäftsführungsorgan ist der Vorstand, der aus einer oder mehreren Personen bestehen

---

514 Vgl. auch Ministerium für Wissenschaft, Forschung und Kunst des Landes Baden-Württemberg, S. 115.

515 Henssler/ Strohn, § 80, Rn. 10; § 81, Rn. 12.

516 Ministerium für Wissenschaft, Forschung und Kunst des Landes Baden-Württemberg, S. 129.

517 Ministerium für Wissenschaft, Forschung und Kunst des Landes Baden-Württemberg, S. 130.

518 Ministerium für Wissenschaft, Forschung und Kunst des Landes Baden-Württemberg, S. 130.

kann. Die Kompetenzen des Organs oder der Organe können in der Satzung frei bestimmt werden. Hierzu zählen auch die Mitaufnahme von zustimmungsbedürftigen Maßnahmen, dem maßgeblichen Steuerungselement zwischen dem Verhältnis von Vorstand und Aufsichtsorgan[519].

Schließlich kann der Umfang der Vertretungsmacht des Vorstands in der Satzung mit Wirkung gegen Dritte gemäß § 86 S. 1, 26 II S. 2 BGB beschränkt werden.

3.3.5.5.5 Stellungnahme

Nach alledem empfehlen sich für eine private Rechtsform eines Universitätsklinikums die Kapitalgesellschaften, da die Universitätsklinika bei der AG oder der GmbH durch einen identitätswahrenden Rechtsformwechsel nach dem Umwandlungsgesetz in die neue Rechtsform überführt werden können. Im Gegensatz dazu wäre bei der Stiftung des bürgerlichen Rechts ein aufwändigeres Verfahren der Neuerrichtung dieser Gesellschaft und Einzelübertragung sämtlicher Vermögensgegenstände auf diese notwendig[520].

Bei der Abwägung zwischen AG und GmbH ist zu beachten, dass in der Rechtsform einer AG aufgrund der eigenverantwortlichen Leitung des Vorstands im Vergleich zur Geschäftsführung einer GmbH ein großer Einfluss besteht, der sich zugleich in einem geringeren Einfluss des Gesellschafters und damit des jeweiligen Bundeslandes widerspiegeln würde[521]. Zudem kann nach § 84 III S. 1 AktG der Vorstand nur bei Vorliegen eines wichtigen Grundes vorzeitig abberufen werden. Die Verfassung nach dem GmbHG ist viel flexibler und bietet – und so ist der Ansicht *Sandbergers*[522] zu folgen – die besten Möglichkeiten, die staatlichen Verpflichtungen der öffentlich-rechtlichen Bindungen sicherzustellen.

Schließlich werde die Rechtsform der GmbH nach den Ausführungen *des Ministerium für Wissenschaft, Forschung und Kunst des Landes Baden-*

---

519 Henssler/ Strohn, § 81, Rn. 11.

520 So auch Ministerium für Wissenschaft, Forschung und Kunst des Landes Baden-Württemberg, S. 133.

521 Vgl. auch Ministerium für Wissenschaft, Forschung und Kunst des Landes Baden-Württemberg, S. 121.

522 So auch Sandberger, Recht der Hochschulmedizin, S. 429, Rn. 251.

Württemberg[523] am häufigsten für Klinikunternehmen verwandt und könne dadurch bei Kooperationspartnern und möglichen Investoren auf mehr Akzeptanz stoßen.

3.3.5.6 Darstellung der Privatisierung Gießen-Marburg

Die erste und bisher einzige materielle Privatisierung eines vollständigen Universitätsklinikums in Deutschland ist zum 1. Februar 2006 in Gießen-Marburg erfolgt.

3.3.5.6.1 Historische Entwicklung

Am 1. Juli 2005 fusionierten die beiden Universitätsklinika der Justus-Liebig-Universität Gießen und der Philipps-Universität Marburg in der Rechtsform einer Anstalt des öffentlichen Rechts mit Standorten und Sitz in Gießen und Marburg. Sie erhielt den Namen „Universitätsklinikum Gießen und Marburg (UKGM)“. Ihr Vorstand wurde aus den Vorständen und ihr Aufsichtsrat aus den Aufsichtsräten der vormals getrennten Universitätsklinika gebildet. Die nichtwissenschaftlich Beschäftigten wurden aus ihrem bisherigen Beschäftigungsverhältnis bei den Universitäten zum Universitätsklinikum versetzt und in den Anstaltsdienst übergeleitet. Die wissenschaftlichen Mitarbeiter im Klinikum und alle ausschließlich in Forschung und Lehre Tätigen verblieben nach § 22 III des Gesetzes für die hessischen Universitätskliniken im Dienst der Universität und wurden, soweit sie Aufgaben der Krankenversorgung wahrnahmen, dem Universitätsklinikum unterstellt. Zudem behielt sich das Bundesland Hessen mit dem Gesetz das Recht vor, die Anstalt des öffentlichen Rechts in eine private Rechtsform zu überführen[524].

Zum 1. Februar 2006 wurde das Universitätsklinikum Gießen und Marburg privatisiert. Der Betreiber des Universitätsklinikum Gießen-Marburg (UKGM GmbH) ist die Rhön-Klinikum AG. Das Land Hessen ist mit 5 % an der UKGM

523 Vgl. auch Ministerium für Wissenschaft, Forschung und Kunst des Landes Baden-Württemberg, S. 133.

524 Vgl. Gesetz zur Errichtung des Universitätsklinikums Gießen und Marburg (UK-Gesetz) als Vorschaltgesetz mit Wirkung vom 1. Juli 2005, das Gesetz trat allerdings mit dem Ablauf des 31. Dezember 2006 wieder außer Kraft.

GmbH beteiligt. Der Kaufpreis der 95 %-igen Beteiligung an der UKGM GmbH betrug 112 Mio. Euro[525].

3.3.5.6.2 Gesetzliche Grundlagen des Rechtsformwechsels

Die gesetzlichen Grundlagen für den Rechtsformwechsel am UKGM ergeben sich aus dem Hessischen Hochschulgesetz und dem Gesetz für die hessischen Universitätskliniken.

3.3.5.6.2.1 Hessisches Hochschulgesetz

Zur Vorbereitung der Neugestaltung der universitätsmedizinischen Standorte in Hessen und im Hinblick auf die Fusionierung der beiden Universitätsklinika in Gießen und Marburg zum UKGM und ihre Privatisierung ist im Hessischen Hochschulgesetz verankert worden, dass parallel zur Bildung einer Strukturkommission am universitätsmedizinischen Standort Frankfurt auch eine gemeinsame Strukturkommission der Universitätsmedizin in Gießen und Marburg gebildet wird[526].

Der gemeinsamen Strukturkommission gehören beide Universitäts-, beide Fachbereichsleitungen sowie im Bereich der klinischen Medizin ein Vertreter des Universitätsklinikums an. Die Ergebnisse der Beratungen der Strukturkommissionen in Bezug auf die klinische Medizin sollten durch die zuständigen Hochschulgremien mit dem jeweiligen Universitätsklinikum abgestimmt werden. Schließlich ist festgelegt worden, dass im Falle der Verweigerung des privatisierten Klinikums zur Strukturbildung ein Schlichtungsverfahren nach dem *„Gesetz für die hessischen Universitätsklinken"* bestimmt werden solle[527].

3.3.5.6.2.2 Gesetz für die hessischen Universitätskliniken

Parallel zu dem Hessischen Hochschulgesetz wurde das Gesetz für die hessischen Universitätskliniken geändert. Zur Sicherstellung der Privatisierungsmöglichkeit im Vorschaltgesetz wurde § 25 a, der die Reichwerte des UniKlinG auch für Universitätsklinika in privater Rechtsform definiert, eingeführt. Darüber hinaus erfolgte die Beleihung des Universitätsklinikums in privater Rechtsform mit seinen öffentlich-rechtlichen Aufgaben durch das Land und

525 WR, Stellungnahme Entwicklung Standort Gießen-Marburg, S. 10.
526 WR, Stellungnahme Entwicklung Standort Gießen-Marburg, S. 11.
527 WR, Stellungnahme Entwicklung Standort Gießen-Marburg, S. 11.

seine weiterbestehende Unterstellung unter die Rechtsaufsicht des Ministeriums für Wissenschaft und Kunst. Ebenfalls mussten nach diesem Gesetz das Universitätsklinikum in privater Rechtsform und die jeweilige Universität sowie ihr Fachbereich Medizin einen entsprechenden öffentlich-rechtlichen Vertrag schließen, welcher der Zustimmung des zuständigen Ministeriums bedurfte. Das Ministerium überwachte anschließend die Einhaltung der öffentlich-rechtlichen Bestimmungen, insbesondere die Wahrung der grundgesetzlich geschützten Freiheit in Forschung und Lehre durch das Universitätsklinikum in privater Rechtsform[528].

3.3.5.6.3 Vertragliche Grundlagen des Rechtsformwechsel

Die vertraglichen Grundlagen des Rechtsformwechsels zu einem Universitätsklinikum in privater Rechtsform sind zwischen Dezember 2005 und Februar 2006 vereinbart worden. Zu den geschlossenen Verträgen gehört der Gesellschaftsvertrag zwischen dem Land Hessen und der Rhön-Klinikum AG, der Konsortialvertrag zwischen dem Land Hessen, der Rhön-Klinikum AG und der UKGM GmbH, der Kooperationsvertrag zwischen den Universitäten Gießen und Marburg sowie den beiden medizinischen Fachbereichen auf der einen Seite und der UKGM GmbH auf der anderen Seite sowie der Erbbaurechtsvertrag zwischen dem Land Hessen und der UKGM GmbH[529].

3.3.5.6.4 Gremien

An der Steuerung der Universitätsmedizin in Gießen und Marburg sind verschiedene gesetzliche und vertraglich geregelte Gremien beteiligt. Hierzu zählen die gemeinsame Strukturkommission, die Schlichtungskommission, die ständige Kommission für Forschung und Lehre, die erweiterte Geschäftsführungskonferenz, die Gesellschafterversammlung und der Aufsichtsrat[530]. Neben der Gremienstruktur haben sich zudem Arbeitsgruppen und Abstimmungsprozesse zwischen den Beteiligten gebildet. Hierzu gehören die Projektgruppe „Universitätsklinikum Gießen-Marburg, Standort Gießen, „Universitätsklinikum Gießen-Marburg, Standort Marburg“, sowie die Arbeitsgruppen „Bauliche Entwicklungsplanung“, „Personal und Betriebskosten“, „Zukunft der Zahnmedizin“, „Weiterentwicklung des Profils UKGM“. Darüber hinaus besteht seit Oktober 2009 eine strukturierte Kooperation zwischen den Medizin-

528 WR, Stellungnahme Entwicklung Standort Gießen-Marburg, S. 11.
529 WR, Stellungnahme Entwicklung Standort Gießen-Marburg, S. 12.
530 WR, Stellungnahme Entwicklung Standort Gießen-Marburg, S. 13.

fachbereichen Gießen und Marburg, welche zwischen den Universitäten und ihren Fachbereichen ebenfalls außerhalb der Gremienstrukturen verhandelt und unterzeichnet worden sind[531].

3.3.5.6.4.1 Gemeinsame Strukturkommission

Die Gemeinsame Strukturkommission der universitätsmedizinischen Standorte Gießen und Marburg besteht aus den beiden Dekanaten und Präsidien. Für den Bereich der klinischen Medizin ist das Universitätsklinikum vertreten, § 50 Hessisches Hochschulgesetz. Im Anschluss der zuständigen Hochschulgremien wird in Angelegenheiten der klinischen Medizin das Universitätsklinikum um Zustimmung gebeten.

Seit der Privatisierung des Universitätsklinikums Gießen und Marburg hat die Gemeinsame Strukturkommission zweimal getagt. Bei diesen Tagungen hat sie beschlossen, an beiden Standorten für die Fachgebiete Orthopädie und Unfallchirurgie sowie Humangenetik mit W3-Professuren vorzuhalten. Zudem ist ein Thema die Erstellung der Geschäftsordnung gewesen. Mit der Novellierung des Hessischen Hochschulgesetzes ist zum 1. Januar 2010 klargestellt worden, dass die Gemeinsame Strukturkommission ein rein universitäres Gremium ist, das im Vorfeld von Strukturentscheidungen Empfehlungen für den jeweiligen Fachbereich erarbeitet. Nach alledem hat der Vertreter der UKGM GmbH nur eine beratende Funktion[532].

3.3.5.6.4.2 Schlichtungskommission

Die Schlichtungskommission tritt zusammen, wenn eine Einigung zwischen der Universität und dem mit Aufgaben nach § 5 I UniKlinG beliehenen Universitätsklinikum in privater Rechtsform nicht zustande kommt[533].

Sie besteht aus Vertretern der Universitäten, der Fachbereiche Medizin und des Landes sowie Vertretern des Universitätsklinikums, § 25 a IV Gesetz für die hessischen UniKlinG. Der Vorsitz wird vom Ministerium für Wissenschaft und Kunst im Einvernehmen mit den Mehrheitsgesellschaftern des Universitätsklinikums in privater Rechtsform bestellt. Die Vertretungen von Universitäten, Fachbereichen Medizin und Land sind in der Schlichtungskommission mit der

531 WR, Stellungnahme Entwicklung Standort Gießen-Marburg, S. 13.
532 WR, Stellungnahme Entwicklung Standort Gießen-Marburg, S. 14.
533 WR, Stellungnahme Entwicklung Standort Gießen-Marburg, S. 14.

gleichen Stimmanzahl vertreten wie das geschäftsführende Organ des Klinikums. Bei Stimmengleichheit entscheidet der Vorsitzende[534].

3.3.5.6.4.3 Ständige Kommission für Forschung und Lehre

Die Ständige Kommission für Forschung und Lehre (SKFL) ist gemäß § 9 Gesellschaftsvertrag der UKGM GmbH ein Organ der UKGM GmbH und setzt sich aus den beiden Präsidenten der Universitäten Gießen und Marburg, den beiden Dekanen der Fachbereiche Medizin, einem Geschäftsführer des UKGM und einem Mitglied des Vorstands der Rhön-Klinikum AG zusammen[535]. Die SKFL ist für die Aufgabenwahrnehmung bezüglich der Erörterung und Entscheidung aller Fragen, die sich aus dem Kooperationsvertrag ergeben, und aller sonstigen Fragen, die Forschung und Lehre im Verhältnis zwischen Universität, Fachbereichen und UKGM GmbH betreffen, verantwortlich. Darüber hinaus ist sie verpflichtet, im Falle eines fehlenden Einvernehmens eine Entscheidungsvorlage für die Schlichtungskommission vorzubereiten[536].

Seit der Privatisierung hat die SKFL sechsmal getagt. Gegenstand dieser Tagungen ist die regelmäßige Information über Belange des UKGM mit Bezug zur Forschung und Lehre und die Forschungsförderung durch UKGM gemäß § 2 III Kooperationsvertrag gewesen. Ebenfalls ist das Recht der UKGM GmbH auf Nichterteilung des Einvernehmens zu Berufungsvorschlägen im Falle mangelnder Eignung für Belange der Krankenversorgung konkretisierend erörtert worden, § 50 II u. III HHG.

3.3.5.6.4.4 Geschäftsführung der UKGM GmbH und Erweiterte Geschäftsführungskonferenz

Nach der Geschäftsordnung der UKGM GmbH bestehen hinsichtlich der Geschäftsführung drei Geschäftsführerpositionen. Hierzu zählen der Vorsitzende der Geschäftsführung, der stellvertretende Vorsitzende der Geschäftsführung, der auch in Personalunion Ärztlicher Geschäftsführer ist, sowie der Geschäftsbereich des Arbeitsdirektors. Daneben wird für jeden einzelnen Standort ein kaufmännischer Geschäftsführer eingesetzt. Die Amtszeit der

534 WR, Stellungnahme Entwicklung Standort Gießen-Marburg, S. 14.
535 WR, Stellungnahme Entwicklung Standort Gießen-Marburg, S. 15.
536 WR, Stellungnahme Entwicklung Standort Gießen-Marburg, S. 15.

Geschäftsführung ist gesetzlich auf fünf Jahre befristet. Es besteht die Möglichkeit zur Wiederbestellung[537].

Die erweiterte Geschäftsführungskonferenz der UKGM GmbH findet gemäß § 18 Konsortialvertrag monatlich unter Einbeziehung der Dekane, der Ärztlichen Direktoren und der Pflegedirektoren statt. In der Erweiterten Geschäftsführungskonferenz werden Informationen über die wirtschaftliche Entwicklung des UKGM sowie über relevante Themen aus Forschung und Lehre besprochen. Darüber hinaus werden alle wichtigen Personal-, Investitions- und Strukturentscheidungen der UKGM GmbH getroffen[538].

Die Dekane haben gemäß § 25 a UniKlinG lediglich Gaststatus ohne Stimm-, aber mit Antragsrecht[539]. In Angelegenheiten, die auch Forschung und Lehre betreffen, steht den Dekanen ein Einspruchsrecht zu, welches bis zur Befassung der Schlichtungskommission aufschiebende Wirkung entfaltet. Spiegelbildlich hat die Geschäftsführung der UKGM in den regelmäßigen Dekanatssitzungen nur Gaststatus und Antragsrecht[540].

3.3.5.6.4.5 Gesellschafterversammlung der UKGM GmbH

In der Gesellschafterversammlung sind die Rhön-Klinikum AG und das Land Hessen gemäß § 12 Gesellschaftsvertrag der UKGM GmbH vertreten. Die Rhön-Klinikum AG hält 95 % und das Land Hessen 5 % der Anteile an der UKGM GmbH[541].

3.3.5.6.4.6 Aufsichtsrat

Dem Aufsichtsrat gehören zwölf Mitglieder an, wobei sechs Mitglieder nach den Bestimmungen des Mitbestimmungsgesetzes von den Arbeitnehmerinnen und Arbeitnehmern der Gesellschaft und die übrigen sechs von der Gesellschafterversammlung gewählt werden. Zu den Aufgaben des Aufsichtsrates gehört gemäß § 19 Konsortialvertrag und §§ 10 und 11 Gesellschaftsvertrag der UKGM GmbH die Bestellung, Abberufung und Überwachung der Geschäftsführung sowie die Wahrnehmung der Informations- und Einsichtsrechte[542].

---

537 WR, Stellungnahme Entwicklung Standort Gießen-Marburg, S. 16.
538 WR, Stellungnahme Entwicklung Standort Gießen-Marburg, S. 16.
539 Vgl. § 25 a III UniKlinG i.V.m. § 18 Konsortialvertrag.
540 WR, Stellungnahme Entwicklung Standort Gießen-Marburg, S. 16.
541 WR, Stellungnahme Entwicklung Standort Gießen-Marburg, 16.
542 WR, Stellungnahme Entwicklung Standort Gießen-Marburg, S. 17.

Darüber hinaus gibt es ein Beratungsorgan der UKGM GmbH und der Rhön-Klinikum AG, den Wissenschaftlichen Beirat der UKGM GmbH, in welchem Themen der allgemeinen hochschulpolitischen Entwicklung diskutiert werden. Insbesondere soll hiernach der Beirat die Geschäftsführung und den Aufsichtsrat der UKGM GmbH im Zusammenhang mit wissenschaftlichen Fragestellungen der Hochschulmedizin sowie Fragen zur Sicherstellung einer Zusammenarbeit zwischen Forschung, Lehre und Krankenversorgung beraten. Ebenfalls gibt der Beirat bei der Planung und Entwicklung von Geschäftsfeldern Unterstützung und berät bei der Koordinierung interner und externer konkurrierender Interessen. Der Wissenschaftliche Beirat ist jedoch kein Organ auf Grundlage des Kooperationsvertrages. Der Vorsitz wird durch den Vorstandsvorsitzenden der Rhön-Klinikum AG geführt. Die Anzahl der Beiratsmitglieder wird durch die Geschäftsführung des UKGM bestimmt und benannt. Eine Amtsperiode beträgt zwei Jahre. Derzeit besteht der wissenschaftliche Beirat aus sieben ständigen Mitgliedern und acht Gästen[543].

3.3.5.6.5 Beschäftigungsstrukturen

Das ärztliche Personal beider Standorte, welches auch Aufgaben in Forschung und Lehre wahrnimmt, gehört der Universität an und steht im Arbeitsverhältnis zum Land. Für die Wahrnehmung von Aufgaben in der Krankenversorgung bei der UKGM GmbH erfolgt eine Kostenerstattung, § 15 II UniKlinG. Das ärztliche Personal ohne wissenschaftliche Tätigkeit in Forschung und Lehre ist ausschließlich bei der UKGM GmbH angestellt. Wissenschaftliche Drittmittelbeschäftigte werden, soweit sie Aufgaben in der Krankenversorgung wahrnehmen, wie das landesbedienstete Personal betrachtet. Mit dieser Regelung wird die Anwendung des Tarifvertrags für Ärztinnen und Ärzte und die Anerkennung der klinisch-ärztlichen Tätigkeit für die Facharztweiterbildung ermöglicht[544].

Die vor der Fusionierung der beiden Klinika in der Krankenversorgung und Verwaltung der Universitätsklinika Gießen und Marburg tätigen nichtwissenschaftlichen Beschäftigten, die in einem Arbeits- oder Auszubildendenverhältnis zum Land Hessen standen, sind mit dem Gesetz[545] über die Errichtung des Universitätsklinikums Gießen und Marburg vom 1. Juli 2005 zum Universitätsklinikum Gießen und Marburg versetzt worden, ohne eine Möglichkeit zu

---

543 WR, Stellungnahme Entwicklung Standort Gießen-Marburg, S. 17.

544 WR, Stellungnahme Entwicklung Standort Gießen-Marburg, S. 18.

545 Vgl. § 3 I S. 1 und 3 UKG.

besitzen, dieser gesetzlichen Überleitung des Arbeitsverhältnisses zu widersprechen[546].

Mit Beschluss vom 25. Januar 2011[547] hat das Bundesverfassungsgericht festgestellt, dass diese Überleitung des Arbeitsverhältnisses vom Land auf das Universitätsklinikum Gießen und Marburg mit dem Grundrecht auf freie Wahl des Arbeitsplatzes gemäß Art. 12 I GG unvereinbar sei. Insbesondere werde dem Arbeitsnehmer mit dem Universitätsklinikum als Anstalt des öffentlichen Rechts ein neuer und von ihr nicht frei gewählter Arbeitgeber „aufgedrängt" und der bisherige Arbeitgeber entzogen. Der Eingriff in das Grundrecht der freien Arbeitsplatzwahl sei zudem sehr gravierend, da der Arbeitnehmer durch den Privatisierungsprozess aus dem öffentlichen Dienst ausgeschieden ist.

Das Bundesverfassungsgericht ist daher der Auffassung, dass die Überleitung der Arbeitsverhältnisse gemäß § 3 I S. 1 3 UKG eine Loslösung des Landes von eingegangenen arbeitsvertraglichen Bindungen bedeute, ohne dass der Kündigungsschutz bei einem entgegenstehenden Willen des Arbeitnehmers beachtet werden müsse. Dadurch werde dem Arbeitnehmer jedoch ein erhebliches Maß an Bestandsschutz entzogen. Die Ausübung eines Widerspruchrechts ließe das Arbeitsverhältnis mit dem bisherigen Arbeitgeber bestehen.

Allerdings erklärt das Bundesverfassungsgericht in diesem Zusammenhang auch, dass aufgrund des Wegfalls des Beschäftigungsbedarfs im Betrieb möglicherweise eine betriebsbedingte Kündigung in Betracht käme. Die Abwägung der damit verbundenen Risiken erlaube es aber nicht, dass der Gesetzgeber und die Gerichte kraft vermeintlich besserer Einsicht anstelle des Arbeitnehmers entscheiden, welcher von mehreren zur Auswahl stehenden Arbeitgebern mehr Vorteile bietet. Gerade die Doppelrolle des Landes bei der Privatisierung erfordere eine Widerspruchsmöglichkeit bei gesetzlichem Wechsel von öffentlichem zu privatem Arbeitgeber.

Nach alledem verbleibt nach Ansicht des Bundesverfassungsgerichts ein nicht unerheblicher Eingriff in die durch Art. 12 I GG geschützte Privatautonomie des Arbeitnehmers ohne eine verfassungsmäße Rechtfertigung. Das Bundesverfassungsgericht hat daher den Landesgesetzgeber verpflichtet, bis spätestens 31. Dezember 2011 eine Neuregelung zu schaffen.

Am 29. Dezember 2011 ist das *„Gesetz zur Stärkung der Arbeitnehmerrechte am Universitätsklinikum Gießen Marburg"* in Kraft getreten. Mit

546 WR, Stellungnahme Entwicklung Standort Gießen-Marburg, S. 20.
547 Beschluss des BVerfG vom 25.01.2011, Az. 1 BvR 1741/09.

diesem Gesetz erfolgt die Umsetzung der Vorgaben des BVerfG mit Beschluss vom 25. Januar 2011. Dieses Gesetz räumt den nichtwissenschaftlichen Arbeitnehmern, die am 30. Juni 2005 in einem Arbeitsverhältnis zum Land Hessen standen und zum 1. Juli 2005 durch Gesetz auf die damalige UKGM Anstalt des öffentlichen Rechts übergeleitet worden sind, die Möglichkeit ein, nach Maßgabe der im Gesetz genannten Regelungen in ein Arbeitsverhältnis zum Land Hessen zurückzukehren[548].

Von diesem Recht haben nach Information der Zeitung *„Frankfurter Allgemeinen"* vom 2. Januar 2013 367 Klinikmitarbeiter Gebrauch genommen und wollen in den Landesdienst zurückkehren. Insgesamt hätten 4.622 nichtwissenschaftliche Mitarbeiter zum Land zurückkehren können[549].

3.3.5.6.6 Kennzahlen für die Universitätsmedizin in Gießen Marburg

Die Personalzahlen in Gießen und Marburg befinden sich im Bereich des Bundesdurchschnitts des Jahres 2005. Die Anzahl der Professoren und des wissenschaftlichen Personals (Ärzte und nichtärztliche Wissenschaftler) ist im Vergleich zum Bundesdurchschnitt nur unterdurchschnittlich[550]. Mit der Übernahme des Universitätsklinikums Gießen-Marburg, hat die Rhön-Klinikum AG zur Ermittlung der Personalstärke das Benchmark-System entwickelt.

Durch das Benchmark-System vergleicht die Rhön-Klinikum AG Abläufe, Organisation und Kosten mit anderen, aber nicht universitären Konzernkrankenhäusern des Unternehmens. Auf dieser Grundlage erörtert der private Träger mit den verantwortlichen Leitungen der einzelnen Abteilungen, wie viele Stellen zusätzlich zum errechneten Benchmark erforderlich sind. Für die Beurteilung sind die Rahmenbedingungen (Verteilung der Leistungen auf mehrere Standorte, ineffiziente Stationsgrößen, Mindestbesetzungen), Besonderheiten der universitären Rahmenbedingungen und der hohe Anteil an Weiterbildungsassistenten berücksichtigt worden. Gegenwärtig sind 64,4 ärztliche Vollzeitkräfte mehr tätig als zu Beginn der Privatisierung. Bis Ende 2010 sind betriebsbedingte Kündigungen ausgeschlossen gewesen. Personalabbau ist durch

548 Vgl. http://www.hmwk.hessen.de/irj/HMWK_Internet?uid=91470196-ac70-8431-f012-f31e2389e481.

549 Frankfurter Allgemeine Rhein-Main, 2. Januar 2013, http://www.faz.net/-gzg-75glz.

550 WR, Stellungnahme Entwicklung Standort Gießen-Marburg, S. 23.

Fluktuation der Mitarbeiter und im patientenfernen Bereich entstanden. Im Pflegedienst sind Overhead- und Stabsstellen abgebaut worden[551].

Forschungsschwerpunkte sind am Standort Gießen „Kardiopulmonales System", „Infektion und Immunität", „Reproduktionsmedizin" und am Standort Marburg „Zelluläre Kompartimentierung und Krankheitsrelevanz", „Klinische Immunologie und Infektionsbiologie" sowie „Onkologie und Tumorbiologie". Gemeinsame Forschungsaktivitäten zwischen dem Standort Gießen und dem Standort Marburg bestehen hingegen nicht[552].

Darüber hinaus bieten beide Standorte die Studiengänge Human- und Zahnmedizin an. Hierfür werden alle Fachgebiete der ärztlichen Approbationsordnung und der zahnärztlichen Studienordnung abgedeckt. Die Sicherstellung der Lehre erfolgt zum größeren Teil durch berufene Professoren und zum geringeren Teil durch Lehrbeauftragte. Konkrete gemeinsame Vorhaben in der Lehre liegen zwischen den beiden medizinischen Fachbereichen nicht vor[553].

Im Bereich der Krankenversorgung nimmt die UKGM GmbH an den Standorten Gießen und Marburg die Aufgaben der Maximalversorgung wahr. Zudem hat sich die UKGM GmbH im Rahmen des Kooperationsvertrags verpflichtet, alle klinisch-theoretischen und klinischen Professuren mit der Aufrechterhaltung diesbezüglich gewidmeter Abteilungen zu unterstützen. Darüber hinaus ist nach den Ausführungen des Wissenschaftsrates seit dem Jahr 2005 die Fallzahl in beiden Standorte kontinuierlich gestiegen[554].

Finanziert wird die hessische Universitätsmedizin durch das Bundesland und die UKGM GmbH durch Grund-, Investitions- und Projektmittel. Die Grundmittel setzen sich aus den Landeszuführungsbeträgen für die medizinischen Fachbereiche der Universitäten Gießen und Marburg zusammen. Zudem hat sich die UKGM GmbH gegenüber dem Land verpflichtet, bis zum Ende des Jahres 2010 260 Mio. Euro und bis zum Ende des Kalenderjahres 2012 weitere 107 Mio. Euro an Investitionen für das Universitätsklinikum in Gießen und Marburg zu tätigen. Die von der UKGM GmbH getätigten Investitionen, die mit Konzernkrediten finanziert, müssen aus den Renditen des Universitäts-

551 WR, Stellungnahme Entwicklung Standort Gießen-Marburg, S. 24.
552 WR, Stellungnahme Entwicklung Standort Gießen-Marburg, S. 26, 27.
553 WR, Stellungnahme Entwicklung Standort Gießen-Marburg, S. 31.
554 WR, Stellungnahme Entwicklung Standort Gießen-Marburg, S. 35, 36.

klinikums auch erwirtschaftet werden. Es hat jedoch bereits die Refinanzierung aus Effizienzgewinnen begonnen[555].

Schließlich besteht für die hessische Universitätsmedizin die Möglichkeit, neben dem Grund- und dem Erfolgsbudget auf Antrag zusätzliche Mittel aus den Programmmitteln des Landes zu erhalten. Mit diesen Projektmitteln werden Vorhaben für die Entwicklung und Profilierung der jeweiligen Hochschule für einen begrenzten Zeitraum unterstützt. In den letzten vier Jahren sind mit diesen Mitteln die medizinischen Forschungsschwerpunkte „Lebenswissenschaften", „Mensch-Ernährung-Umwelt" (Gießen) und „Hybridbiomaterialien", „Imaging-Zentrum für bildgebende Verfahren in den Lebenswissenschaften" (Marburg) gefördert worden[556].

3.3.5.6.7 Gegner der Privatisierung

Bereits kurz nach der materiellen Privatisierung des Universitätsklinikums Gießen-Marburg haben einige Ärzte aufgrund der wirtschaftlichen Ausrichtung des privaten Trägers eine schlechte Patientenversorgung infolge eines drohenden Personalabbaus befürchtet.

2009 hat sich eine Gruppe von niedergelassenen Ärzten in Mittelhessen zur Initiative „Notruf 113" zusammengeschlossen, um auf vermeintliche durch die Privatisierung hervorgerufene Missstände aufmerksam zu machen[557]. Inwieweit die behaupteten Missstände am Universitätsklinikum Gießen-Marburg tatsächlich auf dessen Privatisierung zurückzuführen sind, kann nicht beurteilt werden, zumal bis 2010 nach Angaben des *Wissenschaftsrates*[558] betriebsbedingte Kündigungen ausgeschlossen waren.

Seit 2012 gewinnt die Kritik an den unwürdigen Arbeitsbedingungen im Universitätsklinikum Gießen-Marburg jedoch wieder an Brisanz. In der Zeitung *„chefarzt aktuell"*[559] beziehen zwei Klinikdirektoren der UKGM in 22 Thesen Stellung zu der erheblichen Verdichtung der Arbeit im ärztlichen und pflegerischen Bereich und zu den überzogenen Rendite-Erwartungen der Rhön-Klinikum AG. In ihren Thesen heben sie insbesondere hervor, dass durch die in den letzten sechs Jahren praktizierte Arbeitsverdichtung im ärztlichen

---

555 WR, Stellungnahme Entwicklung Standort Gießen-Marburg, S. 44.
556 WR, Stellungnahme Entwicklung Standort Gießen-Marburg, S. 46.
557 Flintrop, S. 198.
558 WR, Stellungnahme Entwicklung Standort Gießen-Marburg, S. 24.
559 Chefarzt aktuell, Ausgabe März/ April 2012, S. 34.

wissenschaftlichen Bereich ein Miteinander von universitärer Krankenversorgung, Lehre sowie Forschung stark gefährdet sei.

Zudem werde die Entwicklung am UKGM von den Klinikdirektoren beider Standorte mit großer Sorge gesehen, da bereits zum Zeitpunkt der Thesenerstellung eine zunehmende Verunsicherung bei den behandelten Patienten erkennbar wäre. Ferner würden sich potentielle Bewerber aus den Reihen der umworbenen jungen Ärztinnen und Ärzte vom UKGM abwenden.

Darüber hinaus soll nach den Recherchen der Zeitung *„Die Welt“*[560] das Klinikum mehrstellige Millionenverluste anhäufen, die Belegschaft fühle sich ausgelaugt und die Patientenzahlen würden zurückgehen. Zudem gäbe es Überlegungen, dass sich das Bundesland Hessen wieder stärker engagieren und möglicherweise den 5%-Anteil um ein paar Prozentpunkte erhöhen werde.

Ein von vielen Seiten favorisierter Rückkauf des Klinikums durch das Bundesland Hessen erscheint hingegen sehr unwahrscheinlich. Nach Anfrage der Zeitung *„Frankfurter Allgemeine Rhein-Main“*[561] erklärte das Wissenschaftsministerium, dass es für einen Rückkauf des Universitätsklinikums an einer Rechtsgrundlage fehle und zudem die Haushaltsmittel für das Jahr 2013/2014 ein solches Vorgehen nicht zulassen würden.

Ungeachtet dessen wäre es wünschenswert, wenn die stattgehabte Diskussion wenigstens zu einer zukünftig engeren Zusammenarbeit zwischen der Rhön-Klinikum AG als Träger der UKGM und dem Land Hessen führen würde, damit der hoheitliche Auftrag der Aufgabeneinheit von Forschung, Lehre und Krankenversorgung nicht gefährdet wird.

3.3.5.6.8 Stellungnahme des Wissenschaftsrates hinsichtlich der Entwicklung der Universitätsmedizin Gießen-Marburg in privater Rechtsform

In seiner Stellungnahme vom 7. Mai 2010[562] hat der Wissenschaftsrat über die Entwicklungen und Folgen der Privatisierung des Universitätsklinikum Gießen-Marburg hinsichtlich Forschung, Lehre und Krankenversorgung Stellung bezogen.

---

560 Die Welt, Das teure Drama um die Uniklinik Gießen-Marburg, 11. November 2012, http://www.welt.de/110890643.

561 Frankfurter Allgemeine Rhein-Main, “Konsensmodell” soll privatisierter Uniklinik helfen, 9. Oktober 2012, http://www.faz.net/-gzg-73hhC.

562 WR, Stellungnahme Entwicklung Standort Gießen-Marburg, S. 50 ff.

Nach Ansicht des Wissenschaftsrates sei nach § 50 des Hessischen Hochschulgesetzes der Auftrag der Kommission nicht deutlich genug. Insbesondere fehle eine Verantwortlichkeit für die Gesamtkonzeption der Universitätsmedizin Gießen und Marburg. Der neue gemeinsame Standort Gießen-Marburg habe aber ausreichend Raum für die Konzeption adäquater national wie international konkurrenzfähiger gemeinsamer Schwerpunkte, um damit eine dynamische Entwicklung zu ermöglichen[563]. Darüber hinaus müssten das UKGM und das Land versuchen, eine räumliche Trennung von Institutsteilen zu vermeiden und den notwendigen Bezug der Forschung zur Krankenversorgung zu erhalten. Den in diesem Zusammenhang bestehenden Mehraufwand über das vereinbarte Investitionsziel der Rhön-Klinikum AG solle das Land Hessen übernehmen[564].

Ebenfalls erklärt der Wissenschaftsrat, dass die Funktion der Ständigen Kommission für Forschung und Lehre nicht ausreichend geklärt sei. Zudem bestehe zwischen den beiden medizinischen Fachbereichen in Abstimmung mit der Universität kein Konzept für eine optimierte Krankenversorgung im Zusammenspiel mit Forschung und Lehre. Das Klinikum solle zur Gestaltung von Forschung und Lehre als Partner einbezogen werden. Hierdurch solle ein aktiver Zusammenschluss der UKGM GmbH mit den Aufgaben Forschung und Lehre durch organisatorische und materielle Unterstützung erreicht werden. Daher solle die UKGM GmbH starke Forschungsschwerpunkte, die auch high risk-Forschung einschließen, und den Aufgabenbereich Lehre unterstützen. Zudem solle angestrebt werden, Forschung, Lehre und Krankenversorgung dauerhaft zu verankern, ausreichende gegenseitige Kooperationsangebote zu unterbreiten und gegenseitig Transparenz über Ziele und Kosten herzustellen[565].

Hinsichtlich der Beschäftigungsstrukturen führt der Wissenschaftsrat aus, dass das bereits in einigen Abteilungen durchgeführte Benchmarking zur Personalbestimmung nicht dessen Zustimmung hat. Dieses System werde nach Ansicht des Wissenschaftsrates den Anforderungen an eine Bedarfsbestimmung im Kontext eines Universitätsklinikums nicht gerecht, da mit dieser Methode die Bedürfnisse von Forschung, Lehre und Weiterbildung im Bereich der Maximalversorgung nicht abgedeckt werden[566]. Zudem sei ein sinnvoller Benchmark nur dann gegeben, wenn vergleichbare Rahmenbedingungen und vergleichbare

---

563 WR, Stellungnahme Entwicklung Standort Gießen-Marburg, S. 51.
564 WR, Stellungnahme Entwicklung Standort Gießen-Marburg, S. 52.
565 WR, Stellungnahme Entwicklung Standort Gießen-Marburg, S. 53-56.
566 WR, Stellungnahme Entwicklung Standort Gießen-Marburg, S. 58.

Leistungen vorliegen. Für ein Benchmark könne daher nur andere Universitätsklinika als Maßstab herangezogen werden[567].

Des Weiteren stellt der Wissenschaftsrat als ein großes Problem die zeitliche Belastung wissenschaftlich tätiger Ärztinnen und Ärzte im Bereich der Leistungsverdichtung in der Krankenversorgung fest. Insbesondere solle vermieden werden, die seit der Einführung der Fallpauschalen zu beobachtende Leistungsverdichtung in der Krankenversorgung ohne personellen Ausgleich weiter zu verstärken. Es sei Aufgabe des jeweiligen Bundeslandes, ausreichende Zeiten für Forschung und Lehre zu ermöglichen und entsprechende Finanzmittel bereitzustellen[568]. Durch die Arbeitsverdichtung in der Krankenversorgung sei die Absicherung des klinischen Unterrichts erheblich in Gefahr[569].

Zusammenfassend stellt der Wissenschaftsrat dar, dass die UKGM GmbH an beiden Standorten die von ihr erwarteten baulichen und apparativen Investitionen ins Klinikum getätigt habe. Darüber hinaus bestehe eine wissenschaftliche Weiterentwicklung aufgrund der Errichtung des Partikeltherapiezentrums nebst Stiftungsprofessur am Standort Marburg[570]. Der Wissenschaftsrat ist aber auch der Ansicht, dass künftig mehr gemeinsame Forschungsschwerpunkte, ein abgestimmter Lehrplan, gemeinsames Lehrangebot, Schwerpunktsetzung in der Krankenversorgung, gemeinsame Ressourcenplanung zu erfolgen hätten. Ebenfalls sei ein für Universitätsklinika ausgerichtetes Benchmark-System zu Personalbemessung und zur Personaloptimierung zu entwickeln[571]. Gleichzeitig hat der Wissenschaftsrat dem Bundesland Hessen empfohlen, unter anderem die übergreifenden Gremien weiterzuentwickeln, den Landeszuführungsbeitrag adäquat aufzustocken und Investitionen für Forschung und Lehre gezielt für gemeinsame Schwerpunkte einzusetzen[572].

Eine abschließende Beurteilung hinsichtlich der Zweckdienlichkeit einer materiellen Privatisierung des Universitätsklinikums hat sich der Wissenschaftsrat jedoch auch aufgrund einer erneuten, notwendigen Begutachtung nach fünf Jahren vorbehalten.

567 WR, Stellungnahme Entwicklung Standort Gießen-Marburg, S. 59.
568 WR, Stellungnahme Entwicklung Standort Gießen-Marburg, S. 59.
569 WR, Stellungnahme Entwicklung Standort Gießen-Marburg, S. 64.
570 WR, Stellungnahme Entwicklung Standort Gießen-Marburg, S. 71.
571 WR, Stellungnahme Entwicklung Standort Gießen-Marburg, S. 73.
572 WR, Stellungnahme Entwicklung Standort Gießen-Marburg, S. 73, 74.

3.3.5.7 Sonderfall – Universitätsklinikum Mannheim

Die zur Universität Heidelberg gehörige Medizinische Fakultät Mannheim kooperiert mit der Klinikum Mannheim gGmbH, die sich als gemeinnützige GmbH in Trägerschaft der Stadt Mannheim befindet[573]. Das Universitätsklinikum Mannheim dient aufgrund eines Vertrages aus dem Jahr 1964 zwischen dem Bundesland Baden-Württemberg und der Stadt Mannheim als Träger des damals als Regiebetrieb organisierten Klinikums der klinischen Ausbildung von Medizinstudenten der Universität Heidelberg. Ende 1997 ist das heutige Universitätsklinikum Mannheim parallel mit der rechtlichen Verselbständigung der Universitätsklinika aus einem kommunalen Betrieb in eine gemeinnützige GmbH überführt worden. Das Universitätsklinikum Mannheim gGmbH ist eine 100%ige Tochter der Stadt Mannheim. Nach alledem ist die Mannheimer Fakultät in Deutschland die erste Fakultät gewesen, die mit einem Klinikum privatrechtlicher Rechtsform zusammenarbeitet[574].

Die Rechtsbeziehungen zwischen dem Klinikum und der Universität werden durch einen Rahmenvertrag des Landes Baden-Württemberg mit der Stadt Mannheim vom Dezember 1997[575] geregelt, welcher sich auch an den Rahmenbedingungen orientiert, die auch für die übrigen vier Medizinstandorte in Baden-Württemberg (Freiburg, Heidelberg, Tübingen, Ulm) gelten. Die Zusammenarbeit zwischen Klinikum und Fakultät entspricht dem Kooperationsmodell. Der gesetzliche Rahmen wird durch das GmbHG und den Gesellschaftsvertrag geregelt, aber nicht durch das UKG[576].

Die zuständige Aufsichtsbehörde ist das Niedersächsische Ministerium für Wissenschaft und Kultur.

3.3.5.8 Privatisierungsvorhaben – Universitätsklinikum Kiel/Lübeck

Am 28. Mai 2010 war in der Presse[577] zu lesen, dass die Universitätsmedizin in Lübeck vor dem Aus stehe. Aus Finanznot wollte die schwarz-gelbe Landes-

573 WR, Allgemeine Empfehlungen zur Universitätsmedizin, S. 41.

574 Sandberger, Hochschulmedizin, S. 410, Rn. 1216; WR, Allgemeine Empfehlungen zur Universitätsmedizin, S. 41.

575 Als Anhang abgedruckt in LT-Drs. 12/4009; WR, Allgemeine Empfehlungen zur Universitätsmedizin, S. 41; Sandberger, Hochschulmedizin, S. 410, Rn. 1217.

576 WR, Allgemeine Empfehlungen zur Universitätsmedizin, S. 41; Sandberger, Hochschulmedizin, S. 410, Rn. 1217.

577 Richter-Kuhlmann, S. A 1143; Titz, S. 1.

regierung das Lübecker Medizinstudium streichen und die Unikliniken an private Investoren verkaufen.

Nach der CDU-FDP- Haushaltskommission sollten ab dem Wintersemester 2011/2012 keine neuen Medizinstudenten in Lübeck aufgenommen werden. Das Medizinstudium werde an die Universität Kiel verlagert. Die schwarz-gelbe Regierung unter Harry Carstensen hat ein strukturelles Defizit in Höhe von jährlich 1,25 Milliarden Euro ausgemacht. Dirk Hundertmark, Sprecher der CDU-Landesfraktion, hat in diesem Zusammenhang erklärt, dass das Land bei einem Jahresbudget von knapp neun Milliarden Euro 25 Milliarden Schulden habe und pro Sekunde weitere 50 Euro Schulden verursache. Zudem komme hinzu, dass die finanziellen Sorgen auch aus der Pleite der HSH-Nordbank resultierten und noch nicht behoben seien. Die HSH-Nordbank ist im Besitz der Länder Schleswig-Holstein und Hamburg. Da sich die Bank in der Finanzkrise verspekuliert hat, haben die Bundesländer Schleswig-Holstein und Hamburg mit Milliardenbürgschaften einspringen müssen[578].

Nach *Titz* ist der Unterhalt einer Universitätsklinik ein enormer Kostenfaktor. Kein Studium ist so teuer wie das der Medizin. Nach Angaben des Statistischen Bundesamtes kostet ein Medizinstudienplatz durchschnittlich 211.000,00 Euro. Im Wintersemester 2009/2010 haben sich knapp 200 neue Medizinstudenten in Lübeck eingeschrieben. Damit lägen die Kosteneinsparungen bei ca. 40 Millionen Euro mit jedem Jahrgang, der künftig nicht mehr in Lübeck Medizin studiere[579].

Darüber hinaus gelten die Medizinstandorte Lübeck und Kiel als sehr marode. Die Sanierung der beiden Universitätsstandorte würde ca. 700 Millionen Euro kosten. Diese Investitionssumme könne sich das Land nach dem defizitären Haushalt allerdings nicht leisten[580].

Derzeit bildet die Universität Lübeck 1500 Ärzte aus. Inwieweit der Verlust der Medizinausbildung ausgeglichen werden soll, ist bisher nicht bekannt. Da in der Zukunft Medizin nur noch in Kiel gelehrt werden soll[581], ist auch nicht mit einem Privatisierungsprojekt – auch nicht durch den Verkauf des Universitätsklinikums, da keine Fusionierung der beiden Universitätsklinika angestrebt wird

578 Titz, S. 1.
579 Titz, S. 2.
580 Titz, S. 2.
581 Klüver, S. 12.

– wie dem der Universitätsmedizin Marburg/ Gießen zu rechnen, obwohl die Medizinausbildung in Lübeck seit Jahren auf Spitzenplätzen rangiert[582].

Die 2002 neu gegründete Universität zu Lübeck, die 1964 noch als zweite medizinische Fakultät der Universität Kiel eingerichtet worden ist, ist seit 1973 eine selbständige medizinische Hochschule[583]. Derzeit werden unter ihr zwei Fakultäten, eine medizinische und eine technisch-naturwissenschaftliche, geführt. Sie ist am Exzellenzcluster Entzündungsforschung beteiligt und forscht in der Neurobiomedizin sowie der Genomik. Daher würde das Ende des Medizinstudiengangs an der Universität Lübeck und der Verkauf des Universitätsklinikums auch das Ende der gesamten Universität bedeuten. Andere Universitätsstandorte haben bereits versucht, die renommierten Lübecker Professoren abzuwerben[584].

Seit Juni 2010 hat das Bündnis „Lübeck kämpft für seine Uni", vertreten durch den Allgemeinen Studierendenausschuss (Asta), gegen die praktische Abschaffung protestiert. Asta-Vorsitzende Linda Krause erklärte auf Nachfrage, dass sie bis zur Beschließung des Haushalts im Dezember 2010 kämpfen werde. Zudem ist das Protestbündnis durch Medizinfirmen, den Lübecker Oberbürgermeister Bernd Saxe und auch vom Präsidenten der Universität Lübeck, Herrn Peter Dominiak, vertreten worden[585].

Eine Wendung in der Debatte ist durch die Einschaltung des Bundes erfolgt. Der Bund hat sich nunmehr bereit erklärt, über Umwege 25 Millionen Euro bereit zu stellen. Den Zuschuss hat das Bundesforschungsministerium für eine neue Trägerschaft für das Kieler Institut für Meereskunde geleistet, so dass Schleswig-Holstein die an dieser Stelle eingesparten Landesmittel nach Lübeck umgeleitet hat. Die damalige Forschungsministerin Anette Schavan hat in diesem Zusammenhang ausdrücklich erklärt, dass die medizinische Situation in Lübeck für die Trägerschaft ausschlaggebend gewesen ist. Darüber hinaus hat Professor Peter Dominiak angekündigt, dass die Finanzierung der Universität Lübeck künftig über eine Stiftung gesichert werden soll[586].

Die materielle Privatisierung eines Universitätsklinikums wird aber auch in anderen Bundesländern diskutiert. Ein möglicher Verkauf der Universitäts-

582 Klüver, S. 12.
583 Klüver, S. 12.
584 Nitzschmann, S. 5.
585 Nitzschmann, S. 5.
586 Ärztezeitung, 12. Juli 2010, S. 2; Deutsches Ärzteblatt, 19. Juli 2010, S. 1379.

klinika hat im Juni 2011 ebenfalls in Sachsen-Anhalt zur Debatte gestanden[587]. Eine definitive Entscheidung hierüber prüft derzeit noch die Landesregierung.

Sachsen, Schleswig-Holstein und Sachsen-Anhalt unterhalten je zwei Universitätsklinika. Vergleicht man allein die Einwohnerzahlen dieser Bundesländer (Sachsen 4,16 Millionen, Schleswig-Holstein 2,82 Millionen und Sachsen-Anhalt 2,33 Millionen Einwohner[588]) erschließt sich nicht, dass in den einwohnerschwachen Bundesländern Schleswig-Holstein und Sachsen-Anhalt tatsächlich zwei Universitätsklinika zur Ausbildung des medizinischen Nachwuchses und der Maximalversorgung benötigt werden.

Darüber hinaus bleibt mit der Bereitstellung des Zuschusses durch das Bundesforschungsministerium unberücksichtigt, dass die Finanzierung der Universitätsklinika dem jeweiligen Bundesland obliegt und keine Bundesangelegenheit darstellt. Spätestens seit der Föderalismusreform aus dem Jahr 2006 werden die Länder- und Bundeshaushalte hinsichtlich der Finanzierung der Universitätsklinika strikt getrennt. Mit der Lübeck unterstützenden Entscheidung der Bundesforschungsministerin wird dieser Grundsatz – wenn auch auf Umwegen – ausgehebelt. Bedacht hat man dabei nicht, dass zukünftig auch ein anderes Bundesland, welches mit der Finanzierung seines Universitätsklinikums überfordert ist, auf dieser Grundlage die Unterstützung des Bundes verlangen kann.

Richtig ist zwar, dass die Problematik des Ärztemangels besteht. Allerdings hat der Arztberuf an sich nicht an Attraktivität verloren. Das belegen die hohen Einschreibungszahlen für das Medizinstudium bei der ZVS und die zunehmenden Kapazitätsklagen zur Zulassung zum Medizinstudium. Darüber hinaus stehen in Deutschland zur Sicherung des medizinischen Nachwuchses genügend Ausbildungsplätze zur Verfügung. Das Missverhältnis entsteht erst nach Abschluss des Studiums, da sich viele Jungärzte die Vereinbarkeit von Beruf und Familie im klinischen Alltag anders vorstellen und die Niederlassung aufgrund der Gefahr von Wirtschaftlichkeitsprüfungen, Plausibilitätskontrollen und die Konfrontation mit möglichen Behandlungsfehlervorwürfen nicht mehr die erste Wahl darstellt.

---

587 Ärztezeitung vom 21. Juni 2011, S. 8.

588 Die Einwohnerzahlen beruhen auf den Ergebnissen der jeweiligen statistischen Landesämter, recherchiert unter www.statistik-nord.de, www.statistik.sachsen.de, www.stala.sachsen-anhalt.de.

Bereits *Richter-Kuhlmann*[589] hat in ihrem Artikel zu den Berufsperspektiven zum Arztberuf auf Grundlage der Umfrage des Deutschen Ärzteblattes, unterstützt von der Bundesvertretung der Medizinstudierenden in Deutschland (BVMD), festgestellt, dass zwei Drittel der Medizinstudierenden sich vorstellen könnten, aus Deutschland auszuwandern. Dabei seien für sie die Länder Schweiz, Schweden, Großbritannien, Australien/Neuseeland, USA, Norwegen oder Kanada besonders reizvoll. Zur Begründung führen die Medizinstudierenden für ihren Auswanderungswunsch nach dieser Umfrage unter anderem ein besseres Arbeitsklima, geregelte Arbeitszeiten, besser strukturierte Aus- und Weiterbildung, bessere Vereinbarkeit von Familie und Beruf sowie gute Karrierechancen nach der Rückkehr an. *„Mit dem Arbeitsplatz in deutschen Krankenhäusern verbinden 73 Prozent der Befragten hauptsächlich negative Attribute wie Stress, Bürokratie sowie hierarchische Strukturen. Stetig wiederholt werden von den Studierenden die Forderungen nach familienfreundlichen Krankenhäusern sowie flexiblen Teilzeitmodellen.“*

Nach alledem sollte vielmehr gegen die Abwanderung junger und kostenintensiv in Deutschland ausgebildeter Ärzte in andere Länder mit neuen Anreizen für deren berufliche und private Entwicklung gewirkt werden. Allein der Erhalt eines Universitätsklinikums trägt nicht zur Behebung des Ärztemangels bei.

3.3.5.9 Exkurs: Öffentlich-Private Partnerschaften (Public Private Partnership)

Neben der Möglichkeit der Privatisierung eines Klinikums besteht auch die Alternative, den Finanzierungsstau mittels einer Öffentlich-Privaten Partnerschaft zu beheben.

Auf dem Campus des Universitätsklinikums Schleswig-Holstein (UKSH) in Kiel entsteht gerade ein hochmodernes Protonentherapiezentrum, welches ab dem Jahr 2012 neue Behandlungschancen in der Krebstherapie eröffnen und Patienten aus Norddeutschland sowie aus dem gesamten südskandinavischen Raum versorgen soll. Der Bau dieses Großprojekts kostet ca. 260 Millionen Euro, die von privaten Geldgebern im Rahmen einer Öffentlich-Privaten Partnerschaft, die auch als Public Private Partnerschaft (PPP) bezeichnet wird, finanziert werden. Nach Fertigstellung des Baus werden die beteiligten Unternehmen den technischen Betrieb der Anlage übernehmen. Das medizinische

589 Richter-Kuhlmann, Ärzteblatt 2007, S. A-1881.

Personal bleibt beim Universitätsklinikum beschäftigt und soll jährlich 3000 Patienten mit der Protonentherapie behandeln[590].

PPP bezeichnet eine mittel- bis langfristig vertraglich geregelte Zusammenarbeit zwischen öffentlicher Hand und Privatwirtschaft zur Erfüllung öffentlicher Aufgaben, bei der die erforderlichen Ressourcen in einen gemeinsamen Organisationszusammenhang eingestellt und vorhandene Projektrisiken entsprechend der jeweiligen Risikomanagementkompetenz der Projektpartner verteilt werden[591]. Strukturell wird zwischen PPP als Tauschmodell (projektbezogene PPP) und PPP als Poolmodell (institutionelle PPP) unterschieden[592].

Ähnlich wie bei der Privatisierung in der Krankenversorgung unterliegt auch die PPP keinen generellen Privatisierungsschranken des Grundgesetzes. Vielmehr greift auch hinsichtlich der Ausgestaltung von PPP der aus der Wesentlichkeitstheorie folgende Vorbehalt des Gesetzes[593].

Auf inhaltlicher Ebene finden im Krankenhausbereich drei Modelle, insbesondere im Hinblick auf die Infrastruktur, Anwendung. Dieses sind das Finanzierungs-, das Betriebsführungs- und das Betreibermodell[594]. Bei dem Finanzierungsmodell beruht der Leistungsumfang des privaten Partners neben der Errichtung eines Gebäudes vorrangig auf dessen Finanzierung im Rahmen eines Mietkauf- oder Leasingvertrags. Das Finanzierungsmodell entspricht einer Vorfinanzierung, da es erst ab Nutzungsbeginn zu Entgeltzahlungen des öffentlichen Auftraggebers kommt[595]. Das Betriebsführungsmodell definiert die vertragliche Übernahme der Betriebsführung von Anlagen des öffentlichen Auftraggebers durch ein privates Unternehmen gegen Entgelt. Der private Partner tritt dabei aber nicht selbst in unmittelbare Rechtsbeziehungen zu den Empfängern der Leistung[596].

Ein Betreibermodell liegt vor, wenn im Verbund mit Planungs- und Bauleistungen der Betrieb, die Unterhaltung oder sonstige Aufgaben des Facility Managements übernommen werden. Das Privatunternehmen führt dabei die erforderlichen Baumaßnahmen und Dienstleistungen in eigener wirtschaftlicher

---

590 Merten/ Rabbata, S. 640.

591 Budäus, S. 312 ff; WR, Empfehlungen PPP in der universitätsmedizinischen Forschung, S. 9.

592 WR, Empfehlungen PPP in der universitätsmedizinischen Forschung, S. 10.

593 WR, Empfehlungen PPP in der universitätsmedizinischen Krankenversorgung, S. 18.

594 WR, Empfehlungen PPP in der universitätsmedizinischen Krankenversorgung, S. 13.

595 WR, Empfehlungen PPP in der universitätsmedizinischen Krankenversorgung, S. 13.

596 WR, Empfehlungen PPP in der universitätsmedizinischen Krankenversorgung, S. 13.

Verantwortung durch. Zudem trägt der private Partner die Bauherreneigenschaft und die wirtschaftlichen Risiken. Im Gegenzug erhält der private Partner von der öffentlichen Hand ein Entgelt. Allerdings sind in Deutschland Betreibermodelle nur im kommunalen Bereich bei der Abwasser- und Abfallversorgung verbreitet. In Großbritannien oder in den USA findet das Betreibermodell auch für den Betrieb von Krankenhäusern Anwendung[597].

Derzeit gibt es im Gesundheitswesen jedoch nur wenige Projekte, die sich der Kooperationsform des PPP angenommen haben.

Im Januar 2006[598] und im Januar 2007[599] hat der Wissenschaftsrat zu den PPPs und den Privatisierungen in der universitätsmedizinischen Krankenversorgung sowie zu den PPPs in der universitätsmedizinischen Forschung Stellung bezogen. In diesem Zusammenhang hat der Wissenschaftsrat darauf hingewiesen, dass PPPs ein geeignetes Instrument zur Erschließung von Ressourcen und zur effizienteren Ausgestaltung der Universitätsmedizin sind.

Die klinische Forschung an den Medizinischen Fakultäten stellt ein Gebiet mit wachsendem Potential für PPP dar. Dabei bieten vermehrt die Möglichkeiten einer stärker individualisierten Medizin in Diagnostik und Therapie Anknüpfungspunkte für Kooperationen zwischen Universitäten und medizintechnologischer und pharmazeutischer Industrie. Allerdings können die Modelle des PPP nicht die grundsätzlichen Struktur- und Finanzierungsprobleme der universitären Medizin lösen. PPP könne und dürfe nach Auffassung des Wissenschaftsrates nicht die institutionelle Förderung der Forschung durch den Staat ersetzen. Wissenschaftliche Freiheit bedarf auch freier Mittel in der Forschung[600].

Des Weiteren sollen nach Ansicht des *Wissenschaftsrates*[601] Kooperationssituationen mit medizintechnologischen Unternehmen, so zum Beispiel auf dem Gebiet der Zell- und Biotechnologie, Informationstechnologie, Mikrosystemtechnik und Nanotechnologie, weiter ausgebaut werden, da universitätsmedizinische Einrichtungen, ausgestattet auf dem aktuellen Stand der Technik, für Forschung und Innovation unabdingbar sind[602]. Zudem sollten die beste-

---

597 WR, Empfehlungen PPP in der universitätsmedizinischen Krankenversorgung, S. 14.

598 WR, Empfehlungen zu den PPP und Privatisierungen in der universitätsmedizinischen Krankenversorgung.

599 WR, Empfehlungen PPP in der universitätsmedizinischen Forschung.

600 WR, Empfehlungen PPP in der universitätsmedizinischen Forschung, S. 5.

601 WR, Empfehlungen PPP in der universitätsmedizinischen Forschung, S. 5.

602 WR, Empfehlungen PPP in der universitätsmedizinischen Forschung, S. 5.

henden Koordinierungszentren für klinische Studien zu Kompetenzzentren weiter ausgebaut und die PPPs als mögliche Option einbezogen werden. Um PPP für die universitätsmedizinische Forschung fördern zu können und die Möglichkeiten der Verwertung von Forschungsergebnissen zu verbessern, hält der Wissenschaftsrat neben der Professionalisierung der Strukturen an den universitätsmedizinischen Einrichtungen auch die Kooperation mit der Wirtschaft für erforderlich[603].

Nach alledem stellt die PPP, insbesondere im Betreibermodell, aufgrund der hohen Einsparmaßnahmen durch Absenkung der Landeszuführungsbeiträge und der finanziellen und strukturellen Herausforderungen durch den Kostendruck im öffentlichen Gesundheitswesen eine Möglichkeit dar, die Maximalversorgung im Bereich der Krankenversorgung auf höchstem Niveau zu sichern. Zudem könnte mit Hilfe der PPP eine Partnerschaft zwischen Pharmaunternehmen und dem Universitätsklinikum die klinische Forschung voranbringen, so dass auch mit den dadurch gewonnenen Erkenntnissen die Krankenversorgung an Attraktivität gewinnt.

3.3.5.10 Stellungnahme

Im Hinblick auf die Kostenersparnis können die Universitätsklinika in öffentlich-rechtlicher Trägerschaft durchaus von den privaten Kliniken lernen. Ein großer Vorteil der Privatisierung ist, dass sie vom Verbund mit leistungsfähigen privaten Trägern, wie die Rhön AG, Helios Kliniken GmbH u.a. profitieren können. Gesicherte Patientenströme können sich dadurch entwickeln[604], die wiederum die finanzielle Absicherung des Universitätsklinikums stärken.

Zudem besteht mit der Wahl einer privatrechtlichen Rechtsform die Möglichkeit, die mit der Geschäftstätigkeit verbundenen Haftungsrisiken zu beschränken. Während bei den Universitätsklinika als Anstalten/ Körperschaften des öffentlichen Rechts das Land nach den landesrechtlichen Vorschriften[605] als Gewährträger haftet, haften AG und GmbH nach §§1 I S. 2 AktG, 13 II GmbHG[606]. Die Haftung der Gesellschafter gegenüber den Gläubigern der

---

603 WR, Empfehlungen PPP in der universitätsmedizinischen Forschung, S. 6.

604 Vgl. Siewert/ von Jagow, S. 8..

605 So z.B. nach § 3 I Sächs. UKG; § 2 UKG Baden-Württemberg.

606 Vgl. Ministerium für Wissenschaft, Forschung und Kunst des Landes Baden-Württemberg, S. 111.

Gesellschaft ist somit, auch wenn sich die öffentliche Hand als Gesellschafter einer privatrechtlichen Gesellschaft betätigt, ausgeschlossen[607].

Darüber hinaus müssen sich die Universitätsklinika, um im internationalen und nationalen Wettbewerb bestehen zu können, stets in den Bereichen Krankenversorgung, Forschung und Lehre verbessern und weiterentwickeln.

Nach Ansicht der Verfasserin ist für den Erfolg eines Universitätsklinikums und der Umsetzung des hoheitlichen Auftrags jedoch die Integration dieser Bereiche notwendig, da eine medizinisch und wirtschaftlich gute Krankenversorgung immer in Verbindung mit einer guten Forschung und Lehre steht. Nach alledem dürfen die Verantwortlichkeiten für die drei Aufgabenbereiche nicht getrennt werden. Eine Teilprivatisierung – wie beim fusionierten Universitätsklinikum Gießen-Marburg – kann den hohen Ansprüchen einer universitären Medizin deshalb nicht gerecht werden[608].

Darüber hinaus ist zu beachten, dass bei einem privaten Träger die Wirtschaftlichkeit des Unternehmens im Vordergrund steht. Insoweit ist durchaus zu befürchten, dass ein privater Träger zur Ermittlung der Personalstärke – wie bei der Rhön-Klinikum AG in Gießen-Marburg – das Benchmark-System anwendet. Bekanntlich stellen die Personalkosten die höchste Kostenposition in einem Unternehmen dar. Mithin könnten die Ergebnisse zu einem erheblichen Personalabbau führen. In der Folge wäre sodann mit Sicherheit eine schlechtere Patientenversorgung im Klinikum zu befürchten.

Die Befürchtungen einer schlechten Patientenversorgung infolge Personalabbaus scheinen sich nach Angaben einiger Ärzte im Universitätsklinikum Gießen-Marburg bereits zu bestätigen. Sowohl die 2009 gegründete Initiative „Notruf 113“ und die Medien machen die Bevölkerung auf vermeintliche durch die Privatisierung hervorgerufene Missstände aufmerksam[609]. Inwieweit die behaupteten Missstände am Universitätsklinikum Gießen-Marburg tatsächlich auf dessen Privatisierung zurückzuführen sind, kann derzeit nicht beurteilt werden. Es bleibt zunächst die weitere Stellungnahme des Wissenschaftsrates hinsichtlich der Entwicklung der Universitätsmedizin Gießen-Marburg in privater Rechtsform abzuwarten, welche jedoch nicht vor 2015 erwartet wird.

---

607 Vgl. Ministerium für Wissenschaft, Forschung und Kunst des Landes Baden-Württemberg, S. 111.

608 So auch Dr. Wokittel, Anlage 2.

609 Flintrop, S. 198.

Zur Überprüfung der Personalstärke für die einzelnen Bereiche im Klinikum ist das Benchmark-System eine gute Lösung. Allerdings müssen bei der Anwendung dieses Systems bei einem Universitätsklinikum dessen besondere Rahmenbedingungen berücksichtigt werden. Zudem sollte bei der Festlegung der Personalstärke ein urlaubs- und krankheitsbedingter Ausfall von Mitarbeitern bedacht werden, so dass die errechneten Angaben des Benchmarkings nicht vollständig übernommen werden können.

Schließlich könnten die gesamte Komplexität und Differenzierung sowie der hiermit einhergehende Finanzierungsaufwand im Gesundheitswesen durch wirtschaftliche Partnerschaften (wie der PPPs) und die damit erfolgte Zusammenführung von Kompetenzen und Ressourcen zu besseren Ergebnissen führen[610]. Öffentliche dem Gemeinwohl verpflichtete Ziele und private Interessen der PPPs stehen jedoch auch in einem Spannungsverhältnis, dass es bei der Ausgestaltung im hochschulmedizinischen Bereich zu beachten gilt. Aus dem Umstand, dass das Aufgabengeflecht von Forschung, Lehre und Krankenversorgung besteht, böte die PPP zumindest aber die Chance zu einer Verstärkung im Bereich des Managements, der Produktion und des Vertriebs.

3.3.6 Sonderformen

Neben den beschriebenen Rechtsformen bestehen in der Universitätsmedizin zudem Sonderformen in der Zusammenarbeit von Universitäten mit Krankenhäusern in unterschiedlicher Trägerschaft.

3.3.6.1 Bochumer Modell

Die Geschichte der Bochumer Medizinausbildung kennzeichnet einen langen Weg der Verwirklichung der klinischen Ausbildung.

Der Beginn der Medizinausbildung in Bochum datiert vom 18. Juli 1961. An diesem Tag hat der Nordrhein-Westfälische Landtag die Errichtung einer Universität – auch zur medizinischen Ausbildung – in Bochum beschlossen[611]. 1965 hat das Institut für Krankenhausbau der TU Berlin unter der Leitung von Prof. Poelzig ein Gutachten vorgelegt, welches unter Berücksichtigung der allgemeinen Krankenhausversorgung im Bochumer Raum bis 1975 ein

610 Vgl. WR, Empfehlungen PPP in der universitätsmedizinischen Forschung, S. 7.

611 Benning, S. 24.

Universitätsklinikum mit ca. 1700 Betten befürwortete. Am 7. Februar 1966 hat der Gründungsausschuss mit Zustimmung des Kultusministers die personelle Einbeziehung des „Klinikums Bergmannsheil“ mit den Lehrstühlen für bestimmte Spezialgebiete in der Medizinischen Abteilung der Ruhr-Universität (RUB) empfohlen. Im November 1968 hat die Ruhr-Universität dem Kultusminister einen Plan zum stufenweisen Aufbau des Klinikums vorgelegt. Sodann hat der Wissenschaftsrat im Mai 1969 die sofortige Inangriffnahme der Planung des Universitätsklinikums empfohlen. Die ersten Medizinstudenten haben sich an der RUB am 15. Oktober 1969 eingeschrieben[612].

Am 28. April 1970 hat die Landesregierung den Beginn des Universitätsklinikumsaufbaus beschlossen. Aufgrund der Finanzprobleme im Jahr 1974/ 75 hat ein Planungsstopp im Jahr 1975 stattgefunden. Der erste Entwurf zum Bochumer Modell hat im Juni 1975 bis Januar 1976 vorgelegen. Die umliegenden Landeskliniken des Landschaftsverbandes, die Kliniken der Bergbaugenossenschaft und der Knappschaft sowie die Kliniken der kirchlichen Träger haben sich mit der Universität zusammengeschlossen, um eine medizinische Ausbildung an nichtuniversitären Kliniken zu etablieren[613].

Die Durchsetzung einer klinischen Ausbildung an der Ruhruniversität in Form des Bochumer Modells hat sich von 1976 bis Juni 1977 entwickelt[614].

In Bochum kooperiert nunmehr die Medizinische Fakultät der staatlichen Ruhr-Universität mit neun verschiedenen Krankenhäusern der Region in unterschiedlicher Trägerschaft. Die Basis der Zusammenarbeit ist ein einheitlicher Kooperationsvertrag zwischen der Universität und den kooperierenden Kliniken, die auf diese Weise ein Universitätsklinikum bilden. In diesem Modell sind die leitenden Ärzte der Krankenhäuser zugleich berufene Professoren der Universität. Eine personelle Verzahnung zwischen den Leitungsorganen von Fakultät und Universität einerseits und den Krankenhäusern und ihren Trägern andererseits besteht nicht[615].

---

612 Bormann, S. 7; Benning, 29 – 31.

613 Forth, S. 17.

614 Europa – Universität Viadrina Frankfurt (Oder), S. 123. In dieser Zeit fand am 13. Und 14. Mai 1977 auch ein Symposium statt, in welchem über eigene Erfahrungen auf ähnlichem Gebiet von den Vortragenden berichtet wurde; vgl. Ruhr-Universität Bochum, Symposium 13. Und 14. Mai 1977, S. 5.

615 WR, Allgemeine Empfehlungen zur Universitätsmedizin, S. 44.

3.3.6.2 Regensburger Modell

In der Regensburger Universitätsmedizin kooperieren drei Fakultäten der Universität Regensburg (Medizin und zwei naturwissenschaftliche Fakultäten) mit dem Universitätsklinikum als Anstalt des öffentlichen Rechts sowie vier externen Klinikträgern, die Krankenhäuser in Regensburg und dem Umland betreiben und mit deren Hilfe sechs Fächer (Neurologie, Psychiatrie, Urologie, Gynäkologie, Pädiatrie und Orthopädie) in der Universitätsmedizin abgedeckt werden[616].

Grundlage der Zusammenarbeit sind bilaterale Kooperationsverträge. Wie beim Bochumer Modell sind die leitenden Ärzte der kooperierenden Kliniken zugleich berufene Professoren der Universität. Zudem besteht keine personelle Verzahnung zwischen den Leitungsorganen von Fakultät und Universität einerseits und den externen Krankenhäusern und ihren Trägern andererseits. Schließlich entspricht die Zusammenarbeit zwischen Universität und Universitätsklinikum dem Kooperationsmodell wie an den übrigen vier Standorten der Universitätsmedizin in Bayern[617].

3.3.6.3 Privatuniversität Witten/Herdecke

Einen weiteren Sonderfall stellt die Ausbildung der Medizin an der privaten Universität Witten/Herdecke gGmbH (UWH) dar. Sie ist 1981 in der Trägerschaft des Universitätsvereins Witten/ Herdecke gegründet und im Jahr 1982 durch das Land Nordrhein-Westfalen staatlich anerkannt worden. 1987 ist die Trägerschaft durch die gemeinnützige Gesellschaft „Private Universität Witten/Herdecke“ übernommen worden[618].

Die UWH ist derzeit die einzige private Hochschule in Deutschland, die ein Medizinstudium anbietet[619]. In dieser Form kooperieren eine private Universität und deren Fakultät für Medizin mit verschiedenen Krankenhäusern in unterschiedlicher Trägerschaft (öffentlich-rechtliche und private Rechtsformen). Verschiedene Kooperationsverträge mit den jeweiligen Krankenhausträgern

616 WR, Allgemeine Empfehlungen zur Universitätsmedizin, S. 43.

617 Landkarte der Hochschulmedizin, S. 9; WR, Allgemeine Empfehlungen zur Universitätsmedizin, S. 43.

618 WR, Stellungnahme zur Akkreditierung der Privaten Universität Witten/Herdecke gGmbH, 2005, S. 3.

619 WR, Stellungnahme „Private Universität Witten/ Herdecke gGmbH“, 2006, S. 16.

bilden die Grundlage dieser Zusammenarbeit[620]. Ein Unterschied zu anderen Ausbildungsstandorten in der Universitätsmedizin ist, dass in Witten/Herdecke die überwiegende Anzahl der Professoren der Medizin, insbesondere in den klinischen Fächern, keine hauptberuflichen Hochschullehrer der privaten Universität sind, sondern als außerplanmäßige Professoren neben ihrer Tätigkeit als leitende Ärzte in den jeweiligen Krankenhäusern Lehraufgaben für die Universität Witten/Herdecke erfüllen[621].

In seinem Akkreditierungsbericht[622] aus dem Jahr 2005 ist der WR der Ansicht, dass die UWH im Bereich der Humanmedizin erhebliche strukturelle Schwächen in Forschung und Lehre aufweise. Insbesondere verfüge die UWH über keine überzeugenden Vorstellungen zur inhaltlichen wie personellen Bewältigung des deutlich erweiterten Lehr- und Lernspektrums. Darüber hinaus seien die Forschungsleistungen im Vergleich zu anderen universitätsmedizinischen Einrichtungen gering. Ebenfalls würde die Aufteilung der verschiedenen klinischen Fachdisziplinen auf eine Vielzahl von Professoren und Kliniken außerhalb der UWH eine Zersplitterung von Kompetenzen darstellen. Der WR vertritt weiterhin die Auffassung, dass das Geschäftsmodell zwischen der UWH und den kooperierenden Kliniken die Gefahr wissenschaftsfremder Entscheidungen in sich bärge. Eine Verknüpfung der Aufgabenbereiche Forschung, Lehre und Krankenversorgung sei somit nicht gewährleistet. Schließlich hätte die Analyse der humanmedizinischen Publikationen ergeben, dass die Kliniken weder untereinander noch mit der Universität intensiv kooperieren würden.

Zusammenfassend sei nach Ansicht des WR die Fortführung der Medizinerausbildung an der UWH ohne Erneuerungen nicht möglich. Es sei entweder eine Neukonzeption oder eine Einstellung des Bereichs Humanmedizin notwendig[623].

Darüber hinaus hatte die Privatuniversität Witten/Herdecke geraume Zeit ein großes Problem bezüglich der Anerkennung ihrer kooperierenden Krankenhäuser als „Universitätsklinikum“. Insbesondere der Dachverband Deutsche

620 WR, Allgemeine Empfehlungen zur Universitätsmedizin, S. 44.

621 WR, Stellungnahme „Privaten Universität Witten/Herdecke gGmbH“, 2006, S. 40, 41.

622 WR, Stellungnahme zur Akkreditierung der Privaten Universität Witten/Herdecke gGmbH, 2005, S. 6 ff.

623 WR, Stellungnahme zur Akkreditierung der Privaten Universität Witten/Herdecke gGmbH, 2005, S. 8.

Hochschulmedizin (VUD)[624] moniert eine Titelinflation „Universitätsklinikum“ aufgrund der Anträge der Privatuniversität Witten/Herdecke[625].

Hintergrund dieser Debatte ist, dass das nordrhein-westfälische Innovationsministerium dem Antrag der privaten Universität Witten/Herdecke zugestimmt hat und dem HELIOS Klinikum in Wuppertal die Bezeichnung „Klinikum der privaten Universität Witten/Herdecke“ verliehen hat[626]. Darüber hinaus hat im Januar 2010 das Wissenschaftsministerium in Nordrhein-Westfalen dem Städtischen Krankenhaus Köln-Merheim den Titel „Klinikum der privaten Universität Witten/Herdecke in Köln“ verliehen. Ähnliche Ambitionen haben drei Oldenburger Kliniken, das Klinikum Augsburg sowie das städtische Klinikum Bielefeld[627].

Der Titel „Universitätsklinikum“ stelle nach Ansicht des VUD jedoch sehr hohe Anforderungen an das Spektrum und an die Qualität in Forschung, Lehre und in der Krankenversorgung[628]. Zudem werde den öffentlich-rechtlichen Auftrag der Universitätsmedizin nicht zuletzt durch die enge Zusammenarbeit zwischen Medizinischer Fakultät und Klinikum Rechnung getragen.

Daher plädiert der VUD dafür, den Begriff „Universitätsklinikum“ nicht inflationär zu verwenden, sondern bereits bestehende Standorte zu stärken. Mit einem Kriterienkatalog solle die Marke „Universitätsklinikum“ geschützt werden. Dieser Kriterienkatalog sehe unter anderem eine Zahl von 150 Studierenden pro Jahr und 60 hauptamtliche Professoren vor[629].

Das HELIOS Klinikum in Wuppertal und das städtische Krankenhaus Köln-Merheim haben zwar wie ein Universitätsklinikum den Maximalversorgungsauftrag. Allerdings bestehen erhebliche Zweifel an deren Beitrag zu Forschung und Lehre. Während die übrigen Universitätsklinika gemeinsam mit ihren Medizinischen Fakultäten wissenschaftliche Hauptrichtungen zur Fokussierung der Medizinischen Forschung verfolgen und dabei stets die enge Verflechtung der Aufgabenbereiche Forschung, Lehre und Krankenversorgung im Vorder-

624 Der Verband der Universitätsklinika e.V. (VUD) wurde 1997 gegründet und vertritt die Interessen aller Universitätsklinika in Deutschland, vgl. auch Internetplattform des VUD unter www.uniklinika.de.

625 Hibbeler, S. A 1503; Frauenarzt, 2010, S. 200.

626 Frauenarzt, 2010, S. 200.

627 Frauenarzt, 2010, S. 200.

628 Vgl. auch WR, Stellungnahme „Privaten Universität Witten/Herdecke gGmbH“, 2006, S. 55.

629 Hibbeler, S. A 1503.

grund steht, besteht eine solche enge Zusammenarbeit zwischen Klinikum und Medizinischer Fakultät in Witten/Herdecke aufgrund der verschiedenen Kooperationen mit unterschiedlichen Krankenhäusern nicht.

Mithin ist die Kritik des Dachverbandes Deutsche Hochschulmedizin, dass bei einer inflationären Vergabe des Titels „Universitätsklinikum“ die Hochschulmedizin in Deutschland an Qualität und international an Ansehen in Forschung und Lehre verlieren könnte, durchaus berechtigt.

Im Juli 20011 hat der WR wiederum über die UWH beraten. In seiner Entscheidung über die institutionelle Akkreditierung erklärte der WR, dass sich die UWH seit der Akkreditierung im Jahr 2005 positiv entwickelt habe. Durch eine tief greifende Restrukturierung sei es der UWH gelungen, ihre institutionelle Basis deutlich zu verbessern. Insbesondere seien die seinerseits vom WR ausgesprochenen Empfehlungen und Auflagen im Wesentlichen umgesetzt worden. Zudem habe die UWH Maßnahmen zum Ausbau der Forschungsaktivitäten entwickelt. Eine erneute Reakkreditierung ist nach sieben Jahren vorgesehen[630].

Nach alledem stellt nunmehr auch die UWH ein praktikables Modell zur Gewährleistung von Forschung, Lehre und Krankenversorgung in der Hochschulmedizin dar.

3.4 Organisationsmodelle

Den unterschiedlichen Rechtsformen, nach denen ein Universitätsklinikum geführt werden kann, liegen unterschiedliche Organisationsmodelle für das institutionelle Verhältnis von Klinikum mit seiner primären Aufgabe der Patientenversorgung und der Universität bzw. Medizinischen Fakultät mit primär akademischen Aufgaben im Bereich der Forschung und Lehre zugrunde[631].

Daher werden nachfolgend die spezifischen Ausformungen des Kooperations- und Integrationsmodells ausführlich betrachtet.

630 WR, Vier Entscheidungen im Verfahren der Institutionellen Akkreditierung, Pressemitteilung 23/2011, 11. Juli 2011, www.wissenschaftsrat.de.

631 WR, Allgemeine Empfehlungen zur Universitätsmedizin, S. 47.

3.4.1 Kooperationsmodell

Das Kooperationsmodell geht von der grundsätzlichen Eigenständigkeit und Eigengesetzlichkeit beider Bereiche (Klinikum, Medizinische Fakultät), deren Aufgabenverbindung durch Kommunikation und Kooperation partnerschaftlich und verpflichtend zu regeln ist, aus[632]. Bei der Umsetzung dieses Modells sind die Universitätsklinika rechtlich aus der Universität herausgelöst und als Anstalten des öffentlichen Rechts rechtlich verselbständigt worden.

Im Kooperationsmodell untersteht die Fakultät innerhalb der Universität dem Rektorat, dem Senat und dem Hochschulrat. Das Universitätsklinikum wird vom Aufsichtsrat kontrolliert. Zudem unterstehen alle Einrichtungen dem jeweiligen Wissenschaftsministerium. Auch ist der Dekan als Vertreter der Fakultät in der Regel im Vorstand des Klinikums vertreten. In Fragen der Forschung und Lehre ist er aber nur gegenüber der Fakultät und der Universität verantwortlich[633].

Siewert ist daher der Ansicht, dass das Kooperationsmodell anfälliger für die Durchsetzung der Partikularinteressen in den einzelnen Aufgabenbereichen von Forschung, Lehre und Krankenversorgung der Entscheidungsträger zu Lasten der Optimierung des Aufgabenverbunds sei[634]. Darüber hinaus bedürfe das Kooperationsmodell einer exakten Trennungsrechnung, da sich die Geldströme[635] unterscheiden und Quersubventionierungen ausgeschlossen werden müssen. Durch die gegenseitige Personalstellung (akademisches Personal gehört zur Universität, übriges Personal zum Universitätsklinikum) entstehe nach seiner Auffassung des Weiteren theoretisch rechtlich eine Mehrwertsteuerpflicht, die die ohnehin angespannte Haushaltslage der Universitätsklinika erheblich belasten könne[636].

Zur Errichtung der Anstalten des öffentlichen Rechts haben die Länder entweder besondere Gesetze oder Verordnungen verabschiedet bzw. erlassen. In einigen Fällen sind für die Medizinischen Fakultäten Sonderregelungen in die Landeshochschulgesetze eingefügt worden. Zunächst wird die Zusammenarbeit zwischen Fakultät und Klinikum daher gesetzlich geregelt. Darüber hinaus bestehen Kooperationsvereinbarungen zwischen dem Klinikum und der

---

632 Möller, S. 563.

633 Siewert/ Nolden, S. 744.

634 Siewert/ Nolden, S. 744.

635 Landeszuschuss an Universitäten beziehungsweise Fakultät; Krankenversorgungserlöse an das Universitätsklinikum.

636 Siewert/ Merk, S. 809.

Universität sowie gegebenenfalls dem Bundesland, in denen die wesentlichen Inhalte und standortspezifischen Details der Zusammenarbeit vertraglich weiter spezifiziert werden. Nach *Pallme König*[637] stelle die zwischen Universität und Klinikum abzuschließende Kooperationsvereinbarung ein das Kooperationsmodell kennzeichnendes Instrument eigener Art dar. Nur durch diese Kooperationsvereinbarung sei es möglich, standortspezifische Regelungen zu treffen, die gleichermaßen Universitätsklinikum, Fachbereich Medizin und Universität betreffen.

Daher bestehen im Kooperationsmodell jeweils eigenständige Leitungsorgane/Vorstände des Klinikums und der Fakultät, die jedoch durch wechselseitige Mitgliedschaft miteinander verschränkt sind[638]. Hauptamtliche Ärztliche Direktoren sind nicht selten, aber keinesfalls zwingend. Derzeit sind alle Dekane im Rahmen des Kooperationsmodells nebenamtlich tätig. Vier von zehn Landesgesetzen eröffnen aber die Möglichkeit für hauptamtliche Dekane. Der Kaufmännische Direktor und der Pflegedirektor sind immer hauptamtlich tätig[639]. Die enge Verzahnung zwischen den Leitungsorganen von Klinikum und Fakultät wird durch eine geteilte Personalunion in den Vorständen erreicht. Außer in Sachsen und Schleswig-Holstein[640] ist der Dekan in aller Regel stimmberechtigtes Mitglied im Klinikumsvorstand, und der Ärztliche Direktor ist ebenfalls stimmberechtigtes Mitglied im Fakultätsvorstand[641]. In Mannheim und in Gießen/Marburg werden die jeweils kooperierenden Klinika in privater Rechtsform als GmbH geführt. Es besteht somit eine Variation des Kooperationsmodels. Auch die Sonderformen Bochum, Regensburg, Witten/Herdecke (vgl. Zweiter Teil, B, VI) werden im Kooperationsmodell geführt[642].

Nach alledem soll durch die Aufgabentrennung und deren Unterordnung unter verschiedene rechtlich selbständige Entscheidungsträger die angestrebte flexible unternehmerische Führung der im Wettbewerb mit anderen Krankenhäusern stehenden Universitätsklinika unter Gewährleistung der weitgehenden

---

637 Pallme König, S. 63 ff.

638 Debatin, S. 21.

639 WR, Allgemeine Empfehlungen zur Universitätsmedizin, S. 48.

640 In Sachsen ist der Dekan nur beratendes Mitglied im Klinikumsvorstand, und das Medizinische Vorstandsmitglied ist nicht in das Leitungsorgan der Fakultät eingebunden. In Schleswig-Holstein wurde die Verzahnung zwischen Klinikum und Fakultät durch die Etablierung einer zusätzlichen Koordinierungsebene gelöst; vgl. WR, Allgemeine Empfehlungen zur Universitätsmedizin, S. 49.

641 In Hessen ist der Ärztliche Direktor gemäß § 59 I HHG nur beratendes Mitglied.

642 WR, Allgemeine Empfehlungen zur Universitätsmedizin, S. 50.

Autonomie der Fakultät im Bereich Forschung und Lehre erreicht werden[643]. Zudem ist das Kooperationsmodell durch eine Vielzahl von Abstimmungserfordernissen (bei Berufungen, Ressourcennutzung, Planungs-, Struktur- und Investitionsentscheidungen) gekennzeichnet. Für den Konfliktfall sind Einvernehmens- und Benehmensregelungen, besondere Schlichtungsgremien oder die Entscheidung durch den Aufsichtsrat vorgesehen[644].

Derzeit werden die meisten Einrichtungen der Universitätsmedizin nach dem Kooperationsmodell geführt. „Insbesondere die Hochschulrektoren bevorzugen dieses Modell, da sie im Falle des Integrationsmodells eine Abkopplung der medizinischen Fakultät von der Universität zu erkennen glauben. Zudem befürchten sie, dass die medizinische Fakultät zu sehr in die Abhängigkeit des Universitätsklinikums geraten und ihre mentale Einbindung in die Universität verlieren könnte“[645].

3.4.2 Integrationsmodell

Beim Integrationsmodell werden alle Entscheidungskompetenzen im Bereich Forschung, Lehre und Krankenversorgung zusammengefasst[646]. Dabei bilden in der Regel Fakultät und Universitätsklinikum eine gemeinsame Rechtspersönlichkeit und werden somit *„unter einem Dach“* mit einem gemeinsamen Leitungsorgan betrieben. Dieses Modell ermöglicht die unmittelbare Kommunikation der Belange und eine einheitliche Entscheidungsstruktur für alle Aufgabenbereiche[647].

Ein großer Vorteil des Integrationsmodells sei nach der Auffassung *Siewert* und *Merk*[648] die raschen und kurzen Funktionsabläufe und die gemeinsame Verantwortung des Vorstandes für Forschung und Lehre und Krankenversorgung, so dass Meinungsverschiedenheiten oder Konfliktsituationen vermieden werden können. Ebenso bestehe keine gegenseitige Personalgestellung

643 Debatin, S. 21.

644 BVerfGE 35, S. 79; Möller, S. 563.

645 Siewert/ Merk, S. 808.

646 Vgl. Arbeitsgruppe Hochschulmedizin des Hochschulausschusses der Kultusministerkonferenz, Beschluss vom 29.09.1995; Sandberger, Organisation der Hochschulmedizin auf dem Prüfstand, S. 158; Meinhold, Nicht einfach ein „Rezept“ für die Medizin, S. 606, 609.

647 Debatin, S. 892; Möller, S. 562.

648 Siewert/ Merk, S. 808.

wie beim Kooperationsmodell. Eine Mehrwertsteuerpflicht werde somit vermieden. Darüber hinaus sei die materielle Privatisierung beim Integrationsmodell aufgrund des nicht isolierten Universitätsklinikums wie beim Kooperationsmodell nicht sehr wahrscheinlich[649]. Schließlich besäßen Fakultät und Universitätsklinikum im Integrationsmodell die Freiheit, ohne Einflussnahme der Universität Kooperationsvereinbarungen mit außeruniversitären Einrichtungen (z.B. Großforschungseinrichtungen wie die Helmholtz-Gemeinschaft, die Max-Planck-Institute, Fraunhofer-Institute und Einrichtungen der Leibniz-Gesellschaft) zu schließen[650].

Die typische Rechtsform für das Integrationsmodell ist die Körperschaft des öffentlichen Rechts. Das Modell der Körperschaftslösungen wird in Berlin (Körperschaft des öffentlichen Rechts als Gliedkörperschaft[651] zweier Universitäten, Freie Universität und Humboldt-Universität), Hamburg (Körperschaft des öffentlichen Rechts als Gliedkörperschaft der Universität Hamburg) und Thüringen (rechtsfähige Teilkörperschaft der Universität Jena) und seit dem 1. Januar 2009 auch in Rheinland-Pfalz (Fachbereich Medizin der Johannes-Gutenberg-Universität Mainz und das Universitätsklinikum in Körperschaft des öffentlichen Rechts überführt) praktiziert.

Das Integrationsmodell gibt es aber noch in zwei anderen Rechtsformen in Niedersachsen. Hierzu gehört die Medizinische Hochschule Hannover (MHH) als rechtlich unselbständiger Landesbetrieb und die Universitätsmedizin Göttingen als rechtsfähige Stiftung des öffentlichen Rechts, wobei in dieser Stiftung die „Universitätsmedizin Göttingen“ als eigener Bereich mit einem von der Universität getrennten Stiftungskapital fungiert[652].

Zwischen den Integrationsmodellen bestehen jedoch deutliche Unterschiede, insbesondere in Bezug auf die konkrete Umsetzung, die Organe der Körperschaft und die internen Abstimmungsprozesse.

Träger der jeweiligen Körperschaften (Berlin, Hamburg, Thüringen) bleibt das Bundesland. Dies gilt auch für die MHH. Für die Universitätsmedizin Göttingen ist die Trägerschaft auf eine Stiftung übergegangen[653].

---

649 Siewert/ Merk, S. 808.

650 Siewert/ Merk, S. 807.

651 Gliedkörperschaft und Teilkörperschaft sind hier als rechtlich synonyme Begriffe zu verstehen, wiedergegeben sind die Formulierungen der jeweiligen Landesgesetze.

652 WR, Allgemeine Empfehlungen zur Universitätsmedizin 2007, S. 56.

653 WR, Allgemeine Empfehlungen zur Universitätsmedizin 2007, S. 57.

In Hamburg führt das Land die Rechts- und Organaufsicht, § 3 V des Gesetzes zur Errichtung der Körperschaft „Universitätsklinikum Hamburg-Eppendorf (UKEG)“. Auch in Berlin unterstehen die Hochschulen der Rechtsaufsicht des Landes, § 89 I BerlHG. Analoges gilt für die MHH. Für Göttingen liegt die Rechtsaufsicht über die Hochschule (Körperschaft) bei der Stiftung. Die Stiftung nimmt die staatliche Angelegenheit der Krankenversorgung als eigene Aufgabe wahr. Daher entfällt auch die Fachaufsicht[654]. Für Jena ist nur die Rechtsaufsicht des Landes über das Klinikum vorgesehen, vgl. § 91 IV ThürHG.

Die Wirtschaftsführung und das Rechnungswesen richten sich bei dem Integrationsmodell in allen Fällen, einschließlich der Standorte in Niedersachsen, nach den kaufmännischen Regeln. Zudem bleibt das Prüfungsrecht der Obersten Landesrechnungshöfe erhalten. Ebenfalls verfügen alle Körperschaften über eigene Verwaltungen, die sowohl für das Universitätsklinikum als auch – sofern vorhanden – die Medizinische Fakultät zuständig sind. Darüber hinaus besitzen die Körperschaften als juristische Personen volle Rechtsfähigkeit und sind somit auch außenrechtsfähig[655].

Des Weiteren verfügen die Körperschaften über die Arbeitgebereigenschaft. In Niedersachsen gilt diese Eigenschaft jedoch nur für die Stiftung Universität Göttingen, aber nicht für die MHH. Die Dienstherreneigenschaft (eigene Beamte) haben die Charité, das Universitätsklinikum Hamburg-Eppendorf (UKE) und die Stiftung Universität Göttingen, aber nicht das Universitätsklinikum Jena erhalten. In Hamburg ist die Bauherreneigenschaft vollständig auf das UKE übertragen worden. Die Teilkörperschaft in Jena hat ebenfalls die Bauherreneigenschaft erhalten. In Hamburg und Thüringen sind zudem alle Grundstücke und Immobilien unentgeltlich in den Besitz der jeweiligen Universitätsklinika (UKE bzw. Jena) überführt worden. Gleiches gilt für die Universitätsmedizin Göttingen und das Universitätsklinikum Mainz. Der Charité hat man die Bauherreneigenschaft für Maßnahmen von bis zu vier Mio. Euro übertragen[656].

Für die Universitätsmedizin im Integrationsmodell treten als Organe mindestens ein Vorstand, ein Aufsichtsorgan sowie ein Fakultätsrat auf. Die meisten Organe, und zwar sechs (Hamburg und Göttingen jeweils 4 Organe,

---

654 WR, Allgemeine Empfehlungen zur Universitätsmedizin 2007, S. 57.

655 WR, Allgemeine Empfehlungen zur Universitätsmedizin 2007, S. 58.

656 WR, Allgemeine Empfehlungen zur Universitätsmedizin 2007, S. 39, 40, 58.

Hannover und Jena jeweils lediglich 3 Organe) sind für die Charité in Berlin etabliert worden[657].

Bei dem Integrationsmodell obliegt die operative Geschäftsführung dem Vorstand. In der Regel werden bei dem Modell alle Vorstandsmitglieder hauptamtlich bestellt[658]. Die Ausnahme bildet das UKE, das erst im April 2007 einen hauptamtlichen Dekan erhalten hat. In Hannover ist der Vorstand der Universitätsmedizin zugleich das Präsidium der MHH aufgrund des Status als eigene Hochschule. Die Zusammensetzung des Vorstands der MHH unterscheidet sich aber nicht von den übrigen Integrationsmodellen. Weitere Organe der MHH sind der Senat und der Hochschulrat[659].

Das Aufsichtsorgan bestellt den Vorstand. Es überwacht dessen Tätigkeit und entscheidet in grundsätzlichen Angelegenheiten. Doppelte Leitungsstrukturen für Fakultät und Klinikum entfallen. Es gibt aber auch beim Integrationsmodell einen Fakultätsrat, der zum Teil mit einem dem Senat der Universität entsprechenden Aufgabenspektrum befasst ist. Die Aufgaben von Forschung, Lehre und Krankenversorgung werden durch eine primäre Ressortzuständigkeit der Vorstandsmitglieder aufgeteilt. Die Aufgabenbereiche sind aber nicht institutionell getrennt. Das Ressort „Forschung und Lehre" entspricht funktionell dem des Dekans, das Ressort „Krankenversorgung" dem des Ärztlichen Direktors und das Ressort „Wirtschaft/Verwaltung" dem des Kaufmännischen Direktors im Kooperationsmodell. Eine Vollmitgliedschaft des Pflegedirektors im Vorstand wie bei den Kooperationsmodellen wurde ebenfalls in Berlin und Hamburg etabliert, nicht aber in Niedersachsen und Thüringen[660].

Aufgrund der Einheit von Fakultät und Klinikum nehmen die gesetzlichen Regelungen zur Zusammenarbeit und Konfliktlösung der beiden Partner im Integrationsmodell im Gegensatz zum Kooperationsmodell eine nachrangige Stellung ein. Es wird insbesondere davon ausgegangen, dass der Interessenausgleich bei Entscheidung innerhalb des Vorstands und nicht zwischen verschiedenen Leitungsorganen erfolgen muss.

---

657 Vgl. Anlage 1.

658 Auch der Dekan wird beim Integrationsmodell bestellt. Daher ist im Gegensatz zu den Kooperationsmodellen auch auf der Ebene der akademischen Aufgabenträger eine Professionalisierung vollzogen worden, vgl. hierzu WR, Allgemeine Empfehlungen zur Universitätsmedizin, S. 58.

659 In Niedersachsen ist die Ressortzuständigkeit der Vorstandsmitglieder gesetzlich geregelt. Eine gegenseitige Vertretung der Vorstandsmitglieder ist gesetzlich ausgeschlossen.

660 WR, Allgemeine Empfehlungen zur Universitätsmedizin, S. 62.

In Hamburg werden Vorstandsentscheidungen mehrheitlich herbeigeführt[661]. Über ein Vetorecht verfügt nur der Kaufmännische Direktor. Bei Entscheidungen, die sich auf den Bereich „Forschung und Lehre" auswirken, ist lediglich das Einvernehmen mit dem Dekanat der medizinischen Fakultät erforderlich. Zudem gibt es gestufte Einvernehmensregelungen. Entscheidungen über Entwicklungspläne für das Klinikum und die Bestellung von Leitungspositionen bedürfen des Einvernehmens mit dem Dekanat, und Entscheidungen über Errichtung, Änderung und Aufhebung von Leistungsbereichen bedürfen des Einvernehmens mit dem Medizinischen Fakultätsrat[662]. Kommt eine einvernehmliche Lösung nicht zu Stande, entscheidet ein sogenannter „Schlichtungsausschuss"[663].

Auch in Berlin sind Einvernehmens- und Konfliktfallregelungen festgelegt worden. Der Vorstand trifft seine Entscheidungen zwar mehrheitlich, und das Gesetz legt ausdrücklich fest, dass der Dekan und der Direktor des Klinikums bei Entscheidungen des Vorstands nicht an Festlegungen der Fakultäts- und der Klinikumleitung gebunden sind. Jedoch kann der Dekan den Aufsichtsrat anrufen, wenn er die Belange „Forschung und Lehre" durch eine Entscheidung in Universitätsklinikum, in der Klinikumleitung oder durch eine Abstimmung im Vorstand beeinträchtigt sieht. Darüber hinaus wird für Vorstandsentscheidungen, die sich strukturell auf Forschung und Lehre auswirken, ein Einvernehmen mit dem Fakultätsrat erfordert[664].

In dem Integrationsmodell in Niedersachsen und Thüringen gibt es Einvernehmensregelungen zwischen Vorstand und Fakultät für Entscheidungen über Berufungsvorschläge und zur Struktur- und Entwicklungsplanung[665].

Darüber hinaus sieht das Gesetz[666] für die beiden Medizinstandorte Niedersachsens für Vorstandsentscheidungen Einstimmigkeit vor. Bei fehlender Einstimmigkeit werden Mehrheitsentscheidungen ermöglicht. Daher verfügt

---

661 In Hamburg besteht der „Vierer-Vorstand". Bei Stimmengleichheit entscheidet der Ärztliche Direktor.

662 WR, Allgemeine Empfehlungen zur Universitätsmedizin, S. 62.

663 Mitglieder des Schlichtungsausschusses sind der Vertreter der Aufsichtsbehörde als Vorsitzender, der Präsident der Universität Hamburg, der Ärztliche Direktor und der Dekan.

664 WR, Allgemeine Empfehlungen zur Universitätsmedizin, S. 63.

665 WR, Allgemeine Empfehlungen zur Universitätsmedizin, S. 63.

666 Die nachfolgend aufgeführten Regelungen des Niedersächsischen Hochschulgesetzes (NHG) gelten analog für die MHH, wobei dort der Senat die Aufgaben des Fakultätsrates wahrnimmt.

kein Vorstandsmitglied über ein Vetorecht[667]. Konfliktfall- oder Schlichtungsregelungen sind mit der Ausnahme von Berufungen[668] nicht vorgesehen. Ein Einvernehmen zwischen Vorstand und Fakultätsrat muss lediglich für die Grundzüge der Entwicklungsplanung und für den Gleichstellungplan vorliegen. Die Beschlussfassung über die Entwicklungsplanung und Gestaltung der Organisation, der Abschluss von Zielvereinbarungen mit dem Land sowie die Beschlussfassung über den Wirtschaftsplan erfolgt im Benehmen mit dem Fakultätsrat[669].

Allerdings hätten nach der Ansicht von *Siewert* und *Merk*[670] viele Hochschulrektoren Bedenken gegen die Verwirklichung des Integrationsmodells. Sie würden in diesem Organisationsmodell eine Abkopplung der Medizinischen Fakultät von der Universität befürchten. Insbesondere würden sie bemängeln, dass die Medizinische Fakultät in diesem Modell zu sehr in die Abhängigkeit des Universitätsklinikums geraten und ihre mentale Einbindung in die Universität verlieren könne. Sie rechnen damit, dass es zu Verletzungen akademischer Rechte und Pflichten der medizinischen Fakultät bzw. der Hochschulmedizin kommen könne[671].

Nach der Auffassung von *Böhmann*[672] habe sich das Integrationsmodell im Rahmen der Organisationsreform der deutschen Universitätsklinika nicht durchgesetzt, da lediglich fünf Standorte im Integrationsmodell organisiert seien.

3.4.3 Reform der Universitätsmedizin in Baden-Württemberg

Das Kabinett des Landes Baden-Württemberg hat am 6. Dezember 2010 den Entwurf eines Gesetzes zur Reform der Universitätsmedizin und zur Änderung

667 Gemäß § 63 f I NHG fasst der Vorstand seine Beschlüsse in Vorstandangelegenheiten nach § 63 e II NHG einstimmig, Kommt ein Beschluss nach Satz 1 nicht zustande, so genügt bei einer nochmaligen Abstimmung die einfache Mehrheit. Beschlüsse nach § 63 e II Nr. 12 NHG kommen gegen die Stimme des Vorstandsmietgliedes nicht zustande.

668 Bei Berufungen ist ein Einvernehmen zwischen Vorstand und dem Präsidium der Hochschule, nicht jedoch mit dem Fakultätsrat erforderlich.

669 WR, Allgemeine Empfehlungen zur Universitätsmedizin, S. 63.

670 Siewert/ Merk, S. 808.

671 Siewert/ Merk, S. 808.

672 Böhmann in Wissenschaftsrecht 2007, S. 403, 414.

des Landeshochschulgesetzes und weiterer Gesetze beschlossen[673]. Nach dessen Veröffentlichung haben die Universitätsmediziner gegen die geplante Novellierung des Universitätsmedizingesetzes gekämpft. Die Kritik richtet sich insbesondere gegen die Stärkung der Kompetenz der Politik. In dem Gesetz ist die Installierung einer gemeinsamen Gewährträgerversammlung, welche aus zwölf Landtagsabgeordneten sowie vier Vertretern aus Ministerien besteht, vorgesehen. Dieses Gremium soll künftig über die Gesamtstrategie und Investitionsplanung der Hochschulmedizin im Bundesland entscheiden[674].

Am 3. Februar 2011 ist das Gesetz kurz vor der Landtagswahl durch die schwarz-gelbe Landesregierung verabschiedet worden[675]. Nach der Landtagswahl im Frühjahr 2011 und dem Regierungswechsel von Schwarz-Gelb zu Grün-Rot soll das umstrittene Universitätsmedizingesetz wieder rückgängig gemacht werden. Hierbei soll insbesondere der durch die Vorgängerregierung beschlossene Zwangsverbund von Universitätsklinika und der Medizinischen Fakultät unter dem Dach der Universitäten aufgehoben werden[676].

Es bleibt nunmehr abzuwarten, welche künftigen Strukturen die neue Landesregierung für die baden-württembergischen Universitätsklinika vorsieht.

3.4.4 Eigene Stellungnahme

Im Deutschen Ärzteblatt[677] war zu lesen, dass es einen neuen Trend gäbe: *„Weg vom Kooperationsmodell hin zu Integrationsmodell“*. Als Beispiel ist in diesem Zusammenhang das Universitätsklinikum Jena erwähnt worden. Der Wissenschaftsrat bewertet die Einführung des Integrationsmodells für die Universitätsmedizin in Jena durch den Freistaat Thüringen als eine tragfähige Konstruktion[678].

Rheinland-Pfalz, das 1997 das Klinikum der Universität Mainz rechtlich verselbständigt hat, hat den Fachbereich Medizin und das Klinikum in die Rechtsform einer Körperschaft, die durch Rechtsverordnung in eine GmbH

673 LT-Drs. 14/7299 vom 7. Dezember 2010.
674 Ärzteblatt 2011, S. A 240.
675 Gesetzesbeschluss, LT-Drs. 14/7564, verkündet in Gbl. 2011, S. 47.
676 Ärztezeitung vom 21. Juli 2011, S. 2, 4.
677 Deutsches Ärzteblatt, Februar 2010, S.
678 Deutsches Ärzteblatt, Februar 2010, S.

umgewandelt werden kann, geführt[679]. Es hat sich somit gegen das vormals gewählte Kooperationsmodell entschieden und sich dem Integrationsmodell zugewandt.

Ein Beweggrund sei nach *Siewert* und *Merk*[680] möglicherweise, dass das Kooperationsmodell aufgrund der Aufgabentrennung und die Unterordnung unter verschiedene rechtlich selbständige Entscheidungsträger die Gefahr des Auseinanderdriftens der beiden strukturell getrennten Aufgabenbereiche in sich trage. Ohne entsprechende Regelungen könne das Klinikum bei Angelegenheiten, die in die Zuständigkeiten von Universität und Fakultät fallen, Dritten gegenüber nicht als Vertragspartner auftreten. Vielmehr müsse das Klinikum in dieser Situation deutlich machen, dass es im Namen und im Auftrag der Universität handele.

Daher müsste die Kooperationsvereinbarungen so detailliert wie möglich gefasst werden, um die enge Verflechtung von Forschung, Lehre und Krankenversorgung zu verwirklichen. Derzeit besteht in den meisten Bundesländern erfolgreich das Kooperationsmodell. Ein Vorteil für dieses Modell ist insbesondere, dass bei gutem Einvernehmen zwischen den agierenden Personen Konflikte weitestgehend vermieden werden können – gerade, wenn der Dekan Mitglied des Klinikumsvorstandes und der leitende Ärztliche Direktor Mitglied des Fakultätsvorstands sind[681].

Demgegenüber liegt beim Integrationsmodell eine organisatorische Verflechtung aller Aufgabenbereiche der Universitätsmedizin vor. Die Entscheidungskompetenzen des Klinikums und der Fakultät werden in einer einheitlichen Entscheidungsstruktur zusammengefasst. Darüber hinaus liegen eine Rechtseinheit und ein gemeinsames Leitungsorgan vor. Auch könnte somit die materielle Privatisierung vermieden werden. Schließlich ermöglicht das Integrationsmodell auch eine rechtliche Bindung an die Universität und an universitäre Großforschungseinrichtungen.

Nach alledem ist das Kompetenzgeflecht von Forschung, Lehre und Krankenversorgung auch im Hinblick auf die wirtschaftliche Stellung der Universitätsklinika am besten durch das Integrationsmodell zu beherrschen. Der Ansicht von *Siewert, Merk*[682] und *Wokittel*[683] ist somit zu folgen. Möglich wäre

679 Universitätsmedizingesetz Rheinland-Pfalz vom 10.09.2008.

680 Siewert/ Merk, S. 809.

681 Vgl. Siewert/ Merk, S. 809.

682 Vgl. Siewert/ Merk, S. 809.

683 Wokittel, Anlage 2.

aber durchaus auch eine Zwischenform der bisherigen bestehenden reinen Integrations- bzw. Kooperationsmodelle. Einen neuen Weg hat bereits Mainz mit dem *„Modell der doppelten Integration“* eingeschlagen. Dieses Modell verbindet die Zusammenführung von Fachbereichen und Klinikum sowie die Integration in die Universität trotz eigener Rechtspersönlichkeit[684].

3.5 Verhältnis von Fakultät und Klinikum

In diesem Abschnitt wird untersucht, inwieweit die Aufgabenbereiche der Universitätsmedizin durch die Fakultät und das Klinikum im Rahmen des Integrations- bzw. Kooperationsmodells erfüllt werden.

3.5.1 Aufgabenbereich der Forschung und Lehre

Die Hauptaufgabe der Universitätsmedizin ist es, den ärztlichen Nachwuchs auszubilden und medizinische Forschung zu betreiben. Hierbei stellen die Universitäten[685] den einzigen Ort der grundständigen Medizinausbildung dar, denn diese Ausbildung wird mit einem Staatsexamen beendet und führt in der Regel zu einer Approbation. Zusätzlich sind die Universitätsklinika zur Verwirklichung einer praxisnahen und einer patientenorientierten Forschung erforderlich[686].

Die Universität ist Träger der Lehre und Forschung und bedient sich zur Erfüllung ihrer Aufgaben der Universitätsklinika und gegebenenfalls weiterer Krankenhäuser. Nach alledem wurden und werden die Einrichtungen der Medizinischen Fakultäten sowie die Universitätsklinika weitestgehend aus den Mitteln der Wissenschaftsministerien finanziert[687].

---

684 Vgl. Universitätsmedizingesetz RhPf vom 10.09.2008, GVBl., S. 205 ff.

685 Einschließlich der Medizinischen Hochschule Hannover (MHH); vgl. WR, Allgemeine Empfehlungen zur Universitätsmedizin, S. 64.

686 WR, Allgemeine Empfehlungen zur Universitätsmedizin, S. 64.

687 Ausnahmen bilden Mannheim, die Private Universität Witten-Herdecke (sie verfügt über kein staatlich anerkanntes Universitätsklinikum), Bochum und alle Kliniken anderer Träger, mit denen Universitäten kooperieren, vgl. hierzu WR, Allgemeine Empfehlungen zur Universitätsmedizin, S. 64.

Die Universitätsklinika dienen der Erfüllung akademischer Pflichten, da sie auftragsgemäß zum Zwecke von Forschung und Lehre betrieben werden. Die Universitätsklinika nehmen aber keine eigenen Aufgaben in Forschung und Lehre außerhalb des Verantwortungsbereiches der jeweiligen Medizinischen Fakultät wahr. Dieser Vorrang von Forschung und Lehre gegenüber der Krankenversorgung ist auch in den jeweiligen Landesgesetzen zur Universitätsmedizin enthalten. In den Formulierungen der Landesgesetze bestehen jedoch nicht unerhebliche Unterschiede zwischen den Klinika im Kooperationsmodell und denen im Integrationsmodell[688].

3.5.1.1 Formulierungen der Landesgesetze im Kooperationsmodell

Im Rahmen des Kooperationsverfahrens üben die Klinika nach den jeweiligen Landesgesetzen zur Universitätsmedizin in den Bundesländern Bayern, Mecklenburg-Vorpommern, Nordrhein-Westfalen, Saarland, Sachsen-Anhalt und Schleswig-Holstein gegenüber den Universitäten bzw. den Medizinischen Fakultäten eine dienende Funktion aus. Auch in Schleswig-Holstein wird auf Grundlage des Hochschulgesetzes eine dienende Funktion der Krankenversorgung für Forschung und Lehre zugeschrieben. Jedoch besteht hier kein Dienstleistungscharakter für das Klinikum[689].

Die Landesgesetze der anderen Kooperationsmodelle (Baden-Württemberg, Hessen und Sachsen) betonen eher den Kooperationscharakter zwischen Universität und Universitätsklinikum. Nach deren Gesetzgebung wird bestimmt, dass das Universitätsklinikum in enger Zusammenarbeit mit der Universität die Verbindung der Krankenversorgung mit Forschung und Lehre gewährleistet und dabei die im Grundgesetz verankerte Freiheit in Forschung und Lehre wahrt und sicherstellt, dass die Mitglieder der Universität diese Grundrechte wahrnehmen können[690].

3.5.1.2 Formulierungen der Landesgesetze im Integrationsmodell

In Berlin, Hamburg, Niedersachsen, Thüringen und Rheinland-Pfalz wird aufgrund des bestehenden Integrationsmodells keine rechtliche Trennung zwischen Klinikum und Fakultät vollzogen. Daher sind auch deren Regelungen in den

---

688 WR, Allgemeine Empfehlungen zur Universitätsmedizin, S. 64

689 WR, Allgemeine Empfehlungen zur Universitätsmedizin, S. 64.

690 WR, Allgemeine Empfehlungen zur Universitätsmedizin, S. 65

entsprechenden Landesgesetzen weniger aussagestark. Vielmehr steht im Integrationsmodell die Einheit von akademischem Auftrag und Krankenversorgung im Vordergrund[691].

So legt das Gesetz in Hamburg (UKEG) beispielsweise fest, dass Aufgaben in Wissenschaft und Krankenversorgung vom Universitätsklinikum Hamburg-Eppendorf (UKE) zu erfüllen sind. Die weiteren Regelungen für das Hamburger Universitätsklinikum erinnern aber stark an das Kooperationsmodell, da diese auch getrennte Aufgabenzuweisungen an das Klinikum und die Fakultät beinhalten. Unter anderem legt das Gesetz fest, dass das UKE der Medizinischen Fakultät bei der Erfüllung seiner Aufgaben dient, während umgekehrt die Medizinische Fakultät an der Krankenversorgung lediglich teilnimmt und nicht dem Klinikum, sondern der Verbesserung der Medizin dienen soll[692].

In Thüringen (Jena) gibt es eine funktionale Gewichtung zwischen den Teilbereichen Forschung und Lehre einerseits und der Krankenversorgung andererseits, obwohl beide Teilbereiche vom Universitätsklinikum in ihrer Einheit mit der Medizinischen Fakultät wahrgenommen werden. Das Universitätsklinikum Jena ist „verantwortlich für die Pflege der Wissenschaft in Forschung und Lehre einschließlich der Ausbildung von Studierenden; es nimmt daran ausgerichtet Aufgaben der Krankenversorgung wahr“[693].

Die Regelungen für die Berliner Charité betonen demgegenüber verstärkt die besondere Einheit von Forschung, Lehre und Krankenversorgung. Hiernach hebt das Gesetz aber bereits den Dienstleistungscharakter der Krankenversorgung hervor[694]. Auf eine Ausrichtung der Krankenversorgung an Forschung und Lehre wie in Thüringen wird verzichtet. Wissenschaftliche und medizinische Forschungen und die wirtschaftliche Krankenversorgung gelten als gleichrangige Ziele[695].

---

691 WR, Allgemeine Empfehlungen zur Universitätsmedizin, S. 65.

692 Vgl. § 2 I des Gesetzes zur Errichtung der Körperschaft "Universitätsklinikum Hamburg-Eppendorf" (UKEG).

693 Vgl. § 91 II Thüringer Hochschulgesetz; insbesondere durch den Nachsatz kommt die wesentliche Bedeutung von Forschung und Lehre zusammen mit den Versorgungsaufgaben deutlich zum Ausdruck.

694 Vgl. Präambel und § 2 I Berliner Universitätsmedizingesetz (BerlUniMedG); WR, Allgemeine Empfehlungen zur Universitätsmedizin, S. 66.

695 Vgl. § 2 VII BerlUniMedG.

Im Niedersächsischen Hochschulgesetz werden akademische Pflichten und Aufgaben der Krankenversorgung ohne funktionellen Bezug als gleichrangige Aufgaben der Universitätsmedizin beschrieben[696].

Die gesetzlichen Regelungen für die Aufgabenwahrnehmung in der rheinland-pfälzischen Universitätsmedizin wird in § 3 I UMG normiert, und zwar in enger Verbindung mit der Universität unter Wahrung der Entscheidungs- und Mitwirkungskompetenzen der in § 71 II Satz 1 HochschG genannten zentralen Organe der Universität. Die Universitätsmedizin nimmt in Forschung und Lehre die Aufgaben nach § 86 I Satz 1 und 2 sowie II Nr. 1 bis 11 HochschG wahr.

3.5.2 Abstimmung von Entscheidungen zwischen Fakultät und Klinikum

Aufgrund der engen Verzahnung von Forschung, Lehre und Krankenversorgung ist die Ausgestaltung der Abstimmungsprozesse ein wichtiger Bestandteil aller gesetzlichen Regelungen zur Universitätsmedizin. Insbesondere bestehen Abstimmungsbeziehungen an der Schnittstelle zwischen Klinikum und Fakultät, die nun eingehender betrachtet werden. Alle Landesgesetze bzw. -verordnungen enthalten Regelungen für die notwendigen Abstimmungsprozesse.

Die Analyse des *Wissenschaftsrates*[697] der 14 Ländergesetze[698] bzw. –verordnungen legt dar, dass bei einer Vielzahl von Unterschieden im Detail überall weitgehend wirkungsgleiche Regelungen bezüglich der Abstimmung zwischen Fakultät und Klinikum und zur Wahrung der Belange von Forschung und Lehre getroffen worden seien. Hierbei stelle der Dekan unabhängig von der Wahl des Organisationsmodells die Schlüsselfigur der Abstimmung dar. Darüber hinaus sei der Dekan mit Ausnahme Sachsens, Schleswig-Holsteins und Mannheims auch Mitglied des Klinikumsvorstandes und nehme eine Doppelfunktion wahr. Einerseits sei er dem Gesamterfolg des Klinikums verpflichtet und zum anderen müsse er den Belangen von Forschung und Lehre gerecht werden. Um diese Doppelfunktion gewährleisten zu können, seien in den Landesgesetzen zwei verschiedene Ansätze formuliert.

---

696 Vgl. § 3 IV Niedersächsisches Hochschulgesetz (NHG) in der Fassung vom 24.Juni 2002 in der Neubekanntmachung vom 26.Februar 2007.

697 WR, Allgemeine Empfehlungen zur Universitätsmedizin, S. 68.

698 Die Bundesländer Brandenburg und Bremen haben keine Universitätsmedizin.

3.5.2.1 Einstimmigkeitsprinzip

Das Einstimmigkeitsprinzip findet bei den Integrationsmodellen in Niedersachsen und Thüringen Anwendung. Vorstandsentscheidungen werden grundsätzlich einstimmig getroffen. Daher verfügt jedes Vorstandsmitglied faktisch über ein Vetorecht. Zudem konzentriert sich die Leitungsverantwortung ebenfalls im Vorstand. Konflikte müssen bis zur Entscheidungsreife ausgefochten werden, da ansonsten eine Handlungsblockade droht. Folglich verzichten die Länder bei diesem Leitungsmodell auf eine gesetzlich geregelte Schlichtung[699]. Sollte in Thüringen ein Einvernehmen nicht erzielt werden können, so sieht die Grundsatzung des Klinikums analog ein Schlichtungsverfahren vor. Auch in Niedersachsen ermöglicht das Gesetz für den Fall, dass keine Einstimmigkeit erreicht wird, dass bei einer zweiten Beschlussfassung die einfache Mehrheit genügt[700].

Bisher wurde von dieser Möglichkeit einer Mehrheitsentscheidung nach interner Übereinkunft noch kein Gebrauch gemacht[701].

3.5.2.2 Mehrheitsprinzip

In allen anderen Bundesländern gilt das Mehrheitsprinzip. In Bayern, Hamburg, Saarland und Schleswig-Holstein entscheidet bei Stimmengleichheit der Ärztliche Direktor als Vorsitzender. Keine konkreten Vorgaben für eine Stimmengleichheit gibt es in Berlin und Mecklenburg-Vorpommern. In Baden-Württemberg wird die Stimmengleichheit in den Geschäftsordnungen der Klinikumsvorstände geregelt. In dem Bundesland Nordrhein-Westfalen sind in den Satzungen der Universitätsklinika festgehalten worden, dass bei Stimmengleichheit die Stimme des Vorsitzenden den Ausschlag geben wird[702].

Um bei dem Mehrheitsprinzip die allgemeinen Anforderungen an die Aufgabenbereiche von Forschung und Lehre ausreichend zu wahren, kommen Widerspruchsrechte, Einvernehmensregelungen oder sogar beide Regelungen zur Anwendung[703].

---

699 WR, Allgemeine Empfehlungen zur Universitätsmedizin, S. 69.
700 WR, Allgemeine Empfehlungen zur Universitätsmedizin, S. 69.
701 WR, Allgemeine Empfehlungen zur Universitätsmedizin, S. 69.
702 WR, Allgemeine Empfehlungen zur Universitätsmedizin, S. 69.
703 WR, Allgemeine Empfehlungen zur Universitätsmedizin, S. 70.

3.5.2.2.1 Widerspruchsrechte

In Schleswig-Holstein verfügen der Dekan bzw. das Dekanat, die Fakultätsleitung, der Medizinausschuss oder der Fachbereich über ein Widerspruchsrecht gegen Vorstandsentscheidungen, die die Bereiche Forschung und Lehre beeinträchtigen und bei denen der Dekan im Vorstand dennoch überstimmt wurde. Daneben besteht in Sachsen-Anhalt und in Berlin ein Sondermodell, welches neben den Widerspruchsrechten zusätzlich Einvernehmensregelungen vorsieht[704].

Mit diesen Bestimmungen wird bewirkt, dass die endgültige Entscheidung aus den Vorständen in andere Organe verlagert wird. Das Widerspruchsrecht mit Konfliktfallregelungen ermöglicht, Entscheidungsblockaden zu vermeiden, indem eine externe Entscheidungsfindung herbeigeführt wird. Der Verantwortungsbereich liegt somit beim Vorstand selbst[705].

Zudem muss beim Widerspruchsmodell der Dekan abwägen, unter welchen Voraussetzungen er seine Stellung nutzt, Vorstandsentscheidungen nach außen sichtbar anzufechten oder auch bei Entscheidungen zu Lasten der Forschung und Lehre mitzuwirken[706].

3.5.2.2.2 Einvernehmensregelungen

In den Bundesländern Baden-Württemberg, Bayern, Hamburg, Hessen, Mecklenburg-Vorpommern, Nordrhein-Westfalen, Saarland und Sachsen bestehen hingegen die Einvernehmensregelungen, nach denen der Klinikumsvorstand bei wichtigen Entscheidungen, die sich auf die Bereiche Forschung und Lehre auswirken, das Einvernehmen mit der Fakultät bzw. dem Dekan, der Fakultätsleitung oder dem Fakultätsrat herstellen muss[707]. Daher sind die Voraussetzungen für das Einholen des Einvernehmens zum Teil höher als bei der Widerspruchsregelung. Zudem bestehen im Vergleich zur Widerspruchsregelung qualitative Unterschiede. Das Erfordernis des Einvernehmens bedeutet, dass der Vorstand ohne Zustimmung der Fakultät in den strukturellen Fragen nicht entscheidungsfähig ist. Auch besteht die Funktion des Dekans weniger in der Rolle des Bewahrens der Wissenschaftsbelange im Klinikumsvorstand als

---

704 WR, Allgemeine Empfehlungen zur Universitätsmedizin, S. 70.
705 WR, Allgemeine Empfehlungen zur Universitätsmedizin, S. 70.
706 WR, Allgemeine Empfehlungen zur Universitätsmedizin, S. 70.
707 WR, Allgemeine Empfehlungen zur Universitätsmedizin, S. 70.

vielmehr im Informationsaustausch und in der Vermittlung zwischen Klinikumsvorstand und Fakultätsrat bzw. Fakultät[708].

Darüber hinaus gibt es in den einzelnen Landesgesetzen unterschiedliche Ausübungsvarianten der Einvernehmensregelungen. In manchen Landesgesetzen ist lediglich ein Einvernehmen mit dem Dekan/ Dekanat vorgesehen, während andere Bundesländer ein Einvernehmen mit der Fakultät oder dem Fakultätsrat vorschreiben. Zudem wird differenziert, ob es sich um planerische oder personelle Entscheidungen handelt. Die Belange von Forschung und Lehre sind dabei jedoch kaum nur auf den Dekan konzentriert[709].

In Berlin und Sachsen-Anhalt besteht jeweils eine Mischform des Widerspruchsrechts und der Einvernehmensregelung, wobei dem Dekan ein Widerspruchsrecht eingeräumt wird und zusätzlich Einvernehmensregelungen für strukturrelevante Entscheidungen festgelegt werden[710].

Darüber hinaus besteht bei den Widerspruchs- und Einvernehmensmodellen die Möglichkeit, dem Klinikum ein Widerspruchsrecht gegen die Entscheidungen der Fakultät einzuräumen. Ebenfalls kann der Kaufmännische Direktor ein Vetorecht erhalten, wenn er Grundsätze der wirtschaftlichen Haushaltsführung verletzt sieht. Der Ärztliche Direktor verfügt über eine Sperrminorität, damit wichtige Entscheidungen nicht gegen seine Stimme getroffen werden[711].

3.5.3 Konfliktlösung

Damit bei der Inanspruchnahme des Widerspruchsrechts bzw. bei Versagen des Einvernehmens die hierdurch bedingte Einschränkung der Handlungsfähigkeit der Vorstände vermieden wird, gibt es die Möglichkeit der externen Verlagerung der Entscheidungskompetenz im Wege der Schlichtung bzw. Konfliktlösung. In den verschiedenen Landesgesetzen werden drei Grundvarianten der Konfliktlösung beschrieben[712].

708 WR, Allgemeine Empfehlungen zur Universitätsmedizin, S. 71.
709 WR, Allgemeine Empfehlungen zur Universitätsmedizin, S. 71.
710 WR, Allgemeine Empfehlungen zur Universitätsmedizin, S. 71.
711 WR, Allgemeine Empfehlungen zur Universitätsmedizin, S. 72.
712 WR, Allgemeine Empfehlungen zur Universitätsmedizin, S. 72.

3.5.3.1 Aufsichtsrat als Konfliktlösungsinstrument

In acht Bundesländern obliegt dem Aufsichtsrat des Klinikums die Pflicht zur Konfliktlösung. Zugleich wird der Aufsichtsrat ermächtigt, abschließende Entscheidungen zu treffen. Das Instrument des Aufsichtsrats zur Konfliktlösung ist mit Ausnahme der Universitätsklinika in Berlin und in Mainz auf Kooperationsmodelle beschränkt[713].

3.5.3.2 Gesondertes Schlichtungsgremium zur Konfliktlösung

Die gesonderten Schlichtungsgremien bestehen in den Bundesländern Hamburg, Hessen (nur Gießen-Marburg), Sachsen, Sachsen-Anhalt. In Sachsen-Anhalt ist ein differenziertes und vielstufiges Verfahren vorgegeben, wobei nach Widerspruchseinlegung durch den Dekan auf Antrag des Fakultätsvorstands ein Schlichter oder das Ministerium zur Herstellung des Einvernehmens angerufen wird[714]. Für das Universitätsklinikum Hamburg Eppendorf ist ein Schlichtungsausschuss gebildet worden, der bei Streitigkeiten zwischen Klinikum und Fakultät abschließend entscheidet. Hierbei handelt es sich jedoch nicht um eine externe Konfliktlösung, da der Ausschuss von den unmittelbar Beteiligten gebildet wird[715].

In Hessen (nur Universitätsklinikum Gießen-Marburg) bildet sich die gesonderte Schlichtungsinstanz aufgrund der besonderen organisatorischen Gegebenheiten durch die Privatisierung. Da der Aufsichtsrat oder die Gesellschafterversammlung des privatisierten Universitätsklinikums Gießen und Marburg für eine Konfliktentscheidung zwischen dem privaten Klinikum und den zwei medizinischen Fachbereichen von zwei staatlichen Universitäten nicht in Betracht kommt, werden Konflikte in der Ständigen Kommission für Forschung und Lehre und anschließend in der Schlichtungskommission, in der Vertreter des Universitätsklinikums und Vertreter der beiden Universitäten zu

713 Länder mit dem Aufsichtsrat als Organ zur Konfliktlösung sind Bayern, Berlin, Hessen (nur Frankfurt), Mecklenburg-Vorpommern, Nordrhein-Westfalen, Rheinland-Pfalz, Saarland, Schleswig-Holstein; vgl. WR, Allgemeine Empfehlungen zur Universitätsmedizin, S. 72.

714 WR, Allgemeine Empfehlungen zur Universitätsmedizin, S. 72.

715 Mitglieder des Schlichtungsausschusses in Hamburg – Eppendorf sind der Ärztliche Direktor, der Dekan der Medizinischen Fakultät, ein Vertreter der Hamburger Wissenschaftsbehörde und der Präsident der Universität Hamburg; vgl. WR, Allgemeine Empfehlungen zur Universitätsmedizin, S. 73.

gleichen Teilen repräsentiert sind und eine externe Person den Vorsitz führt, entschieden[716].

Auch in Sachsen wird bei nicht herstellbarer Einigung zwischen Klinikum und Medizinischer Fakultät eine Einigung durch die Gemeinsame Konferenz getroffen[717]. In Sachsen besteht die Besonderheit, dass der Dekan, anders als in allen anderen Klinika mit der Rechtsform einer Anstalt des öffentlichen Rechts, kein Mitglied des Klinikumsvorstandes ist. Die Gemeinsame Konferenz übt somit eine Doppelaufgabe aus. Sie ist Gremium zur Konfliktlösung und Ort der Verständigung zwischen Klinikumsvorstand und Dekanatskollegium. In der Gemeinsamen Konferenz sollen Klinikum und Fachbereich mit gleichem Gewicht unter dem Vorsitz einer externen Person zusammenwirken. In Angelegenheiten von grundsätzlicher Bedeutung kann der Vorsitzende den Wissenschaftsminister zur endgültigen Entscheidung anrufen[718].

In Schleswig-Holstein entscheidet nach dem neuen HSG[719] eine beim Ministerium angesiedelte Schiedsstelle in Konfliktfällen zwischen Klinikumsvorstand und Medizinausschuss[720].

3.5.3.3 Keine gesetzlichen Vorgaben zur Konfliktlösung

Keine gesetzlichen Vorgaben zur Schlichtung im Vorstand gibt es in Niedersachsen, Thüringen[721] und Baden-Württemberg. In Niedersachsen und Thüringen besteht aufgrund des Integrationsmodells bereits eine besondere Einheit von Forschung, Lehre und Krankenversorgung. Zudem müssen die Entscheidungen des Klinikumsvorstandes einschließlich des hauptamtlichen Dekans in diesen beiden Bundesländern einstimmig erfolgen. Daher verfügen alle Vorstandsmitglieder über ein Widerspruchsrecht[722].

---

716 WR, Allgemeine Empfehlungen zur Universitätsmedizin, S. 74.

717 Vgl. § 7 SHMG.

718 WR, Allgemeine Empfehlungen zur Universitätsmedizin, S. 74.

719 Das neue HSG in Schleswig-Holstein ist zum 30.März 2007 in Kraft getreten.

720 WR, Allgemeine Empfehlungen zur Universitätsmedizin, S. 75.

721 Eine gesetzliche Regelung zur Schlichtung gibt es in Thüringen für den Fall, dass ein Einvernehmen zwischen Vorstand und Fachbereichsrat nicht erzielt werden kann. Dieses Einvernehmen ist insbesondere für die Grundsatzung sowie die Struktur- und Entwicklungsplanung erforderlich. In diesen Konfliktfällen soll gemäß § 98 II ThürHG der Aufsichtsrat entscheiden. Abschließend ist die Entscheidung dem Ministerium anzuzeigen; vgl. auch WR, Allgemeine Empfehlungen zur Universitätsmedizin, S. 75.

722 WR, Allgemeine Empfehlungen zur Universitätsmedizin, S. 75.

3.5.4 Struktur- und Entwicklungsplan

Die Struktur- und Entwicklungsplanung gehört zu den zentralen Aufgaben der Geschäftsführung und umfasst alle Funktionsbereiche von Forschung, Lehre und Krankenversorgung sowie deren Administration. Entscheidungen in dem Bereich der Struktur- und Entwicklungsplanung bedürfen daher der Genehmigung durch den Aufsichtsrat. Zudem häufen sich in diesem Bereich die Abstimmungserfordernisse auf der operativen Ebene der Klinikumsvorstände und Fakultätsleitungen, auf der Ebene der Aufsichtsorgane (zwischen Aufsichtsrat und Universität) für Klinikum und Fakultät und letztlich auch zwischen den operativen Vorständen und der jeweiligen Aufsichtsebene[723]. Dennoch enthalten nicht alle Landesgesetze eine Verankerung der Struktur- und Entwicklungsplanung.

3.5.4.1 Gesetzliche Verankerung der Struktur- und Entwicklungsplanung in der Medizin

In Baden-Württemberg, Hamburg, Hessen, Sachsen, Sachsen-Anhalt und Thüringen wird ein Einvernehmen zwischen Wissenschaft und Krankenversorgung in Bezug auf die Struktur- und Entwicklungsplanung festgeschrieben. Diese Regelungen werden jedoch unterschiedlich formuliert[724].

In Baden-Württemberg ist das Einvernehmen mit der Universität für Planungen des Klinikums herzustellen. In Hamburg und in Sachsen ist bei Entscheidungen des Klinikums über Struktur- und Entwicklungspläne das Einvernehmen mit dem Dekanat erforderlich. Zusätzlich ist in Hamburg festgelegt, dass die konkrete Umsetzung der Planungen der Zustimmung des Fakultätsrates bedarf[725].

Nach dem Hochschulmedizingesetz in Sachsen-Anhalt[726] ist es Aufgabe des Aufsichtsrats, ein Einvernehmen mit dem Fakultätsvorstand herzustellen, wobei zunächst der Fakultätsvorstand die Struktur- und Entwicklungspläne der Fakultät aufstellt und diese mit dem Klinikumsvorstand abstimmt. Darüber hinaus hat die Gemeinsame Kommission als eine Kommission der beiden Medizinischen Fakultäten der Universität in Halle und in Magdeburg sowie des

723 WR, Allgemeine Empfehlungen zur Universitätsmedizin, S. 76.

724 WR, Allgemeine Empfehlungen zur Universitätsmedizin, S. 76.

725 WR, Allgemeine Empfehlungen zur Universitätsmedizin, S. 77.

726 WR, Allgemeine Empfehlungen zur Universitätsmedizin, S. 77; § 3 IV Satz 6 Nr. 1 u. 2 Hochschulmedizingesetz des Landes Sachsen-Anhalt (HMG LSA).

Wirtschaftsministeriums die Aufgabe, die Struktur- und Entwicklungspläne der Fakultäten aufeinander abzustimmen[727].

In Hessen geht die Planung von der Universität aus. Dabei werden in Angelegenheiten der klinischen Medizin das öffentlich-rechtliche und das private Universitätsklinikum um Zustimmung gebeten. Den zur Vorbereitung von Strukturentscheidungen gebildeten Strukturkommissionen gehört im Bereich der klinischen Medizin mindestens ein Vertreter des Universitätsklinikums an[728].

Als einziges von den oben genannten sechs Bundesländern mit Integrationsmodell obliegt in Thüringen die Beschlussfassung über die Struktur- und Entwicklungsplanung nur dem Klinikumsvorstand. Sind wesentliche Angelegenheiten von Forschung und Lehre betroffen, ist das Einvernehmen mit dem Fachbereichsrat herzustellen[729].

Im weiteren Sinne gehören auch Schleswig-Holstein und Niedersachsen zu den Ländern mit gesetzlicher Verankerung über die Struktur- und Entwicklungsplanung. Das Hochschulgesetz in Schleswig-Holstein sieht im Hinblick auf die Verwendung der vom Land gewährten Finanzmittel für Forschung und Lehre, die im Klinikum durchgeführt werden, Benehmensregelungen vor. Die Fachbereiche Medizin und die Präsidien der Universitäten Kiel und Lübeck sind im Medizinausschuss vertreten. Für Niedersachsen gilt, dass die Grundzüge der Entwicklungsplanung einvernehmlich abzustimmen sind. Diese Abstimmung verläuft zwischen Vorstand und Fakultätsrat (Universitätsmedizin Göttingen) bzw. Vorstand und Senat (Medizinische Hochschule Hannover)[730].

3.5.4.2 Einvernehmliche Strukturentscheidungen in der Medizin

Die Landesgesetze in Bayern[731], Berlin[732], Mecklenburg-Vorpommern[733], Nordrhein-Westfalen[734] und Saarland[735] enthalten Regelungen, bei denen eine Ab-

---

727 WR, Allgemeine Empfehlungen zur Universitätsmedizin, S. 77; § 25 III Nr. 1 HMG LSA.

728 WR, Allgemeine Empfehlungen zur Universitätsmedizin, S. 77; § 57 I Hessisches Hochschulgesetz.

729 WR, Allgemeine Empfehlungen zur Universitätsmedizin, S. 77.

730 WR, Allgemeine Empfehlungen zur Universitätsmedizin, S. 77.

731 Art. 8 II Bayerisches Universitätsklinikagesetz bestimmt, dass der Aufsichtsrat über die Struktur- und Entwicklungsplanung entscheidet.

732 Das Berliner Universitätsmedizingesetz bestimmt nach § 13 II, dass der Vorstand der Charité eine strategische Rahmenplanung erarbeitet, die auch wichtige Strukturangelegenheiten einschließt.

stimmung der Planung indirekt aus dem Erfordernis einvernehmlicher Strukturentscheidungen abgeleitet werden könnten, sofern diese Entscheidungen die Belange des Kooperationspartners berühren. Da bereits die Verabschiedung einer Planung eine verbindliche Leitlinie des künftigen operativen Handelns darstellt, muss über diese Entscheidung zwischen den Vorständen abgestimmt werden.

3.5.4.3 Strukturplanungen der Universitäten allgemein

Der Bezug der Struktur- und Entwicklungsplanung in der Medizin zu den übergeordneten Universitäten sind bisher nur für die Bundesländer mit expliziten Abstimmungsregelungen erwähnt worden. In Hessen, Schleswig-Holstein, Thüringen werden die Gremien der Universität und in Hamburg, Niedersachsen, Sachsen die Medizinische Fakultät selbst in die Abstimmung einbezogen. Erhebliche Unterschiede ergeben sich unter zusätzlicher Betrachtung der Universitätsgesetze[736].

In Bayern gibt es zwischen Fakultät und Klinikum bezüglich der Struktur- und Entwicklungsplanung des Klinikums und der Planungen der Universität keine gesonderten Einvernehmensregelungen. Der Gefahr eines Auseinanderdriftens der Planungen wird durch die Mitgliedschaft der Universitätsleitung im Aufsichtsrat und den Einvernehmenszwang bei Entscheidungen begegnet[737].

Beim Hamburger Integrationsmodell gibt es ein gliedkörperschaftsinternes Einvernehmenserfordernis zwischen Fakultät und Klinikum. Es ist aber keine formelle Abstimmung zwischen Planungen von UKE und Universität erforderlich[738].

Nach dem Landeshochschulgesetz Mecklenburg- Vorpommerns wirkt der Fachbereichsrat an der Erarbeitung des Hochschulentwicklungsplans mit. In

---

733 In Mecklenburg-Vorpommern stellt die Fachbereichsleitung einen Entwicklungsplan auf, der die Zustimmung des Fachbereichsrates bedarf, vgl. §§ 16, 17 des Landesverordnungen.

734 In Nordrhein-Westfalen stellt das Dekanat einen Entwicklungsplan auf, der jedoch nur der Stellungnahme des Fachbereichsrates bedarf, vgl. 17, 18 der Verordnungen.

735 Das Gesetz über das Universitätsklinikum (§ 8 III) des Saarlandes bestimmt, dass Maßnahmen und Beschlüsse des Klinikumsvorstandes, die Belange der Forschung und Lehre betreffen, des Einvernehmens des Universitätspräsidiums bedürfen.

736 WR, Allgemeine Empfehlungen zur Universitätsmedizin, S. 79.

737 WR, Allgemeine Empfehlungen zur Universitätsmedizin, S. 79.

738 WR, Allgemeine Empfehlungen zur Universitätsmedizin, S. 79.

Nordrhein-Westfalen ist der vom Dekan im Benehmen mit dem Fachbereichsrat zu erstellende Entwicklungsplan lediglich ein Beitrag zum Hochschulentwicklungsplan. Nach alledem gibt es in diesen beiden Bundesländern nur eine Entwicklungsplanung des Fachbereichs, die in die Hochschulentwicklungsplanungen der Universitäten eingeht. Für Planungen sind keine Abstimmungsregelungen zwischen Universität, Klinikum und medizinischem Fachbereich festgelegt worden, obwohl für Universitätsklinika Planungen unverzichtbar sind[739].

3.5.5 Finanzverantwortung und Trennungsrechnung

Wie bereits im ersten Teil kurz dargestellt, setzt sich die Finanzierung der gemeinsam erbrachten Leistungen in den Bereichen Forschung, Lehre und Krankenversorgung aus den erwirtschafteten Erträgen der ambulanten und stationären Krankenversorgung des Klinikums sowie aus den von den Wissenschaftsministerien der Länder gewährten Landeszuführungsbeträgen für die Aufwendungen in Forschung und Lehre zusammen.

Bis Anfang der 90er Jahre sind diese Mischfinanzierungen unproblematisch gewesen. Erst die Gesundheitsreform im Jahr 1993 hat einen Wechsel eingeleitet, um Kosten der stationären Krankenversorgung zu reduzieren[740]. Krankenhäuser sollten nunmehr über ihr Krankenhausbudget mit den Krankenkassen verhandeln. Mit dieser Umstellung sind die bisherige Koppelung zwischen den Kosten der Krankenversorgung und den Kosten der medizinischen Forschung und Lehre entfallen. Bisher hat ein Wandel von einer Kostenerstattung über eine Leistungsvergütung bis zur Einführung der DRG im Jahr 2004 stattgefunden. Heute erhalten alle Krankenhäuser für die gleiche stationäre Versorgungsleistung landeseinheitliche Erlöse[741].

Darüber hinaus hat die angespannte Finanzsituation der meisten Bundesländer zu einer Reduzierung der Landeszuführungsbeträge für Forschung und Lehre geführt, so dass in vielen Klinika eine Fortsetzung der bisherigen Defizitdeckung unmöglich gewesen ist.

---

739 WR, Allgemeine Empfehlungen zur Universitätsmedizin, S. 79.

740 WR, Allgemeine Empfehlungen zur Universitätsmedizin, S. 81, hiernach beinhaltet das Gesundheitsstrukturgesetz aus dem Jahr 1993 die Abschaffung des Selbstkostendeckungsprinzips durch die Einführung von krankenhausbezogenen Budgets und Pauschalvergütungen.

741 WR, Allgemeine Empfehlungen zur Universitätsmedizin, S. 81.

Bei Kürzungen oder Kostensteigerung besteht aufgrund der engen Verflechtung zwischen Forschung, Lehre und Krankenversorgung auch die Gefahr, dass die jeweiligen Zuschüsse zweckentfremdend zur Kompensation von Defiziten der einzelnen Bereiche verwendet werden. Zudem lassen sich die Kosten der gekoppelten Leistungserbringung in Forschung, Lehre und Krankenversorgung nicht verursachungsgerecht zuordnen[742]. Hierunter fallen auch die Kosten der Lehre am Krankenbett, der Patientenversorgung im Rahmen klinischer Forschung oder die Gemeinkosten wie Strom oder Gebäudereinigung. Daher steht die Universitätsmedizin *„unter dem Dauerverdacht der permanenten Quersubventionierung“*[743].

Der Wissenschaftsrat[744] hat deshalb eine klare Trennung zwischen den Finanzmittel für Forschung und Lehre und den Finanzmitteln für die Krankenversorgung gefordert.

3.5.5.1 Aufgaben- und Finanzverantwortung im Kooperationsmodell

Wesentliches Ziel der Rechtsreformen ab 1998 hat darin bestanden, auch die Finanzverantwortung über die Mittel von Forschung und Lehre an die Fakultät zu übertragen. Die Umsetzung dieses Vorhabens hat sich schwierig gestaltet. Die Medizinischen Fakultäten sind weder organisatorisch noch personell darauf vorbereitet gewesen, ihre Landeszuführungsbeträge und Drittmittel selber zu verwalten[745]. Unter der Maßgabe Kosten zu sparen, ist es für die Medizinischen Fakultäten kontraproduktiv gewesen, eigene Finanzverwaltungen aufzubauen, da diese bereits in den Klinika bestehen. Daher verfahren die Bundesländer, die im Kooperationsmodell organisiert sind, unterschiedlich in Bezug auf die Zuweisung der konsumtiven Landesmittel[746].

742 Ott, S. 34.

743 Mittel der Kostenträger (Krankenkassen) werden für Zwecke von Forschung und Lehre bzw. Mittel der Wissenschaft (Landeszuführungsbeitrag für Forschung und Lehre, Drittmittel) für Zwecke der Patientenversorgung verwendet.

744 WR, Empfehlungen zur Struktur der Hochschulmedizin, S. 54.

745 WR, Allgemeine Empfehlungen zur Universitätsmedizin, S. 84.

746 WR, Allgemeine Empfehlungen zur Universitätsmedizin, S. 84.

3.5.5.1.1 Gesetzliche Zuweisung an Medizinische Fakultät

Die Landesgesetze in Mecklenburg-Vorpommern, Sachsen-Anhalt und Schleswig-Holstein bestimmen jeweils, dass der Landeszuführungsbetrag für Forschung und Lehre der jeweiligen Medizinischen Fakultät zugewiesen wird.

In Mecklenburg-Vorpommern ist die Kostenerstattung Gegenstand der zwischen Fakultät/Universität und Klinikum zu schließenden Kooperationsvereinbarung. Die Kostenerstattung in Sachsen-Anhalt ist gesondert geregelt - § 23 II, VII HMG LSA. Nach dem Hochschulgesetz in Schleswig-Holstein werden die Landeszuführungsbeträge für Forschung und Lehre unmittelbar dem Medizinausschuss zugewiesen. Dieser entscheidet im Benehmen mit den Fachbereichen und dem Vorstand des Klinikums über die Verwendung der Finanzmittel[747]. Die Funktion des Beauftragten für den Haushalt der Medizinischen Fakultäten wird ebenfalls unterschiedlich geregelt. In Mecklenburg-Vorpommern und Schleswig-Holstein übernimmt der Kanzler der Universität diese Aufgabe, in Sachsen-Anhalt gehört sie zum Amt des Dekans.

3.5.5.1.2 Zuführung an die Universitäten

Darüber hinaus besteht die Möglichkeit, dass der Landeszuführungsbetrag für Forschung und Lehre in der Medizin den Universitäten zugewiesen wird. Diese Variante wird in Hessen, im Saarland und in Sachsen vollzogen. Beauftragter für den Haushalt ist der jeweilige Kanzler. Zudem gibt es gesetzliche Bestimmungen, die eine Kostenerstattung zwischen Fakultät und Klinikum auf Basis von Kooperationsvereinbarungen vorsehen. Eine Trennung der Mittel wird jedoch nicht gesetzlich geregelt[748].

3.5.5.1.3 Zuweisung an das Universitätsklinikums

Schließlich wird in Bayern und Nordrhein-Westfalen der Landeszuführungsbeitrag für Forschung und Lehre dem Universitätsklinikum zugewiesen, über dessen Verwendung entscheiden die Medizinischen Fakultäten allein, so dass die Zuweisung lediglich eine Organisationsvorgabe darstellt. Die Funktion des Beauftragten für den Haushalt nimmt in Nordrhein-Westfalen der Kanzler der Universität wahr. In Bayern ist es der Kaufmännische Direktor des Klinikums, wobei der Dekan mit Zustimmung des Ministeriums auch eine andere Person für

747 WR, Allgemeine Empfehlungen zur Universitätsmedizin, S. 84.
748 WR, Allgemeine Empfehlungen zur Universitätsmedizin, S. 84.

die Aufgabe berufen kann. In beiden Bundesländern enthalten die Kooperationsvereinbarungen Regelungen zur Kostenerstattung[749].

3.5.5.2 Aufgaben- und Finanzverantwortung im Integrationsmodell

Einheitlich für alle Bundesländer mit dem Integrationsmodell wird der Landeszuführungsbetrag für Forschung und Lehre der jeweiligen Körperschaft als Verbund von Klinikum und Medizinischer Fakultät zugewiesen. Nur in Niedersachsen besteht eine formale Besonderheit. Die Medizinische Hochschule Hannover als rechtlich unselbständiger Landesbetrieb erhält einen Landeszuschuss. In Göttingen erhält die Universitätsmedizin als Teil der Stiftungsuniversität Göttingen mit dem Stiftungsvermögen eine „Finanzhilfe" vom Land zur Deckung der laufenden Aufgaben in der Medizin[750].

Darüber hinaus gibt es im Integrationsmodell zumeist keine gesetzlichen Regelungen zum Abschluss von Kostenerstattungen zwischen den Bereichen Krankenversorgung und Forschung und Lehre. Dafür beinhalten die Integrationsmodelle eine Mitteltrennung[751].

In Berlin und Hamburg werden hierbei sogar typische Elemente des Kooperationsmodells sichtbar. So sind in den Stadtstaaten der Dekan (Berlin) bzw. der Direktor des Klinikums die Beauftragten für den jeweiligen Teilhaushalt. Berlin und Hamburg erstellen ebenfalls nicht nur einen Wirtschaftsplan für beide Bereiche, sondern zusätzlich getrennte Teilwirtschaftspläne und weisen am Ende des Jahres die bestimmungsgemäße Verwendung der Mittel nach[752].

In Thüringen ist der Kaufmännische Vorstand Beauftragter. Der Dekan meldet aber den Finanzbedarf des medizinischen Fachbereichs beim Klinikumsvorstand an und entscheidet in alleiniger Zuständigkeit über die dort ausgewiesenen Mittel[753].

In Berlin, Hamburg und Thüringen ist die gegenseitige Kostenerstattung und Trennungsrechnung gesetzlich geregelt. Lediglich Niedersachsen sieht hierfür keine Bestimmungen vor. In Hannover ist der Beauftragte für den Haushalt das

749 WR, Allgemeine Empfehlungen zur Universitätsmedizin, S. 85.
750 WR, Allgemeine Empfehlungen zur Universitätsmedizin, S. 85.
751 WR, Allgemeine Empfehlungen zur Universitätsmedizin, S. 85.
752 WR, Allgemeine Empfehlungen zur Universitätsmedizin, S. 86.
753 WR, Allgemeine Empfehlungen zur Universitätsmedizin, S. 86.

für Wirtschaftsführung zuständige Präsidiumsmitglied der MHH, in Göttingen ist die Wahrnehmung dieser Funktion gar nicht geregelt[754].

3.5.5.3 Trennungsrechnung

1999 hat der *Wissenschaftsrat*[755] empfohlen, die Finanzierung für die Universitätsmedizin zu reformieren. Er hat insbesondere ausgeführt:

> „Es ist eine klare Trennung der Budgets für Forschung und Lehre einerseits sowie für Krankenversorgung andererseits und der finanziellen Verantwortlichkeit für die beiden Bereiche auch bei Investitionen erforderlich."

Eine präzise Definition für den Begriff der geforderten „Trennungsrechnung" gibt es jedoch nicht[756]. Darüber hinaus lässt die Forderung nach einer Trennung der Mittel offen, ob sich die Trennung auf die Budgets bei der Aufstellung der Wirtschaftsplanung bezieht oder ob auch ein getrennter Verwendungsnachweis zu führen ist. Daher sind mit dem Begriff Trennungsrechnung weiterhin verschiedene Ansätze getrennter Mittelbewirtschaftung in der Universitätsmedizin gemeint. Außer in Niedersachsen ist in allen Landesgesetzen die Trennung der Mittel festgeschrieben[757]. Sieben Landesgesetze verzichten auf explizite Vorgaben zur Trennung der Mittelflüsse. Dafür ergibt sich die Notwendigkeit einer Trennungsrechnung aufgrund der Bestimmungen zur gegenseitigen Kostenerstattung[758].

Die Landesgesetze in Bayern, Berlin, Hamburg, Sachsen-Anhalt, Schleswig-Holstein und Thüringen enthalten explizite Vorgaben zur Trennung der Mittelströme, wobei in Berlin, Hamburg, Sachsen-Anhalt und Thüringen nicht nur eine Trennung im Wirtschaftsplan, sondern auch bei der Mittelverwendung (Jahresabschluss, Verwendung/Aufwendungen, getrennte Jahresbilanzen) vorgeschrieben ist[759].

In Schleswig-Holstein stellt das Klinikum gemeinsam mit dem Medizinausschuss und den Fachbereichen Medizin sicher, dass die Finanzmittel für Forschung und Lehre gesondert von den sonstigen Finanzmitteln ausgewiesen werden. Das Landesgesetz in Bayern enthält nur die Bestimmung zur

---

754 WR, Allgemeine Empfehlungen zur Universitätsmedizin, S. 86.
755 WR, Empfehlungen zur Struktur der Hochschulmedizin, S. 54.
756 WR, Allgemeine Empfehlungen zur Universitätsmedizin, S. 86.
757 WR, Allgemeine Empfehlungen zur Universitätsmedizin, S. 86.
758 WR, Allgemeine Empfehlungen zur Universitätsmedizin, S. 87.
759 WR, Allgemeine Empfehlungen zur Universitätsmedizin, S. 87.

Aufstellung getrennter Wirtschaftspläne, so dass die Mittelverwendung offenbleibt[760].

3.5.6 Personalzuordnung

Hauptkostenfaktor in der Universitätsmedizin ist die große Anzahl der in der Universitätsmedizin beschäftigten Arbeitnehmer aufgrund der damit bestehenden Personal- und Versorgungskosten. Die überwiegende Zahl der Beschäftigten ist mit Tätigkeiten in der Krankenversorgung befasst (Teile des Pflegepersonals, des medizinischen und technischen Dienstes, des Schreib- und Verwaltungspersonals des Klinikums sowie des sonstigen Personals), welche nicht zwingend bei den Universitäten beschäftigt sein müssen[761]. Allerdings tragen auch die Beschäftigen der Krankenversorgung unmittelbar dazu bei, dass die Universitätsklinika die spezifischen Leistungen erbringen, die die Medizinischen Fakultäten benötigen, um ihre Aufgaben in Forschung und Lehre zu erfüllen[762].

Daher gewinnt die dienst- und arbeitsrechtliche Zuordnung des in der Universität tätigen Personals zunehmend an Bedeutung, wobei die Personalzuordnung hinsichtlich der unterschiedlichen Organisationsmodelle verschiedene Ausformungen hat[763].

3.5.6.1 Personalzuordnung im Integrationsmodell

Beim Integrationsmodell wird das gesamte in der Universitätsmedizin tätige Personal (Wissenschaftler, Ärzte sowie das gesamte nichtwissenschaftliche Personal) derselben Einrichtung (Teilkörperschaft, Stiftung etc.) zugeordnet. Somit werden auch die Ärzte, unabhängig von ihrer Einbindung in Forschung und Lehre, den übrigen Wissenschaftlern der Universität gleichgestellt und verfügen über die gleichen Rechte und Pflichten als Universitätsangehörige. Aber auch innerhalb dieses Grundmodells der einheitlichen Personalzuordnung bestehen einige Modifikationen an den einzelnen Standorten[764].

760 WR, Allgemeine Empfehlungen zur Universitätsmedizin, S. 87.
761 WR, Allgemeine Empfehlungen zur Universitätsmedizin, S. 87.
762 WR, Allgemeine Empfehlungen zur Universitätsmedizin, S. 88.
763 WR, Allgemeine Empfehlungen zur Universitätsmedizin, S. 88.
764 WR, Allgemeine Empfehlungen zur Universitätsmedizin, S. 88.

An der Medizinischen Hochschule Hannover stellt das gesamte Personal zugleich Bedienstete des Landes Niedersachsen dar, da diese Medizinische Hochschule noch als Landesbetrieb geführt wird. In Göttingen hat die Stiftung das gesamte Personal (einschließlich der Beamten) vom Land übernommen. Der Vorstand nimmt die Funktion des Dienstvorgesetzten wahr[765] Nach § 63 h Abs. 6 NHG verbleiben dem Präsidenten jedoch bestimmte dienst- und arbeitsrechtliche Befugnisse. Zudem sind alle angestellten Ärzte und Wissenschaftler korporationsrechtlich gleichgestellt, da der Grundsatz herrscht, dass jeder Arzt Aufgaben in Forschung und Lehre erfüllt[766].

In Thüringen ist eine Überleitung aller Arbeitnehmer einschließlich der Ärzte an die Teilkörperschaft „Klinikum" erfolgt[767]. Auch in Thüringen werden alle Ärzte unabhängig von ihrer Tätigkeit korporationsrechtlich gleichgestellt, weil das Klinikum als Teilkörperschaft zur Universität gehört.

Die Arbeitnehmer und Auszubildenden in der Universitätsmedizin Rheinland-Pfalz sind ab dem 1. Januar 2009 vom Dienst des Landes in den Dienst der Universitätsmedizin gemäß § 21 UMG übergeleitet worden. Seit dem wird das wissenschaftliche und nicht wissenschaftliche Personal einschließlich der Auszubildenden der Universitätsmedizin in einem privatrechtlichen Dienstverhältnis beschäftigt, § 19 UMG.

Schließlich sind in Berlin und Hamburg alle Beschäftigten einschließlich der Beamten der jeweiligen Gliedkörperschaft (Charité bzw. UKE) arbeitsrechtlich und dienstrechtlich zugeordnet. Darüber hinaus sollen die angestellten Ärzte korporationsrechtlich mit den übrigen (nicht-ärztlichen) wissenschaftlichen Mitarbeitern gleichgestellt sein. Eine Mitwirkung in Forschung und Lehre (wie in Niedersachsen) ist hierfür keine Voraussetzung. Derzeit werden alle Ärzte des UKE[768] bzw. der Charité[769] als wissenschaftliche Mitarbeiter betrachtet und

---

765 Dienstvorgesetzter des Vorstands der Universitätsmedizin Göttingen ist der Stiftungsausschuss Universitätsmedizin; vgl. WR, Allgemeine Empfehlungen zur Universitätsmedizin, S. 88.

766 Gemäß § 31 Abs. 6 Niedersächsisches Hochschulgesetz gehören auch hauptberuflich an der Universität tätige Personen mit ärztlichen, zahnärztlichen oder tierärztlichen Aufgaben, die keine Mitglieder der Hochschullehrergruppe sind, zur Mitarbeitergruppe, wenn sie zugleich Aufgaben in Forschung und Lehre zu erfüllen haben; vgl. WR, Allgemeine Empfehlungen zur Universitätsmedizin, S. 88.

767 Beamte können dem Universitätsklinikum zur Dienstleistung vom Land zugewiesen werden. Das Klinikum unterhält aber selbst keine Dienstherreneigenschaft, vgl. WR, Allgemeine Empfehlungen zur Universitätsmedizin, S. 89.

768 §30 Hamburgisches Hochschulgesetz.

erhalten die gleichen Mitwirkungsrechte wie die übrigen Wissenschaftler innerhalb der Universität.

3.5.6.2 Personalzuordnung im Kooperationsmodell

Im Kooperationsmodell wird zwischen den Mitarbeitern unterschieden, die Aufgaben in Forschung und Lehre wahrnehmen, und dem übrigen Personal, das keine unmittelbaren akademischen Funktionen ausübt[770].

Im Grundmodell verbleibt daher das gesamte wissenschaftliche Personal (alle Professoren, alle beamteten Wissenschaftler, die Gruppe der Assistenten und wissenschaftlichen Mitarbeiter einschließlich aller Ärzte, aber auch die studentischen Hilfskräfte) dienst- und arbeitsrechtlich bei der Universität oder beim jeweiligen Bundesland[771]. Die anderen Arbeitnehmer und Auszubildenden sind mit der rechtlichen Verselbständigung des Klinikums Arbeitnehmer bzw. Auszubildender der neu errichteten Anstalt des öffentlichen Rechts geworden. Darüber hinaus haben die meisten Klinika[772] das Recht erhalten, Beamte zu haben,[773] und das beamtete, nichtwissenschaftliche Personal ist an das Klinikum versetzt worden. Einigen Universitätsklinika ist auch das Recht eingeräumt worden, eigene Tarifverträge abzuschließen[774].

Eine Zuordnung des gesamten ärztlichen Personals zur Universität besteht in Bayern. In Hessen, Nordrhein-Westfalen und Schleswig-Holstein wird ein großer Teil der Ärzteschaft beim Universitätsklinikum und somit nicht bei der Universität beschäftigt. Nach den jeweiligen Landesgesetzen zur Errichtung der Anstalten des öffentlichen Rechts verbleibt das in der Universitätsmedizin tätige wissenschaftliche Personal (zu dem bisher auch alle Ärzte gezählt haben) bei der

769 §92 a Berliner Hochschulgesetz.

770 WR, Allgemeine Empfehlungen zur Universitätsmedizin, S. 89.

771 In Bayern und Mecklenburg-Vorpommern besteht die formale Besonderheit, dass das wissenschaftliche Personal direkt beim Land angesiedelt ist. In den übrigen Bundesländern sind die Universitäten unmittelbare Arbeitgeber des wissenschaftlichen Personals. Da die Universitäten ihrerseits jedoch ebenfalls Landesbetriebe sind, ist das wissenschaftliche Personal somit Landespersonal, vgl. WR, Allgemeine Empfehlungen zur Universitätsmedizin, S. 90.

772 Ausnahmen Hessen und Sachsen; vgl. WR, Allgemeine Empfehlungen zur Universitätsmedizin, S. 90.

773 Vgl. Dienstherreneigenschaft.

774 Hierzu zählen die Universitätsklinika in Hessen, Mecklenburg-Vorpommern und Sachsen-Anhalt; vgl. WR, Allgemeine Empfehlungen zur Universitätsmedizin, S. 90.

Universität. Nach dem Zeitpunkt der Umwandlung ist neu einzustellendes ärztliches Personal arbeitsrechtlich in aller Regel bei der Universität angesiedelt worden. In einigen Ausnahmefällen sind seit der rechtlichen Verselbständigung Ärzte nur im Klinikum angestellt worden. Zur Begründung wird angeführt, dass Ärzte, die keine Aufgaben in Forschung und Lehre erbringen, nicht als wissenschaftliche Mitarbeiter tätig sind, so dass eine Zuordnung zur Universität nicht erforderlich ist[775].

In Mecklenburg-Vorpommern bestimmt § 18 II der Landesverordnung über die Errichtung des Universitätsklinikums, dass Ärzte mit ausschließlichem Aufgabengebiet in der Krankenversorgung beim Klinikum angestellt werden müssen. Alle anderen Ärzte verbleiben beim Land. Nach § 20 III des Hochschulmedizingesetzes des Landes Sachsen-Anhalt können bis zur Hälfte der ärztlichen Mitarbeiter, soweit sie ausschließlich oder zum überwiegenden Teil in der Krankenversorgung tätig sind, beim Klinikum beschäftigt werden. Das bedeutet zugleich, dass Ärzte, die im geringen Umfang Aufgaben in Forschung und Lehre wahrnehmen, nicht zwingend bei der Universität angestellt werden müssen. Eine korporationsrechtliche Gleichstellung soll aber erfolgen[776].

Im Saarland wird seit 2004 eine sehr weit gehende Regelung praktiziert. Alle Landesangestellten, die vor der rechtlichen Verselbständigung im Universitätsklinikum angestellt worden sind, sind in die neue Anstalt des öffentlichen Rechts überführt worden[777]. Bereits vor 2004 ist die überwiegende Anzahl der Ärzte mit Aufgaben in der Krankenversorgung nicht als wissenschaftliche Mitarbeiter der Universität, sondern als Landesangestellte im Klinikum tätig gewesen. Daher können nach Neuordnung der Klinik in eine Anstalt des öffentlichen Rechts drei Viertel der Ärzte dem Klinikum zugeordnet werden. Lediglich 150 Ärzte, die vor 2004 mit Aufgaben in der Forschung und Lehre betraut und bei der Universität angestellt gewesen sind, sind arbeitsrechtlich bei

---

775 Einzelfälle bestehen in Baden-Württemberg, Hessen und Nordrhein-Westfalen. Das Gesetz für die hessischen Universitätsklinika schreibt zwar vor, dass das in der Universitätsmedizin tätige wissenschaftliche Personal bei der Universität anzusiedeln ist, § 22 III. Mit dieser Formulierung wird aber nicht ausgeschlossen, dass Ärzte allein für die Aufgaben in der Krankenversorgung als nicht-wissenschaftliches Personal beim Klinikum angestellt werden, vgl. § 22 IX, für Marburg-Gießen in privater Rechtsform ist diese Bestimmung in § 25a V UniKlinG geregelt. Allerdings gibt es keine gesicherten Angaben zu der Anzahl der bei den Klinika angestellten Ärzten, vgl. WR, Allgemeine Empfehlungen zur Universitätsmedizin, S. 91.

776 WR, Allgemeine Empfehlungen zur Universitätsmedizin, S. 92.

777 Vgl. § 20 I des Gesetzes über das Universitätsklinikum des Saarlandes.

der Hochschule verblieben[778]. Beide Ärztegruppen sind jedoch nach § 30 I und II des Gesetzes über die Universität des Saarlandes verpflichtet, Aufgaben in Forschung, Lehre und Krankenversorgung wahrzunehmen.

Nach alledem beschäftigt das Universitätsklinikum im bundesdeutschen Vergleich die meisten Ärzte außerhalb der Universität, obwohl diese Leistungen in Forschung und Lehre erbringen.

3.5.7 Stellungnahme

Mit der Wahl der präferierten Rechtsform entscheidet sich das Universitätsklinikum auch für das zugehörige Organisationsmodell, welche sich – wie oben aufgezeigt – bei der Abstimmung von Entscheidungen zwischen Fakultät und Klinikum, im Rahmen der Schlichtung von Konflikten, bei der Finanzverantwortung und Personalzuordnung erheblich voneinander unterscheiden. Daher sind bei einer möglichen Umstrukturierung eines Universitätsklinikums nicht nur die Rechtsform selbst, sondern auch die Besonderheiten des jeweiligen Organisationsmodells zwingend zu berücksichtigen.

778 WR, Allgemeine Empfehlungen zur Universitätsmedizin, S. 92.

4 Dritter Teil: Das Universitätsklinikum Leipzig

Heute kümmern sich im Universitätsklinikum Leipzig 3.394 Mitarbeiter (Ärzte, Pflegepersonal, Verwaltungspersonal, Dienstleister im Servicebereich) um den Gesundheitszustand, die Genesung und um das Wohlbefinden des Patienten[779]. Zudem stellt die Leipziger Hochschulmedizin eine der Führendsten in Deutschland dar. In dem dritten Teil wird der Entwicklungsgrad am Universitätsklinikum aufgezeigt. Darüber hinaus findet eine Optimierungsprüfung der jetzigen rechtlichen Verhältnisse an Hand der im zweiten Teil erörterten Problematiken statt.

4.1 Historische Entwicklung

Mit ihrer fast 600 jährigen Geschichte ist die Medizinische Fakultät der Universität Leipzig die zweitälteste medizinische Fakultät[780], die ununterbrochen die Ausbildung der angehenden Mediziner wahrnimmt.

Am 10. Juli 1415[781] entstand die Medizinische Fakultät in Leipzig mit eigenem Statut. Erster Dekan war Gerhard Hohenkirch (gest. 1429)[782]. Die Medizinische Fakultät setzte sich zu dieser Zeit aus neun Mitgliedern – den Bakkalaurien[783], Lizentiaten[784] und Doktoren der Medizin – zusammen[785]. Die

---

779 Geschäftsbericht Universitätsklinikum Leipzig, 2010, S. 82, abrufbar unter http:/www.uniklinikum-leipzig.de.

780 Älteste medizinische Fakultät, die ununterbrochen die Medizinausbildung in Deutschland durchführt, ist die Medizinische Fakultät in Heidelberg. Sie wurde am 1. Oktober 1386 gegründet.

781 Sechs Jahre nach Gründung der Leipziger Universität am 2. Dezember 1409; vgl. Becker/Riha, S. 26; Bünz, S. 247; Riha, S. 953.

782 Becker, C., Bibliographie zur Geschichte der medizinischen Fakultät der Universität Leipzig, S. 8.

783 Entspricht einem akademischen Grad nach Abschluss des Trivums (Grammatik, Dialektik, Rhetorik) an der mittelalterlichen Universität. Der Absolvent wurde mit Abschluss gleichzeitig Hilfslehrer. Um 1820 verschwand jedoch die Bezeichnung des akademischen Grades aus dem deutschen Sprachgebrauch.

784 Ein Lizentiat hatte im Mittelalter die Erlaubnis zu lehren. Diesen akademischen Grad hat er im Anschluss an das Bakkalaureus erworben.

ersten ordentlichen Lehrstühle[786] gab es an der Leipziger Medizinfakultät 1438 in den Bereichen Therapie[787] und Pathologie[788].

Die heute bestehende Aufgabentrias des Universitätsklinikums hat sich aber auch in Leipzig erst mit den Jahrhunderten entwickelt. Wie an allen europäischen Universitäten wurde das medizinische Wissen zunächst theoretisch verbreitet. Erst seit 1546 fand der universitäre Unterricht im „Paulinum" statt[789]. 1620 wurde ein planmäßiges Extraordinariat für Anatomie eingerichtet[790].

1704 ließ Johann Christian Schamberg (gest. 1706), Professor für Anatomie und Chirurgie, im ersten Stock des Mittelpaulinums das erste anatomische Theater für die Universität Leipzig errichten. Es war das erste allein für die medizinische Ausbildung zur Verfügung stehende Gebäude[791].

Darüber hinaus setzten erste Überlegungen zu einer patientenorientierten Ausbildung im europäischen Raum im 18. Jahrhundert ein. In Leipzig gelang die Einführung des Unterrichts am Krankenbett durch eine zu diesem Zweck geschaffene Verbindung zwischen Stadt und Universität[792]. Für die Einführung des Unterrichts am Krankenbett wurde aber kein eigenes Lehrkrankenhaus gebaut, sondern das am Rosenthal gelegene städtische Jakobshospital in den Lehrbetrieb der Universität aufgenommen[793].

---

785 Becker, C., Die Einrichtung von Ordinariaten an der Leipziger Medizinischen Fakultät und deren Besetzung im Zeitraum von 1415 bis 1990, S. 1

786 Becker, C., Bibliographie zur Geschichte der Medizinischen Fakultät der Universität Leipzig, S. 8; Riha, S. 953.

787 1438 konnten durch eine Stiftung der Regierung zwei medizinische Ordinariate eingerichtet werden. Das Ordinariat für Therapie hatte den ersten Rang inne und wurde als Lehrstuhl der praktischen Medizin bezeichnet. Bis zur Neuordnung der Medizinischen Fakultät im Jahr 1810 hatte der Professor für Therapie auch das Amt des Dekans inne; vgl. Becker, C. S. 8.

788 Das Ordinariat für Pathologie stand im Rang unter dem der Theorie und verkörperte den Lehrstuhl für theoretische Medizin. Bei Tod oder anderweitigem Weggang des Ordinarius für Therapie rückte der Professor für Pathologie in die ranghöhere Professur auf und wurde darüber hinaus neuer Dekan.

789 Nachdem das ehemalige Paulinerkloster 1544 in den Besitz der Universität überging, konnten die zwischen Augustusplatz und Universitätsstraße gelegenen Gebäude von der Medizinischen Fakultät genutzt werden.

790 Riha, S. 957.

791 Becker/ Rihun, S. 33; Riha, S. 959.

792 Becker/Schöpp, S. 6.

793 Becker/Schöpp, S. 6.

Ende des 18. Jahrhunderts wurden wesentliche Neuerungen in der studentischen Ausbildung eingeführt. 1785 bot der Ordinarius für Anatomie und Chirurgie Johann Gottlob Haase erstmals Sezierübungen für Studenten an und konzipierte eine anatomische Lehrsammlung[794]. 1790 erlaubte die sächsische Landesregierung, im städtischen Lazarett (dem späteren Jakobsspital) entsprechende Übungen abzuhalten[795].

Erst seit dem 29. April 1799 gibt es den klinischen Unterricht an der Universität Leipzig am „Institut für den klinischen Unterricht im Jakobshospital". Anfangs besaß das Institut nur vier Betten. Es konnten aber nun Patientenuntersuchungen, chirurgische Demonstrationen und pathologisch-anatomische Sezierübungen stattfinden[796]. Seitdem erfüllte das kommunale Krankenhaus gleichzeitig die Aufgaben einer Universitätsklinik[797].

1866 begannen die Bauarbeiten für ein Krankenhaus als Einrichtung für die Stadt und die Universität Leipzig nach amerikanischem Vorbild als Anlage im Barackenstil. Die Anregung zu diesem Bau geht auf die Professoren Karl Reinhold August Wunderlich (gest. 1877) und Karl Thiersch (gest. 1895) zurück. Die neue Anlage sollte das inzwischen baufällige Institut für den klinischen Unterricht im Jakobshospital ersetzen. 1871 konnte das für die damaligen Verhältnisse moderne „Städtische Krankenhaus zu St. Jakob" eröffnet werden. Es besaß 350 Betten[798]. Gleichzeitig fand in dieser Zeit die Gründung des Hauptstandortes der Leipziger Universitätsmedizin an der Liebigstraße statt[799], welcher bis heute dort vorhanden ist. Die Stadt Leipzig verwaltete das Krankenhaus, aber die Universität unterstand der sächsischen Hoheit. Das führte dazu, dass die Direktoren der königlichen Universitätskliniken, die gleichzeitig Lehrstuhlinhaber der jeweiligen Disziplin waren, auch als Oberärzte der medizinischen bzw. chirurgischen Abteilung des Krankenhauses amtierten[800].

Das heute als Wahrzeichen des medizinischen Viertels geltende „Rote Haus" wurde 1889 durch den Stadtbaudirektor Hugo Licht (gest. 1923) als Siechenhaus im Verbund mit dem Kinderhaus (der heutigen Klinik für

794 Riha, S. 962.
795 Riha, S. 962.
796 Becker/Schöpp, S. 6.
797 Riha, S. 963.
798 Murken, Das Bild des deutschen Krankenhauses im 19. Jahrhundert, S. 96.
799 Becker/Rihun, S. 26; Becker/Schöpp, S. 6.
800 Universitätsklinikum Leipzig, Universitätsmedizin Leipzig modern und zukunftsorientiert, S. 32.

Neurochirurgie) und Wirtschaftsgebäuden für die Stadt Leipzig erbaut. Unter dem Kliniker Heinrich Curschmann (gest. 1910) ging das Gebäude 1897 an das Jakobshospital über und wird seitdem als medizinische Klinik genutzt[801].

Der Aufschwung von Forschung und Lehre begann mit dem 19. Jahrhundert[802]. Bereits 1880 war die Medizinische Fakultät Leipzig eine der ersten wissenschaftlichen Arbeits- und Lehrstätten der Welt. Kennzeichnend für die Ausbildung in Leipzig war eine medizinisch- naturwissenschaftlich ausgerichtete Lehre mit dem Schwerpunkt eines ausgeprägten und durch Forschungsarbeiten vertieften Spezialwissens. Schon vor dem Ersten Weltkrieg war die bauliche Entwicklung des medizinischen Viertels weitestgehend abgeschlossen[803].

Der Zweite Weltkrieg jedoch erschwerte die medizinische Versorgung und die studentische Ausbildung im hohen Maße. Bei dem schwersten Luftangriff auf Leipzig am 4. Dezember 1943[804] starben mehr als 1000 Menschen, die Leipziger Innenstadt wurde zerstört, und die Kliniken und Institute brannten bis auf die Grundmauern ab. Nach den Bombenangriffen am 27. Februar und 6. April 1945 war die Leipziger Universität zu 85% zerstört[805].

Es folgte ein mühsamer Wiederaufbau. 1956 konnte als erster Nachkriegsbau das Anatomische Institut in Betrieb genommen werden. Mit 364 Arbeitsplätzen zählte dessen Mikroskopiesaal zu dem größten Europas[806].

Die städtische Trägerschaft für das Jakobshospital endete 1953. Somit ging die Gesamtverantwortung für die Bereiche Forschung, Lehre und Krankenversorgung auf die Universität über[807].

Seit 1993 bildeten die Medizinische Fakultät und das Universitätsklinikum (30 Kliniken, 17 Institute) eine Einheit in Form einer unselbständigen Anstalt des öffentlichen Rechts[808].

---

801 Becker/Schöpp, S. 28.

802 Cholet, S. 117.

803 Becker/ Rihun, S. 30.

804 Das Bombardement dauerte knapp 20 Minuten. Zwischen 3:58 Uhr und 4:14 Uhr fielen zehntausende Spreng- und Brandbomben vor allem auf das Zentrum, den Süden und den Osten Leipzigs. Die 20 Minuten reichten aus, große Teile des Universitätsklinikums zu zerstören. Vgl. Becker/Schöpp, S. 22.

805 Becker/ Rihun, S. 30; Becker/Schöpp, S. 22.

806 Becker/Rihun, S. 32.

807 Riha, S. 968.

Am 1. Juli 1999 ist das Universitätsklinikum Leipzig in eine selbständige Anstalt des öffentlichen Rechts umgewandelt worden. Es wird nunmehr durch den Medizinischen und Kaufmännischen Vorstand sowie den Aufsichtsrat vertreten. Die Medizinische Fakultät mit den vorklinisch, klinisch-theoretisch und einigen klinischen Instituten hat ihren Status als Landesbetrieb behalten. Für ihre Leitung ist das Dekanatskollegium, dessen Vorsitzender der Dekan ist, verantwortlich[809].

4.2 Optimierungsüberprüfung des Status quo

Auch am Universitätsklinikum Leipzig hat sich eine Entwicklung im Rahmen der Organisationsreform vollzogen. Zunächst wird die Entwicklung des Status quo dargestellt. Anschließend erfolgt die Prüfung einer möglichen Optimierung der jetzigen Rechtsform.

4.2.1 Status quo

Die Darstellung des Status quo des Leipziger Universitätsklinikums erfolgt in separater Unterteilung von Rechtsform und Organisationsmodell.

4.2.1.1 Rechtsform

Nach dem 3. Oktober 1990 haben die Medizinische Fakultät und das Universitätsklinikum innerhalb der Universität Leipzig eine juristisch unselbständige, jedoch wirtschaftlich eigenständige Einheit gebildet[810].

In den 1990er Jahren war ein starker Rückgang der Erträge der Krankenhäuser zu verzeichnen. Es hat die Gefahr bestanden, dass die Krankenhäuser ihre Kosten mittels der Krankenkassenvergütung nicht mehr decken können. Zudem haben die Krankenkassen moniert, dass keine hinreichende Transparenz

---

808 Vgl. http://www.uniklinikum-leipzig.de/r-fakultaetsverwaltung-a-36.html.
809 Vgl. http://www.uniklinikum-leipzig.de/r-fakultaetsverwaltung-a-36.html.
810 Siewert/ Nolden, S. 745.

bestehe, ob und inwieweit durch ihre Leistungen neben der Krankenversorgung auch die Wissenschaft subventioniert werde[811].

Durch das Gesetz über die Hochschulmedizin in Sachsen sind beide Universitätsklinika in Sachsen (Dresden, Leipzig) als rechtsfähige Anstalten des öffentlichen Rechts errichtet worden[812]. In Sachsen verbleibt das wissenschaftliche Personal mit dem Zeitpunkt der Rechtsformänderung bei der Universität, § 11 II UKG. Neu einzustellende Ärzte werden im Einvernehmen mit der Universität beim Klinikum eingestellt. Dabei spielen deren Aufgabenbereiche in Forschung und Lehre zunächst keine Rolle. Nach § 65 I Sächsisches Hochschulgesetz können die Ärzte, die ebenfalls Aufgaben im Bereich Forschung und Lehre wahrnehmen, durch den Dekan der Medizinischen Fakultät den übrigen wissenschaftlichen Mitarbeitern der Universität korporationsrechtlich gleichgestellt werden, wenn der zuständige Hochschullehrer und der Klinikumsvorstand zustimmen.

Zudem besteht in Sachsen seit 2003 die Möglichkeit, eigene Tarifverträge abzuschließen. Derzeit verdienen die am Klinikum beschäftigten Ärzte weniger als die Kollegen an der Universität[813].

Nach *Wälz*[814] hat der damalige Kaufmännische Vorstand des Universitätsklinikums am 25. Mai 2005 eine Pressemitteilung herausgegeben, dass nur eine Privatisierung des Universitätsklinikums Leipzig das drohende Defizit verhindern könne. Letztlich ist davon jedoch Abstand genommen worden, da die Gewährleistung der Einheit von Forschung und Lehre und Krankenversorgung in dieser Rechtsform als nicht hinreichend gesichert erscheint.

Der vom 1. Oktober 2005 bis 30. April 2010 amtierende Kaufmännische Direktor des Universitätsklinikums Leipzig, Herr Dr. Wokittel, begründet dies mit der Stellung der Universitätsmedizin in deren Gesamtheit[815]. Nach der Auffassung *Wokittels*[816] könne eine Privatisierung aufgrund der engen Verbundenheit zwischen Fakultät und Klinikum nicht befürwortet werden. Zudem stehe bei der Universitätsmedizin der öffentliche Auftrag der Gewährleistung von Forschung und Krankenversorgung im Vordergrund. Des Weiteren müsse bei einer Privatisierung des Universitätsklinikums der erwirtschaftete

---

811 Siewert/ Nolden, S. 745.

812 UKG vom 6. Mai 1999, SächsGvBl, 1999, S. 207.

813 Vgl. WR, Allgemeine Empfehlungen zur Universitätsmedizin, S. 92.

814 Wälz, unter http://www.sozialismus.info.

815 Wokittel, Anlage 2.

816 Wokittel, Anlage 2.

Gewinn in Teilen wie bei der Aktiengesellschaft abgeführt werden. Bei der Rechtsform in öffentlich rechtlicher Trägerschaft könne dieser Gewinn hingegen 100%ig zur Refinanzierung genutzt werden.

Im Vergleich zum Jahr 2005 erwirtschaftet das Universitätsklinikum derzeit erhebliche Gewinne. Allein von 2005 bis 2009 ist die Fallzahl von 43.710 auf 47.288 gestiegen. Darüber hinaus ist der Investitionsstau aus dem Jahr 1999 in Höhe von 500 Millionen Euro abgebaut worden[817]. Die gesteigerte Fallzahl sei nach *Wokittel* ein Resultat der hohen fachlichen Expertise am Universitätsklinikum Leipzig. Der Freistaat Sachsen sei ein Flächenland mit einer Gesamteinwohnerzahl von 4.168.732, wobei nur zwei Maximalversorgungsstandorte vorgehalten werden. Mit Steigerung der Qualität der medizinischen Leistungen könnten daher nicht nur im Umland von Leipzig Patienten akquiriert werden, sondern auch aus Thüringen, Sachsen-Anhalt und Brandenburg. Schließlich spiele für die Wirtschaftlichkeit des Universitätsklinikum Leipzig auch die gute regionale Erreichbarkeit durch die Infrastruktur von Autobahnen, Schienennetz und Flughafen eine große Rolle[818].

Zur Steigerung der Qualität der medizinischen Leistungen am Universitätsklinikum Leipzig hat nach dem Jahr 2005 eine Schwerpunktbildung stattgefunden. Schwerpunkte sind in den Bereichen der Transplantationsmedizin, der Onkologie, in einem universitären Neurozentrum für Stoffwechsel und Gefäße sowie einem universitären Zentrum für Medizin der Bewegungsorgane und dem Zentrum der Zahnheilkunde und Mundgesundheit gebildet worden[819]. Wortwörtlich erklärte Herr Dr. Wokittel:

> „Durch die Konzentrierung auf Schwerpunkte war es uns insoweit möglich, den wissenschaftlichen Fortschritt in diesem Bereich zu forcieren. Zudem konnten ausgewiesene Spezialisten an den Standort geholt werden. Die Spezialisierung ist dann für die Patienten auch im Umland attraktiv, und sie lassen sich daher lieber ins Universitätsklinikum Leipzig einweisen“.
>
> (Interview vom 26. Juli 2010, Anlage 2)

Folglich hat die beim Universitätsklinikum Leipzig vorgenommene Schwerpunktbildung auch zur Wettbewerbsstärkung des Klinikum geführt. Zudem ist

817 Wokittel, Anlage 2.
818 Wokittel, Anlage 2.
819 Wokittel, Anlage 2.

hierdurch eine enge Vernetzung von Grundlagenforschung, klinischer Forschung bis hin zur Krankenversorgung erfolgt[820].

Zwar ist eine Privatisierung des Universitätsklinikums Leipzig bisher erfolgreich abgewendet worden, allerdings bestehen auch in der Universitätsmedizin Leipzig Kooperationen mit privaten Trägerschaften.

1994 ist das Herzzentrum Leipzig als Fachkrankenhaus mit dem speziellen Versorgungsauftrag für kardiologische und kardiochirurgische Patienten mit dem Auftrag der Maximalversorgung errichtet worden[821]. Klinikträger ist jedoch nicht der Freistaat Sachsen, sondern ein privater Krankenhauskonzern. Mit dem Freistaat Sachsen und der Universität Leipzig ist gemäß § 100 I Sächsisches Hochschulgesetz ein Kooperations- und Nutzungsvertrag geschlossen worden, der dem Herzzentrum Leipzig den Status einer Universitätsklinik verleiht[822]. Im Gegenzug steht das Herzzentrum Leipzig der Universität für Zwecke der Forschung und Lehre zur Verfügung. Daher ist das rechtlich und wirtschaftlich selbständige Herzzentrum Teil der Medizinischen Fakultät der Universität Leipzig. Jedoch wird das Personal von Universität und Herzzentrum strikt getrennt[823]. Schließlich wird die Nutzung des Herzzentrums für Zwecke der Forschung und Lehre pauschal vergütet. Auch dieses ist in den entsprechenden Kooperationsvereinbarungen schriftlich festgelegt worden. In der Folge leitet die Medizinische Fakultät daher einen Teil des Landeszuschusses für Forschung und Lehre an das Herzzentrum weiter[824].

4.2.1.2 Organisationsmodell

Im Zuge der Strukturreform der Hochschulmedizin ist 1999 mit dem Gesetz über die Hochschulmedizin im Freistaat Sachsen auch für das Universitätsklinikum Leipzig das Kooperationsmodell umgesetzt worden. Der Grundgedanke für diese Umsetzung sei nach Ansicht *Noldens*[825] die getrennte

---

820 Wokittel, Anlage 2.

821 WR, Empfehlungen zu PPP und Privatisierungen in der universitätsmedizinischen Krankenversorgung, 2006, S. 42.

822 WR, Empfehlungen zu PPP und Privatisierungen in der universitätsmedizinischen Krankenversorgung, S. 42.

823 WR, Empfehlungen zu PPP und Privatisierungen in der universitätsmedizinischen Krankenversorgung, S. 42.

824 WR, Empfehlungen zu PPP und Privatisierungen in der universitätsmedizinischen Krankenversorgung, S. 42.

825 Vgl. Siewert/ Nolden, S. 745.

Zuordnung von Aufgaben in Forschung und Lehre einerseits und von Aufgaben in Krankenversorgung andererseits an die jeweiligen eigenständigen Leitungsorgane gewesen. Zudem solle eine weitergehende Autonomie im Bereich der Forschung und Lehre sichergestellt und eine wirtschaftliche Trennung von Krankenversorgung und Wissenschaft erreicht werden.

4.2.2 Optimierungsvorschlag

Nachfolgend wird nun ein Verbesserungsvorschlag bezüglich der gewählten Rechtsform und des Organisationsmodells am Universitätsklinikum Leipzig erörtert.

4.2.2.1 Rechtsform

Seit 1998 erfährt das Gesundheitswesen erhebliche Veränderungen im Bereich der möglichen Ausgestaltung der Rechtsform des Universitätsklinikums. Trägerfunktionen und operative Geschäftsführung sind voneinander getrennt worden. Diese neuen Entscheidungsstrukturen sollen vereinfachte Entscheidungsfindung und mehr Flexibilität gewährleisten[826]. Auch der Freistaat Sachsen hat sich dieser Entwicklung angeschlossen und hat das Universitätsklinikum Leipzig durch das Gesetz über die Hochschulmedizin in Sachsen in Form der rechtsfähigen Anstalt des öffentlichen Rechts verselbständigt.

Bei der Universitätsmedizin steht der öffentliche Auftrag der Gewährung von Forschung, Lehre und Krankenversorgung klar im Vordergrund. Daher ist auch dieses Aufgabengeflecht bestmöglich durch einen öffentlichen Träger vorzunehmen[827]. Insoweit ist im Freistaat Sachsen die Wahl der öffentlich rechtlichen Rechtsform für das Universitätsklinikum Leipzig die richtige Entscheidung.

In der Rechtsform der Körperschaft des öffentlichen Rechts liegen der medizinisch-wissenschaftliche Bereich und der Bereich der Krankenversorgung noch enger beieinander als bei der Anstalt des öffentlichen Rechts. Die hierdurch gewonnene Rechtseinheit von Fachbereich und Klinikum sichert daher noch besser die Funktionseinheit von Forschung, Lehre und Krankenversorgung.

---

826 WR, Empfehlungen zu PPP und Privatisierungen in der universitätsmedizinischen Krankenversorgung, S. 21.

827 So auch Wokittel, Anlage 2.

Abzuraten wäre in jedem Fall die Privatisierung von Teilen der Universitätsmedizin wie in Leipzig dem Herzzentrum. Insbesondere der Bereich der Kardiologie bzw. Kardiochirurgie wird von privaten Trägern als sehr lukrativ eingestuft. Bei einer Teilprivatisierung in diesem Bereich entfällt jedoch für das Universitätsklinikum selbst die Möglichkeit, die hier zu erwartenden hohen Gewinne zum Ausgleich ertragsschwacher Bereiche zu verwenden[828]. Die privaten Träger nehmen sich insoweit der wirtschaftlich lukrativen Bereiche an, müssen aber die ertragsschwächeren Bereiche nicht abdecken.

4.2.2.2 Organisationsmodell

Die Körperschaft des öffentlichen Rechts ist sowohl im Organisationsmodell der Kooperation als auch der Integration gestaltungsfähig.

Im Gegensatz zum Kooperationsmodell sind die Medizinische Fakultät und das Universitätsklinikum im Rahmen des Integrationsmodells bei der Rechtsform der Körperschaft des öffentlichen Rechts als selbständige Teilkörperschaft in der Universität fest verankert. Daher wird das gesamte in der Universitätsmedizin tätige Personal, also sämtliche Wissenschaftler, Ärzte sowie das gesamte nichtwissenschaftliche Personal, der Teilkörperschaft zugeordnet. Diese Organisationsstruktur führt in der Folge zu einer engen Abstimmung zwischen Forschung, Lehre und Krankenversorgung.

Insoweit ist der Ansicht *Wokittels*[829], dass der hoheitliche Auftrag der Universitätsmedizin besser in einem Integrationsmodell zu verwirklichen sei, zuzustimmen.

4.2.3 Ergebnis der Optimierungsprüfung

Nach alledem wäre für den Freistaat Sachsen ein Wechsel vom Kooperations- zum Integrationsmodell empfehlenswert. Zudem sollte die Rechtsform der Körperschaft des öffentlichen Rechts für das Universitätsklinikum Leipzig in Betracht gezogen werden.

---

828 WR, Empfehlungen zu PPP und Privatisierungen in der universitätsmedizinischen Krankenversorgung, S. 44.

829 Vgl. Wokittel, Anlage 2.

5 Vierter Teil: Zusammenfassung und Ausblick

Hervorgegangen aus den Hospitälern des Mittelalters bildeten sich im 18. Jahrhundert die ersten Universitätsklinika in Deutschland heraus. Mit den Klinikneubauten des 19. Jahrhunderts gewinnt die staatliche Trägerschaft für die Universitätsklinika an Bedeutung. Die Verbindung von Klinikum und Universität, also von Therapie, Ausbildung und Forschung, ist aber letztlich ein Ergebnis vor allem des letzten Jahrhunderts.

Die Hochschulmedizin, die zuvor allein in die Universität und ihre akademische Selbstverwaltung integriert war, wurde, beginnend 1976, ganz oder in ihrem krankenversorgungsbezogenen Teil zu einer unselbständigen Anstalt der Universität, regelmäßig in Form rechtlich unselbständiger Landesbetriebe, mit eigener Aufbauorganisation zusammengefasst. Das die Organisation der Universität prägende Kollegialitätsprinzip wurde durch eine von Amtsträgern bestimmte Organisation ersetzt. Zudem erhielt das Klinikum durch Einführung des kaufmännischen Rechnungswesens eine flexible Betriebsführung.

In dieser Rechtsform verfügten die Klinika zwar über einen eigenen Wirtschaftsplan, sie blieben in dieser Rechtsform aber eher eine untergeordnete Behörde als ein selbständig wirtschaftendes Dienstleistungsunternehmen. In der Praxis verhinderte jedoch der Einsatz administrativer Instrumente des Dienst-, Haushalts- und Organisationsrechts eine dezentrale Steuerung dieser Klinika. Insbesondere das Haushaltsrecht schränkte die Entscheidungsfreiheit der Klinika erheblich ein.

Daher sprachen sich im Jahre 1995 sowohl der Wissenschaftsrat als auch die KMK für eine Verbesserung der Wirtschaftlichkeit des Klinikums und der Mittelverwendung für Lehre und Forschung aus. Befürwortet wurde eine rechtliche Verselbständigung der Universitätsklinika. Diese Anregung aufgreifend hat die Mehrheit der Bundesländer daraufhin beschlossen, die Klinika im Zuge von Strukturreformen der Hochschulmedizin in rechtsfähige Anstalten des öffentlichen Rechts des Landes bzw. der Universität umzuwandeln. Damit waren erste Schritte einer Beschränkung des staatlichen Einflusses und einer Ausweitung der unternehmerischen Befugnisse und somit auch der Wettbewerbsfähigkeit der Universitätsklinika getan. Dieser Prozess ist nicht abgeschlossen, wie die Privatisierung des Universitätsklinikums Marburg/ Gießen zeigt.

Ausgehend von der unselbständigen Anstalt des öffentlichen Rechts über die rechtsfähige Anstalt des öffentlichen Rechts und die Körperschaft des öffentlichen Rechts bis hin zur vollständigen Privatisierung des Universitätsklinikums lässt der gesetzgeberische Gestaltungsspielraum heute eine Vielzahl von Rechtsformen zu.

In der Rechtsform der unselbständigen Anstalt des öffentlichen Rechts wird heute allein noch die MHH geführt. Die fehlende Vollrechtsfähigkeit im Außenverhältnis bedingt Einschränkungen in der Handlungsfähigkeit und Flexibilität in der Unternehmensführung. Der Auffassung von *Becker*[830], dass diese Rechtsform für das Universitätsklinikum ein „Auslaufmodell" zu sein scheint, ist zuzustimmen.

Die meisten Universitätsklinika bundesweit werden heute in der Rechtsform der rechtsfähigen Anstalt des öffentlichen Rechts betrieben. Im Gegensatz zur unselbständigen Anstalt ist diese eine mit eigener Persönlichkeit ausgestattete Einrichtung. Sie besitzt eigene Satzungsgewalt und genießt partielle Selbstverwaltungsrechte. Dadurch ist es ihr auch möglich, unter anderem selbst Kredite aufzunehmen. Aufgrund ihrer rechtlichen Verselbständigung ist es dem Klinikum in der Rechtsform der rechtsfähigen Anstalt des öffentlichen Rechts möglich, seine Aufgaben eigenständig zu erfüllen. Das führt zu einer Wettbewerbsstärkung, da über erforderliche Ersatzinvestitionen eigenständig entschieden werden kann.

Die Körperschaft des öffentlichen Rechts wird durch staatlichen Hoheitsakt errichtet. Sie ist rechts- und handlungsfähig und dient primär öffentlichen Zwecken. Die Körperschaft des öffentlichen Rechts ist durch eine mitgliedschaftliche Struktur gekennzeichnet. Der medizinisch-wissenschaftliche Bereich und der Bereich der Krankenversorgung liegen in dieser Rechtsform eng beieinander. Fachbereich und Klinikum werden in dieser Rechtsform vereinigt. Die Rechtseinheit von Fachbereich und Klinikum sichert wiederum die Funktionseinheit von Forschung, Lehre und Krankenversorgung.

Als weitere alternative Rechtsform für ein Universitätsklinikum kommt die Stiftung des öffentlichen Rechts in Betracht. Die Hochschule verbleibt hier mittelbar beim Land, wodurch der hoheitliche Auftrag von Forschung und Lehre gewährleistet werden kann. Darüber hinaus ist die Möglichkeit der betriebswirtschaftlichen Führung des Klinikums gegeben. Nachteilig wirkt sich jedoch die Schaffung einer weiteren Verwaltungseinheit in Gestalt der Stiftung aus,

830 Vgl. Becker, S. 121.

womit allein weitere Bürokratien geschaffen werden, ohne tatsächlich Änderungen an den defizitären Strukturen des Hochschulwesens zu bewirken[831]. Schließlich wird durch das Einschieben einer weiteren Verwaltungseinheit (Stiftung) das Konfliktpotential zwischen den beteiligten Strukturen erhöht.

Die Erweiterung des gesetzgeberischen Gestaltungsspielraums ermöglicht gegenwärtig den Betrieb des Universitätsklinikums auch in privater Rechtsform. In Betracht kommen hier die Kapitalgesellschaften (GmbH und AG) und die Stiftung bürgerlichen Rechts. Gegen eine Stiftung bürgerlichen Rechts sprechen die bereits im vorhergehenden Absatz erörterten Bedenken. In Abwägung der zu wählenden Kapitalgesellschaft wäre der GmbH der Vorrang einzuräumen, da die Bestimmungen des GmbH-G weitaus flexibler ausgelegt sind und damit die besseren Möglichkeiten bieten, die staatlichen Verpflichtungen zur Gewährleistung der Einheit von Forschung, Lehre und Krankenversorgung sicherzustellen. Mit der strikten Durchsetzung betriebswirtschaftlicher Grundsätze wird sicherlich eine Kostenersparnis einhergehen, und auch die bestehenden Haftungsrisiken lassen sich in den privatrechtlichen Rechtsformen deutlich einschränken. Gerade die betriebswirtschaftliche Ausrichtung stärkt die Besorgnis, dass der hoheitliche Auftrag der Aufgabeneinheit von Forschung, Lehre und Krankenversorgung letztlich nicht im geforderten Maße umgesetzt wird.

Der hoheitliche Auftrag ist nach alledem in einer öffentlich rechtlichen Rechtsform erfolgreicher durch zu setzen. Dabei ist der Körperschaft des öffentlichen Rechts der Vorzug zu geben. Nur in dieser öffentlich rechtlichen Rechtsform ist ein enger Verbund von Fakultät und Klinikum gewährleistet, der sich auf die Sicherung der Funktionseinheit von Forschung, Lehre und Krankenversorgung besonders positiv auswirkt. In dieser Rechtsform lässt sich der Betrieb der Klinika sowohl nach dem Kooperations- als auch dem Integrationsmodell führen.

Das Integrationsmodell wird in den Rechtsformen der Körperschaft des öffentlichen Rechts, der rechtsfähigen Stiftung des öffentlichen Rechts und in der Rechtsform des rechtlich unselbständigen Landesbetriebs geführt. Dieses Modell zeichnet sich dadurch aus, dass es die rechtliche Zusammenführung einer gemeinsamen Leitung für Klinikum und Fakultät in Form eines gemeinsamen Vorstands beinhaltet. Dieser Vorstand, bestehend aus Kaufmännischem Vorstand, Medizinvorstand und Wissenschaftsvorstand, trägt im Integrationsmodell gemeinschaftlich die Gesamtverantwortung für den Auf-

831 Vgl. WR, Allgemeine Empfehlungen zur Universitätsmedizin, S. 40.

gabenverbund Forschung, Lehre und Krankenversorgung. Dadurch werden rasche und kurze Funktionsabläufe gesichert und Meinungsverschiedenheiten oder Konfliktsituationen zwischen Klinikum und Fakultät weitgehend vermieden. Fakultät und Klinikum wird die Freiheit eingeräumt, direkt mit universitären Einrichtungen (Max-Planck-Institute, Fraunhofer-Institute usw.) Kooperationsvereinbarungen zu schließen. Eine Einflussnahme der Universität auf diese zu schließenden Vereinbarungen ist in diesem Modell ausgeschlossen.

Dagegen geht das Kooperationsmodell von der grundsätzlichen Eigenständigkeit und Eigengesetzlichkeit des Klinikums einerseits und der medizinischen Fakultät andererseits aus. Die Aufgaben im Bereich der Forschung und Lehre und im Rahmen der Patientenversorgung sind hier durch Kommunikation und Kooperation partnerschaftlich und verpflichtend zu regeln. Dabei sind die Universitätsklinika rechtlich aus der Universität herauszulösen und als Anstalten des öffentlichen Rechts rechtlich selbständig zu gestalten. Die jeweils eigenständigen Leitungsorgane/ Vorstände des Klinikums und der Fakultät sind durch wechselseitige Mitgliedschaft miteinander verschränkt. Dadurch soll das Kompetenzgeflecht von Forschung, Lehre und Krankenversorgung, nicht zuletzt auch aus Sicht der wirtschaftlichen Stellung der Universitätsklinika, sichergestellt werden. Die Verwirklichung dieser engen Kompetenzverflechtung erfordert aber detailliert und möglichst umfassend zu schließende Kooperationsvereinbarungen. Aber das Kooperationsmodell ist durch eine Vielzahl von Abstimmungserfordernissen geprägt, die wiederum gesonderte Regelungen für den Konfliktfall erfordern. Rasche und kurze Funktionsabläufe, wie sie beim Integrationsmodell kennzeichnend sind, können unter diesen Bedingungen nur schwerlich erreicht werden.

Die spezifischen Anforderungen an die Universitätsklinika im Hinblick auf Forschung, Lehre und Ausbildung des wissenschaftlichen Nachwuchses und gleichzeitig bei der Absicherung des Maximalversorgungsauftrags bei der Betreuung der Patienten erfordern zunehmend die Umsetzung betriebswirtschaftlicher Methodik, schnelle Managemententscheidungen und nicht zuletzt eine ausreichende Finanzausstattung. Die unter dem Eindruck des zunehmenden wirtschaftlichen und auch wissenschaftlichen Wettbewerbs stehenden Prozesse werden nur durch das Integrationsmodell hinreichend gewährleistet. Das Kooperationsmodell wird aufgrund seiner umständlichen Struktur und der damit einhergehenden langwierigen Entscheidungsfindungsprozesse diesen spezifischen Bedingungen zunehmend nicht mehr gerecht werden können.

Zusammenfassend ist der Körperschaft des öffentlichen Rechts in der Organisation des Integrationsmodells der Vorzug zu geben. Dem Universitätsklinikum Leipzig wäre sowohl diese Rechtsform als auch dieses Organisationsmodell zu empfehlen.

6 Anhang

Anlage 1: Gegenüberstellung der einzelnen Rechtsformen und Organisationsmodelle der deutschen Universitätsklinika (Stand 31. Juli 2013; in Anlehnung an WR, Allgemeine Empfehlungen zur Universitätsmedizin, S. 51 ff und Sandberger, Das Recht der Hochschulmedizin, S. 434 ff.)

Land	Standort	Organisations-modell	Rechtsform des Klinikums	Organe des Klinikums	Organe der Fakultät	Besonderheiten	Rechtliche Grundlagen
Baden-Württem-berg	Freiburg Heidelberg Tübingen Ulm	Kooperations-modell seit 01.01.1998, Neufassung des Gesetzes 15.09.2005	Rechtsfähige Anstalt des öffentlichen Rechts der Universität	Aufsichtsrat, Klinikums-vorstand	Fakultäts-vorstand, Fakultätsrat		LHG, insb. §27 und UKG (vom 15.09.2009, GBl. 2005, S. 625)
	Mannheim	Kooperations-modell seit 01.01.1998	Gemeinnützige GmbH (gGmbH)	Gesellschafter-versammlung, Aufsichtsrat, Geschäftsführer, Vorstand (nur beratend)	Fakultäts-vorstand, Fakultätsrat	Klinikum in Trägerschaft der Stadt Mannheim	Satzung der Klinikum gGmbH; Rahmenverein-barung zw. Land, Universität Heidelberg sowie Klinikum Mannheim gGmbH; Kooperations-vertrag

Land	Standort	Organisations-modell	Rechtsform des Klinikums	Organe des Klinikums	Organe der Fakultät	Besonderheiten	Rechtliche Grundlagen
Bayern	TU München	Kooperations-modell seit 01.07.2003	Rechtsfähige Anstalt des öffentlichen Rechts des Freistaates Bayern	Aufsichtsrat, Klinikums-vorstand, Klinikums-konferenz	Dekan, Fachbereichsrat		seit 2006: BayUniKlinG (vom 23.05.2006, GVBL. 2006, S. 285)
	Erlangen LMU München Regens-burg Würzburg	Kooperations-modell seit 01.06.2006	Rechtsfähige Anstalten des öffentlichen Rechts des Freistaates Bayern	Aufsichtsrat, Klinikums-vorstand, Klinikums-konferenz	Fachbereichs-sprecher (= Dekan), Fachbereichsrat		seit 2006: BayUniKlinG (vom 23.05.2006 GVBL. 2006, S. 285)

Land	Standort	Organisations-modell	Rechtsform des Klinikums	Organe des Klinikums	Organe der Fakultät	Besonderheiten	Rechtliche Grundlagen
Berlin	Berlin	Integrations-modell	Körperschaft des öffentlichen Rechts als Gliedkörperschaft der FU und der HU seit 27.05.2003 Bestehend aus: Medizinische Fakultät Charité-Universitäts-medizin Berlin; Universitäts-klinikum Charité-Universitäts-medizin Berlin	Organe des Klinikums und der Fakultät zusammen-gefasst siehe nächste Spalte	Organe: Medizinsenat, Fakultätsrat, Aufsichtsrat, Vorstand, Fakultäts-leitung, Klinikums-leitung Mitglieder: Hauptberuflich Beschäftigte, Immatrikulierte Studierende, Ggf. weitere per Satzung	Hauptamtlicher Vorstand einschließlich Dekan und hauptamtlicher kaufmännischer Leiter der Fakultät	BerlUniMedG (vom 05.12.2005, GVBl. 2005, S. 739) BerlHG (vom 13.2.2003, in der Fassung vom 20.05.2011, GVBl. S. 378)

Land	Standort	Organisations-modell	Rechtsform des Klinikums	Organe des Klinikums	Organe der Fakultät	Besonderheiten	Rechtliche Grundlagen
Hamburg	Hamburg	Integrations-modell	Rechtsfähige Körperschaft des öffentlichen Rechts als Universität seit 12.09.2001 Bestehend aus: Medizinische Fakultät der Universität Hamburg; Früheres Universitäts-krankenhaus Eppendorf	Organe des Klinikums und der Fakultät zusammen-gefasst siehe nächste Spalte	Organe: Kuratorium, Medizinischer Fakultätsrat, Dekan, Vorstand Mitglieder: Hauptberuflich Beschäftigte, Immatrikulierte Studierende	Dekan (auch als Vorstandsmitglied) war bis Anfang 2007 nebenamtlich; Dekanat leitet die Medizinische Fakultät; Mitglieder sind: Dekan, Prodekane sowie ein Geschäftsführer	UKEG vom 14.05.2002 Satzung vom 18.11.2003

Land	Standort	Organisations-modell	Rechtsform des Klinikums	Organe des Klinikums	Organe der Fakultät	Besonderheiten	Rechtliche Grundlagen
Hessen	Frankfurt	Kooperations-modell seit 01.01.2001	Rechtsfähige Anstalt des öffentlichen Rechts	Aufsichtsrat, Vorstand	Dekanat, Fachbereichsrat		HHG UniKlinG vom 26.06.2000 in der Fassung vom 15.12.2005 (GVBl. I, S. 843)
	Gießen und Marburg	Kooperations-modell in Form der rechtsfähigen Anstalt des öffentlichen Rechts: vom 01.01.2001 bis 01.01.2006 GmbH: Seit 02.01.2006	GmbH Materiell privatisiertes Klinikum (seit 02.01.2006)	Gesellschafter-versammlung, Aufsichtsrat, Geschäfts-führung, Ständige Kommission für Forschung und Lehre (SKFL)	Dekanat, Fachbereichsrat	Ein Klinikum - zwei Fakultäten; erweiterte Geschäftsführung	HHG UniKlinG Vertragswerk Satzung Geschäfts-ordnung
Mecklen-burg-Vorpom-mern	Greifswald	Kooperations-modell seit 01.05.2003	Rechtsfähige Anstalten des öffentlichen Rechts der Universität	Aufsichtsrat, Vorstand	Fachbereichs-leitung, Fachbereichsrat		Landesver-ordnungen LHG M-V vom 05.07.2002 (GVOBl. MVP, S. 398)
	Rostock	Kooperations-modell seit 01.01.2006					

Land	Standort	Organisations-modell	Rechtsform des Klinikums	Organe des Klinikums	Organe der Fakultät	Besonderheiten	Rechtliche Grundlagen
Nieder-sachsen	Göttingen	Integrations-modell	Universität als Körperschaft unter dem Dach einer rechts-fähigen Stiftung des öffentlichen Rechts, darin die Universitäts-medizin Göttingen mit eigenem Stiftungs-vermögen seit 01.01.2003 Bestehend aus: Medizinische Fakultät, Univer-sitätsklinikum, alle medizi-nischen Einrich-tungen der Uni-versität, die zugehörigen Betriebseinheiten und Verwal-tungen	Organe des Klinikums und der Fakultät zusammen-gefasst siehe nächste Spalte	Organe: Stiftungsrat, Stiftungs-ausschuss, Universitäts-medizin, Vorstand der Universitäts-medizin Göttingen, Fakultätsrat Mitglieder: Hauptberuflich Tätige, Immatrikulierte Studierende sowie Doktoranden	Hauptamtlicher Vor-stand; Vorstand fasst seine Entscheidungen (in der Regel) einstim-mig; Benehmen zw. Vorstand und Fakul-tätsrat bei Errichtung, Änderung, Zusam-menlegung und Auf-hebung von Organisa-tionseinheiten sowie Festlegung ihrer Aufgaben und Organi-sationsstrukturen; Einvernehmen über Grundzüge der Entwicklungsplanung; Präsidium der Univer-sität und Vorstand der Universitätsmedizin Göttingen informieren sich regelmäßig über alle wesentlichen Angelegenheiten ihrer Geschäftsbereiche, z.T. mit Einverneh-mensregelungen und ggf. Schlichtung durch den Stiftungsrat	NHG in der Fassung vom 26.02.2007 (Nds. GVBl. S. 69), insbes. §§ 59ff.

Land	Standort	Organisations-modell	Rechtsform des Klinikums	Organe des Klinikums	Organe der Fakultät	Besonderheiten	Rechtliche Grundlagen
Nieder-sachsen	Hannover	Integrations-modell	Rechtlich unselbständiger Landesbetrieb seit 17.05.1965 Bestehend aus: Medizinische Hochschule Hannover	Organe des Klinikums und der Fakultät zusammen-gefasst siehe nächste Spalte	Organe: Hochschulrat, Senat, Präsidium der MHH (=Vorstand) Mitglieder: Hauptberuflich Tätige der MHH, Immatrikulierte Studierende sowie Doktoranden	Einzige Medizi-nische Hochschule in Deutschland; Benehmen zwischen Vorstand (=Präsidium) und Fakultätsrat (=Senat) bei Errichtung, Änderung, Zusammenlegung und Aufhebung von Organisations-strukturen; Einvernehmen über die Grundzüge der Entwicklungs-planung; Präsident (=Vorstand für F&L) und Studien-dekan nehmen Funktion des Dekanats wahr	NHG i.d.F. vom 26.02.2007 (Nds. GVBl. S. 69), insbes. §§ 59ff.

Land	Standort	Organisations-modell	Rechtsform des Klinikums	Organe des Klinikums	Organe der Fakultät	Besonderheiten	Rechtliche Grundlagen
Nordrhein-Westfalen	Aachen Bonn Düsseldorf Essen Köln Münster	Kooperations-modell seit 01.01.2001	Rechtsfähige Anstalten des öffentlichen Rechts	Aufsichtsrat, Vorstand	Dekanat, Fachbereichsrat		HMG und UKVO vom 20.12.2007 (GVBl. 2007, S. 744)
	Sonder-form: Bochum	Kooperations-modell 15.06.1977	Kooperation mit einigen regio-nalen Kliniken in unterschiedlicher Trägerschaft	entfällt	Dekanat, Fachbereichsrat	„Bochumer Modell"	HG (insbes. § 31 Abs. 5)
	Witten-Herdecke	Kooperations-modell	Kooperation mit zahlreichen Kliniken in unterschiedlicher Trägerschaft	entfällt	entfällt	Private Universität	HG und Verträge

Land	Standort	Organisations-modell	Rechtsform des Klinikums	Organe des Klinikums	Organe der Fakultät	Besonderheiten	Rechtliche Grundlagen
Rheinland-Pfalz	Mainz	Integrations-modell seit 01.01.2009	Körperschaft des öffentlichen Rechts „Universitäts-medizin der Johannes-Gutenberg-Universität Mainz“, Privatisierungs-option durch RVO	Organe des Klinikums und der Fakultät zusammen-gefasst siehe nächste Spalte	Organe: Fachbereichs-rat, Aufsichts-rat, Vorstand, Klinik- und Pflegeausschuss Mitglieder: Das bei der Universitäts-medizin beschäftigte Personal, Immatrikulierte Studierende		UMG vom 10.09.2008 (GVBl. 2008, S. 205)
Saarland	Homburg/ Saar	Kooperations-modell seit 01.01.2004	Rechtsfähige Anstalt des öffentlichen Rechts	Aufsichtsrat, Vorstand	Dekanat, Fakultätsrat		UKSG vom 26.11.2003 (Amtsblatt, S. 2940)
Sachsen	Dresden Leipzig	Kooperations-modell seit 01.07.1999	Rechtsfähige Anstalt des öffentlichen Rechts des Freistaates Sachsen	Aufsichtsrat, Vorstand	Dekan, Dekanats-kollegium, Fakultätsrat	Gemeinsame Konferenz nach § 7 UKG	UKG vom 06.05.1999 (SächsGVBl. S. 207)

Land	Standort	Organisations-modell	Rechtsform des Klinikums	Organe des Klinikums	Organe der Fakultät	Besonderheiten	Rechtliche Grundlagen
Sachsen-Anhalt	Halle Magdeburg	Kooperations-modell seit 01.01.2006	Rechtsfähige Anstalt des öffentlichen Rechts	Aufsichtsrat, Vorstand	Fakultäts-vorstand, Fakultätsrat		HMG LSA vom 12.08.2005 (GVBl. LSA; S. 508ff.) HG LSA
Schleswig-Holstein	Kiel Lübeck	Kooperations-modell seit 01.01.1999	Rechtsfähige Anstalt des öffentlichen Rechts der Universitäten Kiel und Lübeck	Aufsichtsrat, Vorstand	Dekan, Fachbereichs-konvent	Fusion der Klinika in Kiel und Lübeck zum Universitäts-klinikum Schleswig-Holstein zum 01.01.2003; ein Klinikum - zwei Fakultäten; ein gemeinsamer Ausschuss	HSG SH vom 28.02.2007 (GVOBl. 2007, S. 184)

Land	Standort	Organisations-modell	Rechtsform des Klinikums	Organe des Klinikums	Organe der Fakultät	Besonderheiten	Rechtliche Grundlagen
Thüringen	Jena	Integrations-modell	Rechtsfähige Teilkörperschaft der Universität seit 01.01.2007 Bestehend aus: Medizinischer Fachbereich und Universitäts-klinikum	Organe des Klinikums und der Fakultät zusammen-gefasst siehe nächste Spalte	Organe: Verwaltungsrat, Klinikums-vorstand, Fachbereichsrat Mitglieder: Hauptberuflich Tätige, Immatrikulierte Studierende	Hauptamtlicher Vorstand; Einstimmigkeit bei Entscheidung im Vorstand; Benehmen zw. Vor-stand und Präsidium der Universität sowie Fachbereichs-rat bei Änderungen der Einrichtungen, Bestellung von Leistungspositi-onen; Einvernehmen zwischen Fach-bereichsrat und Vorstand bei Berufungen und bei Beschlüssen über die Grundsatzung, soweit wesentliche Angelegenheiten von Forschung und Lehre betroffen sind	ThürHG vom 21.12.2006 (GVBl. 2006, S. 601)

Anlage 2: Struktur und Organisation in der Universitätsmedizin

Der Düsseldorfer Kaufmännische Direktor Dr. Matthias Wokittel über die Probleme des Zusammenspiels von Forschung, Lehre und Krankenversorgung

Dr. Wokittel ist seit dem 01.05.2010 Kaufmännischer Direktor am Düsseldorfer Universitätsklinikum. Zuvor war er vom 01.10.2005 bis 30.04.2010 Kaufmännischer Vorstand am Universitätsklinikum Leipzig.*

Frage: Herr Dr. Wokittel, Sie waren vom 01.10.2005 bis zu Ihrer jetzigen Tätigkeit am Düsseldorfer Universitätsklinikum Kaufmännischer Vorstand am Universitätsklinikum Leipzig. Zu Beginn Ihrer Tätigkeit haben Sie mit Prof. Dr. Fleig drei strategische Hauptziele formuliert. Hierzu zählten der Erhalt des Hochschulmedizinstandortes Leipzig in öffentlich-rechtlicher Trägerschaft, die Sicherung und Schaffung von Arbeitsplätzen und die Vorwärtsentwicklung der Leipziger Hochschulmedizin. Warum war Ihnen damals der Erhalt des Hochschulmedizinstandortes Leipzig in öffentlich-rechtlicher Trägerschaft so wichtig? Von Ihrem Vorgänger, Herrn Dr. Keller, war eine Privatisierung des Universitätsklinikums Leipzig durchaus in Betracht gezogen worden. Was sprach gegen eine Privatisierung?

Dr. Wokittel: *Die Universitätsmedizin muss man stets als Ganzes betrachten. Fakultät und Klinikum sind hierbei eng miteinander verbunden. Eine Privatisierung konnten wir aufgrund der oben benannten Struktur der Universitätsmedizin gerade nicht befürworten. Bei einer Privatisierung wäre der enge Verbund zwischen Fakultät und Klinikum aufgehoben. Zudem steht bei der Universitätsmedizin der öffentliche Auftrag der Gewährleistung von Forschung und Krankenversorgung im Vordergrund. Diese hoheitliche Aufgabe ist meines Erachtens Aufgabe eines öffentlich-rechtlichen Trägers. Schließlich müsste man bei einer Privatisierung des Universitätsklinikums den erwirtschafteten Gewinn in Teilen, wie z.B. bei einer Aktiengesellschaft, abführen. Bei einer*

* Das Gespräch am 26. Juli 2010 führte Frau Rechtsanwältin Anja Houben.

Rechtsform der öffentlichen Trägerschaft kann man vielmehr diesen Gewinn hundertprozentig zur Refinanzierung nutzen.

Frage: Unter Ihrer Führung erwirtschaftete das Universitätsklinikum Leipzig von 2005 – 2009 erheblichen Gewinn. Die Fallzahlen erhöhten sich von 43710 auf 47288. Zudem konnte der Investitionsstau aus dem Jahr 1999 in Höhe von 500 Millionen Euro abgebaut werden. Wie gelang Ihnen dieser Erfolg?

Dr. Wokittel: *Heute ist das Leipziger Universitätsklinikum ein Klinikum, das völlig ohne staatlich-konsumtiven Zuschuss in den laufenden Betrieb auskommt. Die gesteigerte Fallzahl ist ein Resultat der hohen fachlich medizinischen Expertise am Universitätsklinikum Leipzig. Der Freistaat Sachsen ist ein Flächenland mit einer gesamten Einwohnerzahl von 4.168.732. Jedoch sind nur 2 Maximalversorgungsstandorte in Sachsen gegeben (Dresden, Leipzig). Mit Steigerung der Qualität der medizinischen Leistungen konnten nicht nur im Umland von Leipzig Patienten akquiriert werden, sondern auch aus Thüringen, Sachsen-Anhalt und Brandenburg. Auch die gute regionale Erreichbarkeit durch die Infrastruktur von Autobahnen, Schienennetz und Flughafen spielt hierfür eine Rolle.*

Frage: Wie erreichten Sie die Steigerung der Qualität der medizinischen Leistungen?

Dr. Wokittel: *Während meiner Zeit am Universitätsklinikum Leipzig fand eine Schwerpunktbildung statt. Schwerpunkte wurden in den Bereichen der Transplantationsmedizin, der Onkologie, einem universitären Neurozentrum und einem universitären Zentrum für Stoffwechsel und Gefäße sowie einem universitären Zentrum für Medizin der Bewegungsorgane und dem universitären Zentrum der Zahnheilkunde und Mundgesundheit gebildet. Durch die Konzentrierung auf Schwerpunkte war es uns insoweit möglich, den wissenschaftlichen Fortschritt in diesen Bereichen zu forcieren. Zudem konnten ausgewiesene Spezialisten an den Standort geholt werden oder eine Rufabwehr betrieben werden. Die Spezialisierung ist dann für die Patienten auch im Umland attraktiv und sie lassen sich daher lieber im Universitätsklinikum Leipzig einweisen. Die Schwerpunktbildung hatte somit auch Auswirkungen auf die Steigerung der Wettbewerbsfähigkeit des Klinikums. Die gemeinsame*

Bildung von Schwerpunkten in Forschung und Krankenversorgung führt gleichzeitig zur Vernetzung von Grundlagenforschung und klinischer Forschung und zur schnellen Übertragung der Ergebnisse in die Krankenversorgung. Dadurch können Exzellenzcluster herausgebildet werden, die im Rahmen von Forschungsverbünden erweiterten Zugang zur Drittmittelforschung erreichen. Integrierte Forschung- und Behandlungszentren (IFB) führen zu einer optimalen Verbindung zwischen Theorie und Praxis. Über dies hinaus führte die Schwerpunktbildung zur Konzentration von Ressourcen, Investitionen und Leistungen. Zudem können dadurch in Forschung, Lehre und Krankenversorgung die Kosten durch Prozessverbesserung und Transparenz, wie z.B. der Laboratoriumsmedizin und der Radiologie, minimiert werden.

Frage: Darüber hinaus erfolgte durch Sie eine Umstrukturierung in unternehmerische Departements. Erfolgte die Umstrukturierung zur Kostensenkung oder aus welchem Grund?

Dr. Wokittel: *Wir haben die einzelnen Departments gebildet, um Prozesse in der Organisation zu verbessern. Departments sind an Ressourcen im gleichen Hause (z.B. OP Sälen) orientiert. Zudem wollten wir dem Wunsch der Klinikdirektoren nachkommen, mehr Gestaltungsmöglichkeiten und mehr Verantwortung im Universitätsklinikum zu erhalten. Durch mehr Gestaltung und mehr Verantwortung der einzelnen Departments wird zudem das gemeinschaftliche Denken gefördert. Darüber hinaus werden die Prozesse nochmals verbessert. Wir haben eine zentrale Endoskopie- und eine zentrale Ultraschalleinheit und eine zentrale Chemotherapieambulanz gebildet, die interdisziplinär geführt werden. Das vereinfacht die Organisation und minimiert auch Kosten.*

Frage: Am 08.07.2008 verabschiedeten Sie mit dem Vorstand und einer großen Zustimmung der Mitarbeiter das Strategiepapier Universitätsmedizin Leipzig 2012. In diesem wurden 10 Top Ziele formuliert. Eines Ihrer Ziele stellte die gemeinsame leistungsfähige Struktur für herausragende Forschung, Lehre und Krankenversorgung dar. Wie muss man sich die enge Verflechtung in der Praxis der Forschung, Lehre und Krankenversorgung vorstellen? Arbeiten zur Verwirklichung dieser Ziele alle Bereiche zusammen? Werden die Stärken in der Forschung und Lehre auch in der Krankenversorgung und umgekehrt genutzt?

Dr. Wokittel: *Die Bildung von Schwerpunkten steigert die Kompetenz. Zudem werden verschiedene Leistungsbereiche zusammengeführt. Damit ist eine auf neuesten wissenschaftlichen Erkenntnissen beruhende Ausbildung gesichert. Über Diagnostik, konservativer Behandlung bis hin zur operativen Versorgung besteht damit eine enge Verflechtung von Krankenversorgung und Lehre. Eingebunden in dieses Geflecht arbeiten die Internisten und Chirurgen in Prozessen zusammen.*

Frage: Beim Neubau der Klinikzentren hat das Universitätsklinikum Leipzig maßgeblich davon profitiert, dass der Freistaat Sachsen nicht nur die im Universitätsmedizingesetz zugestandene Bauherreneigenschaft übertragen hat, sondern die gesamte Bauplanung, Baudurchführung und Überwachung in der eigenen Kompetenz und Verantwortung des Universitätsklinikums lag – eine Rarität im deutschen Hochschulbau. Wie kam es dazu?

Dr. Wokittel: *Die Ursache hierfür war die Umwandlung der konsumtiven Mittel in den investiven Zuschuss. Es ist unbedingt notwendig, selbst die Verantwortung über das gesamte Bauprojekt zu haben. Nur so und insbesondere durch die hohe Qualität der Mitarbeiter in der Bauabteilung fielen die Baukosten zum Schluss fast 20% niedriger als geplant aus. Diese 20% gingen jedoch sofort wieder in zusätzliche Bauinvestitionen über.*

Frage: Am 23.06.2010 stand in der LVZ, dass 2011 und 2012 der Freistaat Sachsen wegen der Konsolidierung seines Haushaltes dem Universitätsklinikum keinen Zuschuss mehr für die Investitionen zahlen wird. Dadurch könnten in den beiden Jahren bis zu 18 Millionen Euro fehlen. Wie wird dieser Betrag eingespart? Sieht die Verzichtsvereinbarung hierfür eine Regelung vor?

Dr. Wokittel: *Der hier gemeinte Zuschuss für die Investitionen betrifft den Zuschuss für die Krankenversorgung. Universitätsklinika bekommen über das Wissenschaftsministerium einen Zuführungsbeitrag für Investitionen ohne Großgeräte. Dieser betrug für das UKL in den vergangenen Jahren 9,1 Millionen Euro. Der Freistaat Sachsen ist nun der Ansicht, dass das Universitätsklinikum so wirtschaftlich ausgestattet ist, dass es aus eigener Kraft ohne entsprechende Förderung wirtschaftlich arbeiten kann. Insoweit ist es ein sehr politisches Thema. Denn im Grunde genommen stehen* *nunmehr die Universitätsklinika im Vergleich zu den reinen Versorgungskrankenhäusern schlechter da.*

Frage: In keinem anderen europäischen Land sind in den letzten beiden Jahrzehnten so viele Krankenhäuser privatisiert worden wie in Deutschland. Als Grund für die Privatisierungswelle wird oft die schwierige Haushaltssituation der Länder angegeben. Die öffentliche Hand habe es seit Jahren versäumt, in ausreichendem Maße in die Krankenhäuser zu investieren. Daher befänden sich viele öffentliche Einrichtungen in einem problematischen Zustand und weisen hohe Defizite auf. Folge wäre, dass die Krankenhäuser bzw. Klinika nicht mehr wettbewerbsfähig seien. In dieser Situation erscheint der Verkauf an einen privaten Investor oft als einziger Ausweg. Steht für Sie auch die Wettbewerbsfähigkeit im engen Zusammenhang mit einem Privatisierungsvorhaben bzw. wird diese tatsächlich durch eine Privatisierung gesteigert?

Dr. Wokittel: *Der Ansicht, dass die Wettbewerbsfähigkeit durch die Privatisierung gesteigert wird, kann ich nur bedingt zustimmen. Für mich steigt die Wettbewerbsfähigkeit eines Klinikums nicht ausschließlich durch Baumaßnahmen. Vielmehr hebt sich das Klinikum durch seine medizinische Kompetenz ab.*

Frage: Zudem wurden neben der schwierigen Haushaltssituation der Länder auch die Einbußen durch die Einführung des DRG-Abrechnungssystems aus dem Jahr 2003 aufgeführt. Hat die Einführung des DRG-Abrechnungssystems tatsächlich zu einer erheblich schlechteren wirtschaftlichen Lage der Klinika beigetragen?

Dr. Wokittel: *Die Umsetzung des DRG-Abrechnungssystems ist eine klare Managementaufgabe. Die Konvergenzphase betrug 5 Jahre. Zudem ist das DRG-Abrechnungssystem ein lernendes System. Der Komplexität der Medizin wurde auch immer mehr Rechnung getragen, die Kodierungsschlüssel wurden immer mehr verfeinert. Daher ist dieses Argument, dass das DRG-Abrechnungssystem zu einer schlechteren wirtschaftlichen Lage der Klinika beigetragen hat, nicht nachzuvollziehen. Das Klinikmanagement selbst hatte 5 Jahre Zeit, sich mit dem System auseinanderzusetzen und seine Handlungsweise an dieses anzupassen. Solange der Staat nicht einseitig steuernd in das System eingreift, funktioniert der Wettbewerb zwischen den Krankenhäusern.*

Frage: Einen großen Kostenfaktor für das Universitätsklinikum stellen die Personalkosten dar. Nach der Privatisierung des Universitätsklinikums Gießen-Marburg standen die einzelnen Abteilungen in direkter Konkurrenz zu den vergleichbaren Abteilungen des Konzerns – Stichwort Benchmarking. Hinsichtlich der Privatisierung Gießen-Marburg erklärte der Wissenschaftsrat in seiner Stellungnahme aus dem Monat Mai 2010, dass er das Benchmark-System der Rhön-Klinikum AG nicht befürworten kann, da es nicht an Universitätsklinika ausgerichtet ist. Ist es möglich, ein an Universitätsklinika ausgerichtetes Benchmark-System zur Personalbemessung zu entwickeln? Was muss man Ihrer Meinung bei der Entwicklung beachten? Wie vereinbart man hierbei die Aufgabenverflechtung von Forschung, Lehre, Krankenversorgung?

Dr. Wokittel: *Das Benchmark-System stellt einen Vergleich zwischen den Besten dar. Es wird ausgelotet, wer der Beste ist. Bezüglich der Krankenversorgung wird die Personalbemessung durch das INEK-Kalkulationsinstitut in Quoten bemessen. Grundsätzlich ist es legitim, man darf die Reduzierungsmaßnahmen jedoch nicht übertreiben. Beachtet werden muss in diesem Zusammenhang stets, dass Fehlzeiten durch Urlaub und Krankheiten entstehen können, so dass es bei einer grundminimierten Anzahl der Belegschaft zu einem Mangel in der Krankenversorgung aufgrund zu weniger Mitarbeiter kommen könnte. Für die Bemessung der Hochschullehrer im Rahmen der Universitätsmedizin gibt es das Instrument der leistungsorientierten Mittelvergabe (LOM). Hierbei wird z.B. geregelt, wie viele bewertete Publikationen veröffentlicht wurden (Impact Punkte) oder wie hoch das Drittmittelvolumen des Lehrstuhls ist und wie die Lehre von den Studierenden bewertet wird. Durch die Impact-Veröffentlichung sind die Hochschullehrer gezwungen, mehr zu tun, da die Ausstattung des Lehrstuhls über die Grundausstattung hinaus von persönlichen Leistungen abhängig ist.*

Frage: Im Deutschen Ärzteblatt (Februar 2010) war zu lesen, dass es bei den Universitätsklinika einen neuen Trend gebe, nämlich *„Weg vom Kooperations- hin zum Integrationsmodell“*.
Als Beispiel wurde in diesem Zusammenhang das Universitätsklinikum Jena erwähnt. Der Wissenschaftsrat bewertet die Einführung des Integrationsmodells für die Universitätsmedizin in Jena durch den Freistaat Thüringen als eine tragfähige Konstruktion. Gewinnt das Integrationsmodell tatsächlich immer mehr an

Attraktivität gegenüber dem Kooperationsmodell? Welches der beiden Modelle bevorzugen Sie?

Dr. Wokittel: *Im Rahmen des Integrationsmodells sind die Medizinische Fakultät und das Universitätsklinikum gemeinsam als selbständige Teilkörperschaft oder Stiftung in der Universität verankert. Beim Integrationsmodell wird das gesamte in der Universitätsmedizin tätige Personal, also auch alle Wissenschaftler, Ärzte sowie das gesamte nicht wissenschaftliche Personal, der gleichen Einrichtung (Teilkörperschaft, Stiftung, etc.) zugeordnet. Diese Verschränkung von wissenschaftlichem, medizinischem und kaufmännischem Vorstand in einer gemeinsamen Führungsstruktur führt zu einer engen Abstimmung zwischen Forschung, Lehre und Krankenversorgung. Daher ist für mich der hoheitliche Auftrag der Universitätsmedizin besser in einem Integrationsmodell zu verwirklichen, da in diesem Modell der Forschung, Lehre und Krankenversorgung besser Rechnung getragen wird.*

Frage: Privatisierungsvorhaben erfahren derzeit eine große Skepsis innerhalb der Bevölkerung. In den letzten Wochen stand auch eine mögliche Privatisierung des Universitätsklinikums Lübeck zur Diskussion. Sie selbst konnten den Hochschulmedizinstandort Leipzig in öffentlich-rechtlicher Trägerschaft festigen und wirtschaftlich stärken. Wäre Ihr System nicht auch auf andere Universitätsklinika, bei denen ein solches Vorhaben schon öffentlich diskutiert wurde, übertragbar?

Dr. Wokittel: *Ja selbstverständlich. Das habe ich hier in Düsseldorf jetzt vor mir.*

Herr Dr. Wokittel, ich danke Ihnen für dieses Gespräch.

Literaturverzeichnis

Achenbach, Nicklars, Wissenschaftsfreiheit in der Hochschulmedizin, Dissertation, 2012.

Adler, Guido, Probleme und Perspektiven der Hochschulmedizin, Reden und Aufsätze der Universität Ulm, Heft 7, 2001.

Artelt, Walter, Das Bauprogramm unserer medizinischen Fakultäten, in: Frankfurter Universitätsreden, Heft 30, 1963.

Balders, Sven-Frederik, Zur Organisationsreform der Hochschulmedizin: Effizienz nur ohne Universität?, Wissenschaftsrecht Bd 31 (1998), S. 91.

Battis, Ulrich, Stellungnahme zum "Eckpunktepapier zur Überführung der TU Dresden und des Universitätsklinikums CGC in Stiftungen des öffentlichen Rechts", in: Post, Alfred, Stiftungsuniversität Technische Universität Dresden, Zur Struktur von Universität und Hochschulmedizin in Dresden, 2005, S. 77.

Baumbach, Adolf/ Hueck, Alfred, GmbHG Kommentar, 2011.

Baumgarten, Joachim, Zur Rolle von Universitätskliniken in umfassenden Gesundheitsversorgungssystemen, ZögU , 1985, S. 215.

Becker, Cornelia, Bibliographie zur Geschichte der Medizinischen Fakultät der Universität Leipzig über den Gesamtzeitraum ihres Bestehens seit 1415, 1998.

Becker, Cornelia, Die Einrichtung von Ordinariaten an der Leipziger Medizinischen fakultät und deren Besetzung im Zeitraum von 1415 bis 1990, 1990.

Becker, Cornelia/ Riha, Ortrun, Das Medizinische Viertel, in: Riha/ Ortrun, Streifzüge durch Leipzigs Medizin- und Wissenschaftsgeschichte, 1997, S. 26.

Becker, Cornelia/ Schöpp, Wulfdieter, Vom Jakobshospital zum Universitätsklinikum, 1999.

Becker, Stefan, Das Recht der Hochschulmedizin, Dissertation, 2005.

Behrends, Okko, Eine Stiftung als Trägerin und Leitungselement einer Körperschaft, Miß- und Fehlgebrauch rechtlicher Institutionen, in:

Behrends, Okko, Göttingen Stiftungsuniversität? Eine rechtswissenschaftliche Überprüfung der gesetzlichen Grundlagen der niedersächsischen Stiftungsuniversitäten, 2003, S. 11.

Benning, Frank, Kommunikation über neue Wege klinischer Ausbildung - Das "Bochumer Modell der Medizinerausbildung", 1991.

Beske, Fritz/ Brecht, Josef Georg/ Reinkemeier, Andrea-Marina, Das Gesundheitswesen in Deutschland, 1995.

Boemke, Burkhard/ Ankersen, Per, Die Bildung von Personalvertretungen im Bereich der Sächsischen Hochschulmedizin, SächsVBl, 2003, S. 1.

Bormann, Manfred, 25 Jahre Medizinerausbildung in Bochum - Eine Dokumentation des Festakts, 1994, S. 7.

Böhmann, Dirk, Auswirkungen der W-Besoldung und der neuen Chefarztverträge auf die Hochschulmedizin, Wissenschaftsrecht 2007, S. 403.

Breyer, Friedrich/ Zweifel, Peter/ Kifmann, Mathias, Gesundheitsökonomie, 2004.

Buchholz, Werner, Informationswirtschaft im Klinikum, Schriften zur öffentlichen Verwaltung und öffentlichen Wirtschaft, 1992, S. 223.

Budäus, Dietrich, Public Private Partnership - Strukturierung eines nicht ganz neuen Problemfeldes, in: Zeitschrift Führung und Organisation, 2004 (Heft 6), S. 312.

Bull, Hans Peter, Rechtsgutachterliche und verwaltungswissenschaftliche Stellungnahme zu der Einrichtung eines Kuratoriums und eines Klinikdirektoriums nach dem Entwurf eines Gesetzes zur Neustrukturierung des Universitätskrankenhauses Eppendorf, unveröffentlicht, 2000.

Bünz, Enno, Geschichte der Universität Leipzig 1409-2009, Band 1, 2009.

Cholet, Julia, Die Finanzen der Universität Leipzig im Ersten Weltkrieg und in der frühen Weimarer Republik, 2008.

Costard, Andreas, Öffentlich-rechtliche Probleme beim Auftreten einer neuen übertragbaren Krankheit am Beispiel AIDS, 1989.

Dallinger, Peter/ Bode, Christian/ Dellian Fritz, Hochschulrahmengesetz Kommentar, 1978.

Debatin, Jörg F., Die Rollen der Vorstandsmitglieder in einem Universitätsklinikum, Ärzteblatt Sachsen-Anhalt, 2010 (März), S. 20.

Denninger, Erhard, Hochschulrahmengesetz Kommentar, 1984.

Detmer, Hubert/ Hartmer, Michael, Hochschulrecht - Ein Handbuch für die Praxis, 2004.

Döring, Walter, in: Ministerium für Wissenschaft Forschung und Kunst Baden-Württemberg (Hrsg.), Teilprivatisierung der Universitätsklinika, Anhörung von Sachverständigen am 2. Juli 2003, 2003, S. 12.

Eichhorn, Peter, Managementprobleme in Universitätskliniken, DBW, 1982, Heft 2, S. 257.

Eichhorn, Peter, Allgemeine und öffentliche Betriebswirtschaftlehre, insbesondere Doppik und Kameralistik. Schriften zur öffentlichen Verwaltung und öffentlichen Wirtschaft, 1987 , S. 48.

Eichhorn, Peter, Organisation des Klinikums, in: Buchholz, Werner/ Eichhorn, Peter (Hrsg.), Wirtschaftliche Führung von Krankenhäusern, 1992, S. 47.

Eichhorn, Peter, Öffentliche und gemischtwirtschaftliche Unternehmungen, in: Handwörterbuch der Betriebswirtschaft, Teilband 2, 1993, Sp. 2925.

Eichhorn, Peter, Rechtliche Grundlagen und wirtschaftliche Besonderheiten der § 26 BHO/LHO-Betriebe, Schriften zur öffentlichen Verwaltung und öffentlichen Wirtschaft, 1989, S. 189.

Ellwein, Thomas, Die deutsche Universität - Vom Mittelalter bis zur Gegenwart, 1997.

Erichsen, Hans-Uwe/ Ehlers, Dirk, Allgemeines Verwaltungsrecht, 2010.

Eulner, Hans Heinz, Die Entwicklung der medizinischen Spezialfächer an den Universitäten des deutchen Sprachgebietes, 1970.

Europa-Universität Viadrina, Vom unsichtbaren Klinikum zum Bochumer Modell, 1992.

Färber, Christian, Zur Umstrukturierung der Betriebs- und Rechtsform der Hochschulmedizin im Freistaat Sachsen, 1997.

Flintrop, Jens, Die juristische Keule, Deutsches Ärzteblatt, 2011 (Februar), S. 198.

Forth, Wolfgang, Die pragmatische Reform, in: Düring, Monika (Hrsg.), Festschrift zum fünfundzwanzigjährigen Bestehen Medizinische Fakultät der Ruhr-Universität Bochum, 1994, S. 16.

Fraunhofer-Institut, Innovationsforschung, Landkarte der Hochschulmedizin, 2007.

Gesundheitswesen, Sachverständigenrat für konzentriete Aktion im Jahresgutachten, Das Gesundheitswesen im vereinten Deutschland, 1991.

Goll, Eberhard, Universitätsklinika als Untersuchungsobjekte, in: Buchholz, Werner/ Eichhorn, Peter, Wirtschaftliche Führung von Krankenhäusern: Schwachstellen und Lösungsansätze am Beispiel von Universitätsklinika, 1992.

Hanschur, Klaus/ Böhlke, Nils, Die Privatisierung des Universitätsklinikums Gießen und Marburg, in: Böhlke, Nils (Hrsg.), Privatisierung von Krankenhäusern - Erfahrungen und Perspektiven aus Sicht der Beschäftigten, 2009, S. 141.

Häde, Ulrich, Zur Förderalismusreform in Deuschland, JZ, 2006, S. 930.

Heintzen, Markus, Neuere Entwicklungen im Organisationsrecht der Hochschulmedizin, DÖV, 1997, S. 530.

Heintzen, Markus, Verfassungsrechtliche Eckdaten und Probleme bei der Privatisierung von Universitätsklinika, in: Leucorea, Stiftung des öffentlichen Rechts an der Martin-Luther-Universität Halle-Wittenberg, 1996, S. 131.

Henssler, Martin/ Strohn, Lutz, Gesellschaftsrecht Kommentar, 2011.

Hibbeler, Birgit, Hochschulmedizin im Umbruch, Deutsches Ärzteblatt, 2010, S. A-1502.

Hinrichsen, Klaus V., Das Arztbild der Zukunft, FuL, 1995, S. 616.

Honigmann, Georg, Die Geschichte der Heilkunde, 2006.

Hufeld, Ulrich, Staatlicher Schutz der Universitas litterarum, DÖV, 2002, S. 309.

Janzarik, Birte, Die Entwicklung der Wissenschaftsfreiheit in der Bundesrepublik Deutschland, in: Müller, Rainer Albert, Wissenschaftsfreiheit in Vergangenheit und Gegenwart, 2008, S. 207.

Jarass, Hans, in: Jarass, Hans/ Pieroth, Bodo, Grundgesetz für die Bundesrepublik Deutschland Kommentar, 2009.

Jetter, Dieter, Grundzüge der Hospitalgeschichte, 1973.

Kannengießer, Christoph, in: Schmidt-Bleibtreu, Bruno/ Klein, Franz/ Hofmann, Hans/ Hopfauf, Axel (Hrsg.), Kommentar zum Grundgesetz, 2008, S. 245.

Karpen, Ulrich, Hailbronner, Kay/ Geis, Max-Emanuel (Hrsg.), Hochschulrahmengesetz, Kommentar, Stand 2003.

Karpen, Ulrich, Abbau von Hochschulkapazitäten. Rechtsfolgen der Einstellung von Studiengängen - Eine Fallstudie, 1987.

Karthaus, Armin/ Schmehl, Arndt, Umsetzungsprobleme der Strukturreform der Hochschulklinika - eine Zwischenbilanz, MedR, 2000, S. 299.

Kingreen, Torsten, Hochschulmedizin, in: Geis, Max-Emanuel, Hochschulrecht im Freistaat Bayern, 2009, S. 435.

Kingreen, Torsten/ Banafsche, Minou/ Szabados, Tibor, Das Recht der Hochschulmedizin im hochschulgesundheits- und verfassungsrechtlichen Reformprozess, WissR, 2007, S. 283.

Klüver, Nathalie, Man hat so viel Wut in sich, UNICUM , Juli, 2010.

Knopp, Lothar, Förderalismusreform – zurück zur Kleinstaaterei, NVwZ, 2006, S. 1216.

Kochsiek, Kurt, Krankenversorgung. Ärztliche Wirklichkeit, in: Waller, Hans-Dierck (Hrsg.), Die Universitätskliniken im Spannungsfeld zwischen Gesundheitspolitik und Forschungsauftrag, 1990, S. 25.

Krüger Hartmut, Hochschule in der bundesstaatlichen Verfassungsordnung, in: Chr. Flämig/ O. Kimminich/ H. Krüger/ E.-J. Meusel/ H.H. Rupp/ D. Scheven/ H.J. Schuster/ F. Graf Stenbock-Fermor (Hrsg.), Handbuch des Wissenschaftsrecht, 1996, S. 157.

Kultusministerkonferenz, Arbeitsgruppe Überlegungen zur Neugestaltung von Struktur und Finanzierung der Hochschulmedizin, Beschluss vom 29. September 1995, S. 18.

Leonhard, Elisabeth Maria, Abgrenzung von klinischer Forschung, Lehre und Krankenversorgung, 2005.

Leuze, Dieter, Die derzeitigen und künftigen Leitungsstrukturen in der Hochschulmedizin unter besonderer Berücksichtigung der Stellung des Verwaltungsdirektors, MedR, 1996, S. 493.

Leuze, Dieter/ Bender, Gisela, Gesetz über die Universitäten des Landes Nordrhein-Westfalen unter Berücksichtigung des Hochschulrahmengesetzes des Bundes und der Hochschulgesetze der einzelnen Länder, Kommentar, 1998.

Lippert, Hans-Dieter, Organisation, Delegation und Arbeitsteilung im Klinikum, zivil- und strafrechtliche Aspekte, in: Sprecherkreis der Hochschulkanzler Arbeitsgruppe Fortbildung, Organisations- und Rechtsfragen der medizinischen Einrichtungen unter Berücksichtigung der neuen Landeshochschulgesetze (Band 18), Referate gehalten am 19. Und 20. Juni 1984, S. 119.

Maurer, Hartmut, Allgemeines Verwaltungsrecht, 2009.

Meinhold, Helmut, Hochschulmedizin, in: Haug, Volker/Gerber, Jürgen (Hrsg.), Das Hochschulrecht in Baden-Württemberg, 2001, S. 441.

Meinhold, Helmut, Nicht einfach ein "Rezept" für die Medizin, FuL, 1995, S. 606.

Merten, Martina/ Rabbata, Samir, Öffentlich-Private Partnerschaften Eine Alternative, aber kein Allheilmittel, Deutsches Ärzteblatt, 2009, S. 640.

Ministerium für Wissenschaft, Forschung Kunst des Landes Baden-Württemberg, Strukturelle Weiterentwicklung der Baden-Württembergischen Universitätsklinika, 2008.

Möller, Gerhard, Universitätskliniken, in: Huster, Stefan/ Kaltenborn, Markus (Hrsg.), Krankenhausrecht, 2010, S. 556-570.

Münzel, Hartmut/ Zeiler, Nicola, Krankenhausrecht und Krankenhausfinanzierung, 2010.

Murken, Axel Hinrich, Vom Armenhospital zum Großklinikum - Die Geschichte des Krankenhauses vom 18. Jahrhundert bis zur Gegenwart, 1988.

Nitzschmann, Jan, Uni Lübeck vor K.o. - Sparkonzept gefährdet nicht nur Medizin, Student, 2010, Juli, S. 5.

Noorda, Sijbold J., Amsterdamer Erfahrungen mit Universität und Akademisch-Medizinischem Zentrum, in: Post, Alfred, Stiftungsuniversität Technische

Universität Dresden, Zur Struktur von Universität und Hochschulmedizin in Dresden, 2005, S. 61.

Opperman, Thomas, Die Umwandlung von staatlichen Hochschulen in Stiftungsuniversitäten - am Beispiel Niedersachsens, in: Post, Alfred, Stiftungsuniversität Technische Universität Dresden, Zur Struktur von Universität und Hochschulmedizin in Dresden, 2005, S. 65.

Oppermann, Thomas, Staatliche Aufsicht, in: Flämig, Christian (Hrsg.), Handbuch des Wissenschaftsrechts Band 1, 1996, S. 1107.

Ott, Robert, Grenzen und Lösungsansätze einer Kostenzuordnung auf Forschung, Lehre und Krankenversorgung in Universitätsklinika, 2003.

Pallme König, Ulf, Die rechtliche Einordnung zwischen Universität und Universitätsklinikum nach nordrhein-westfälischem Recht, in: Wissenschaftsrecht Beiheft 17, 2006, S. 63.

Post, Alfred, Eckpunkte zur Überführung der TU Dresden und des Universitätsklinikums CGC in Stiftungen öffentlichen Rechts, in: Post, Alfred, Stiftungsuniversität Technische Universität Dresden, 2005, S. 37.

Richter-Kuhlmann, Eva, Sparkurs gefährdet die Medizin, Deutsches Ärzteblatt, 2010, S. A-1143.

Richter-Kuhlmann, Eva, Berufsperspektiven: "Ja" zum Arztberuf, "Nein" zu deutschen Verhältnissen, Ärzteblatt , 2007, S. A-1881.

Riha, Ortrun, Geschichte der Universität Leipzig 1409-2009, Band 4 II, 2009.

Röpke, Axel B., Hochschule und Stiftung des öffentlichen Rechts - eine Untersuchung unter besonderer Berücksichtigung von Verfassung und Haushalt in Niedersachsen, 2006.

Rübsamen, Katrin, Verfassungsrechtliche Aspekte des Fallpauschalensystems im Krankenwesen (DRG-Vergütungssytem), 2008.

Sachs, Michael, Abschied von der gesamtstaatlichen Verantwortung? Das Bildungswesen nach der Föderalismusreform, in: D. G. Bildungsverwaltung, Abschied von der gesamtstaatlichen Verantwortung? Das Bildungswesen nach der Föderalismusreform, 2008, S. 7.

Sandberger, Georg, Zielkonflike bei Universitätsklinika und ihre Lösung, in: Waller, Hans Dierck/ Rössler, Dietrich/ ders. (Hrsg.), Universitätskliniken im Spannungsfeld zwischen Gesundheitspolitik und Forschungsauftrag / 6. Blaubeurer Symposium vom 29. – 31. März 1990, 1991, S. 111.

Sandberger, Georg, in: Handbuch der Wissenschaft Band 2, 1996.

Sandberger, Georg, Organisation der Hochschulmedizin auf dem Prüfstand, in: Wissenschaftsmanagement, 1996, S. 153.

Sandberger, Georg, Rechtsfragen der Organisationsreform der Hochschulmedizin, in: Leipziger Juristische Vorträge, 1996.

Sandberger, Georg, Integration, Trennung, Koordination? Rechtsfragen der Organisationsreform der Hochschulmedizin, in: FuL, 1997, S. 568.

Sandberger, Georg, Hochschulmedizin in der Rechtsform der öffentlich-rechtlichen Anstalt oder Kapitalgesellschaft, in: Anderbrügge, Klaus/ Epping, Volker/ Löwer, Wolfgang (Hrsg.), Dienst an der Hochschule - Festschrift für Dieter Leuze zum 70. Geburtstag, S. 2003, 449.

Sandberger, Georg, Rechtsfragen von Hochschulverbünden und Hochschulfusionen, 2005.

Sandberger, Georg, Rechtsfragen der Privatisierung von Universitätsklinika, in: Wissenschaftsrecht Beiheft 17, 2006, S. 1.

Sandberger, Georg, Hochschulmedizin, in: Haug, Volker (Hrsg.), Das Hochschulrecht in Baden-Württemberg, 2009, S. 391.

Sandberger, Georg, Das Recht der Hochschulmedizin, in: Hartmer, Michael/ Detmer, Hubert (Hrsg.), Hochschulrecht, 2011.

Sattler, Andreas, Die Errichtung von Stiftungen als Träger von Hochschulen - Rechtliche Bedenken gegen die dabei herangezogenen Verordnungsermächtigungen, in: Behrends, Okko (Hrsg.), Göttingen Stiftungsuniversität? : eine rechtswissenschaftliche Überprüfung der gesetzlichen Grundlagen der niedersächsischen Stiftungsuniversitäten, 2003, S. 101.

Schmidt, Rolf, Allgemeines Verwaltungsrecht, Grundlagen des Verwaltungsverfahrens Staatshaftungsrecht, 2010.

Schmidt-Bleibtreu, Bruni/ Hofmann, Hans/ Hopfauf, Axel, Kommentar zum Grundgesetz, 2011.

Schmidt-De Caluwe, Reimund, in: Kluth, Winfried (Hrsg.), Föderalismusreformgesetz, 2007, S. 214.

Schoch, Friedrich, Privatisierung von Verwaltungsaufgaben, *DVBl*, 1994, S. 962.

Schröder, Martin, Die Hochschulmedizin im Spannungsfeld von akademischer Selbstverwaltung und staatlicher Bestimmung, in: MedR 1986, S. 59.

Schulte, Martin/ Ruffert, Matthias, Grund und Grenzen der Wissenschaftsfreiheit, in: Hufen, Friedhelm, Kultur und Wissenschaft : Berichte und Diskussionen auf der Tagung der Vereinigung der Deutschen Staatsrechtslehrer in Frankfurt am Main vom 5. bis 8. Oktober 2005, 2006.

Schulten, Torsten/ Böhlke, Nils, Die Privatisierung von Krankenhäusern in Deutschland und ihre Auswirkungen auf Beschäftigte und Patienten, in: Böhlke, Nils (Hrsg.), Privatisierung von Krankenhäusern - Erfahrungen und Perspektiven aus Sicht der Beschäftigten, 2009, S. 97.

Siburg, Friedrich-Wilhelm, Universitätsklinikum oder Medical School? in: Sprecherkreis der Hochschulkanzler Arbeitsgruppe Fortbildung, Organisations- und Rechtsfragen der medizinischen Einrichtungen unter Berücksichtigung der neuen Landeshochschulgesetze (Band 18), Referate gehalten am 19. Und 20. Juni 1984, S. 9.

Sieben, Günther/ Rossels, Hans, Beurteilungs- und Beeinflussungsmöglichkeiten der Wirtschaftlichkeit von Universitätskliniken, Krankenhaus Umschau, 1982, 339.

Siebke, Jürgen, Die Aufwendungen der öffentlichen Haushalte für Forschung, Lehre und Krankenversorgung, in: Sprecherkreis der Hochschulkanzler Arbeitsgruppe Fortbildung, Organisations- und Rechtsfragen der medizinischen Einrichtungen unter Berücksichtigung der neuen Landeshochschulgesetze (Band 18), Referate gehalten am 19. Und 20. Juni 1984, S. 169.

Siewert, Jörg Rüdiger/ Merk, Stefan, Das Verhältnis von Klinikum und Fakultät, Kooperations- versus Integrationsmodell, Bundesgesundheitsblatt, 2009, S. 807.

Siewert, Jörg Rüdiger/ Nolden, Frank, Integrations- oder Kooperationsmodell? Die Stellung der Hochschulmedizin in der Universität, FuL, 2008, S. 744.

Siewert, Jörg Rüdiger/ von Jagow Gebhard, „Es muss mehr Geld ins Gesundheitssystem fließen, wir kommen nicht daran vorbei“, Spitzenmedizin, 2008, S. 7.

Strehl, Rüdiger, Hochschulmedizin ohne Universität? FuL, 1995, S. 610.

Sudhoff, Karl, Kurzes Handbuch der Geschichte der Medizin, 1922.

Thieme, Werner, Deutsches Hochschulrecht, 2004.

Thiemeyer, Theo, Wirtschaftslehre öffentlicher Betriebe, 1975.

Tietz, Christoph, Bildungssparen: Uni Lübeck vor dem Aus, Spiegel online vom 28. Mai 2010, unter http://www.spiegel.de/unispiegel/studium/bildungssparen-uni-luebeck-vor-dem-aus-a-697207.html.

Trute, Hans-Heinrich, Die Forschung zwischen grundrechtlicher Freiheit und staatlicher Institutionalisierung: das Wissenschaftsrecht als Recht kooperativer Verwaltungsvorgänge, 1994.

Trute, Hans-Heinrich/ Wahl, Andreas, Organisationsreform der Hochschulmedizin und ihre Folgen für die Hochschulbauförderung, WissR, 1999, S. 38.

Universität Bochum, Symposium Das Bochumer Modell der Medizinerausbildung 13. und 14. Mai 1977.

Universitätsklinikum Leipzig, Universitätsmedizin Leipzig modern und zukunftsorientiert, 2008.

Voßkuhle, Andreas, Beteiligung Privater an öffentlichen Aufgaben und staatliche Verantwortung, VVDStRL , 2003, S. 266

Volle, Klaus, Mehr Autonomie für die Hochschulen - Veränderungen der Entscheidungsstruktur, WissR , 1995, S. 187.

von Engelhardt, Dietrich, Zur Geschichte der Universitätskliniken, in: Waller, Hans Dierck (Hrsg.), Die Universitätskliniken im Spannungsfeld zwischen Gesundheitspolitik und Forschungsauftrag, 1990, S. 1.

von Engelhardt, Dietrich, Forschung: Begriff und Konzeption im Wandel der Neuzeit, in: von Engelhardt, Dietrich, Zwei Jahrhunderte Wissenschaft und Forschung in Deutschland Entwicklungen – Perspektiven, 1998, S. 33.

von Jagow, Geghard/ Siewert, Jörg Rüdiger, Mit vereinten Kräften, in: Spitzenmedizin - Das Magazin der Deutschen Hochschulmedizin, 2008, Juli Ausgabe, S. 7.

Wissenschaftsrat, Empfehlungen zur klinischen Forschung in den Hochschulen, 1986.

Wissenschaftsrat, Stellungnahme zur Entwicklung der Hochschulmedizin, 1995.

Wissenschaftsrat, Empfehlung zur Struktur der Hochschulmedizin – Aufgaben, Organisation, Finanzierung, 1999.

Wissenschaftsrat, Stellungnahme zur Strukturreformen in der Berliner Hochschulmedizin, 2003.

Wissenschaftsrat, Empfehlungen zu forschungs- und lehrförderlichen Strukturen in der Universitätsmedizin, 2004.

Wissenschaftsrat, Stellungnahme zur Akkreditierung der Privaten Universität Witten/Herdecke gGmbH, 2005.

Wissenschaftsrat, Empfehlungen zu Public Private Partnerships (PPP) und Privatisierung in der universitätsmedizinischen Krankenversorgung, 2006.

Wissenschaftsrat, Stellungnahme zur Neukonzeptionierung der Humanmedizin im Rahmen des Akkreditierungsverfahrens der "Privaten Universität Witten/ Herdecke gGmbH" (UWH), 2006.

Wissenschaftsrat, Empfehlungen zu Public Private Partnerships (PPP) in der universitätsmedizinischen Forschung, 2007.

Wissenschaftsrat, Allgemeine Empfehlungen zur Universitätsmedizin, 2007.

Wissenschaftsrat, Stellungnahme zur Entwicklung der universitätsmedizinischen Standorte Gießen und Marburg nach Fusion und Privatisierung der Universitätsklinika, 2010.

Wissenschaftsrat, Stellungnahme zur weiteren Entwicklung der Universitätsmedizin in Jena, 2010.

Wissenschaftsrat, Vier Entscheidungen im Verfahren der Institutionellen Akkreditierung, Pressemitteilung 23, 2011.

Zöllner, Jürgen, Das Mainzer Reform-Modell. FuL, 1995, S. 615.

Ziegele, Frank, Budgetierung und Finanzierung in Hochschulen, 2008.

Die Reihe RECHT UND MEDIZIN wird von den Professoren Deutsch (Göttingen), Kern (Leipzig), Laufs (†) (Heidelberg), Lilie (Halle a.d. Saale), Schreiber (Göttingen) und Spickhoff (Göttingen) herausgegeben. Ihre Aufgabe ist es, Monographien und Dissertationen auf dem Gebiet des Medizinrechts zu veröffentlichen. Dieses Gebiet, das an Bedeutung noch zunehmen wird, umfaßt auf der juristischen Seite sowohl zivilrechtliche als auch straf- und öffentlich-rechtliche Fragestellungen. Die Fragen können von der juristischen oder von der medizinischen Seite aus untersucht werden. Übergreifendes Ziel ist es, den medizinrechtlichen Fragen nicht etwa ein gängiges juristisches Denkschema überzuwerfen, sondern die besonderen Probleme der Regelung medizinischer Sachverhalte eigenständig aufzufassen und darzustellen.

Manuskriptzusendungen an die Herausgeber bitte per Brief- bzw. Paketpost. Die Adressen der Herausgeber sind:

Prof. Dr. Dr. h.c. Erwin Deutsch (Zivilrecht und Rechtsvergleichung)
Höltystraße 8
37085 Göttingen

Prof. Dr. Bernd-Rüdiger Kern (Zivilrecht, Rechtsgeschichte und Arztrecht)
Universität Leipzig
Juristenfakultät / Lehrstuhl für Bürgerliches Recht, Rechtsgeschichte
und Arztrecht
Burgstraße 27
04109 Leipzig

Prof. Dr. Hans Lilie (Strafrecht, Strafprozessrecht und Medizinrecht;
federführender Reihenherausgeber)
Martin-Luther-Universität Halle-Wittenberg
Juristische Fakultät: Strafrecht
Universitätsplatz 6
06108 Halle a.d. Saale
hans.lilie@jura.uni-halle.de

Prof. Dr. Dr. h.c. Hans-Ludwig Schreiber (Strafrecht und Rechtstheorie)
Grazer Str. 14
30519 Hannover

Prof. Dr. Andreas Spickhoff (Zivil- und Zivilprozessrecht, Internationales und
Vergleichendes Medizinrecht)
Georg-August Universität Göttingen
Juristische Fakultät
Platz der Göttinger Sieben 6
37073 Göttingen

RECHT UND MEDIZIN

Band 1 Erwin Deutsch: Das Recht der klinischen Forschung am Menschen. Zulässigkeit und Folgen der Versuche am Menschen, dargestellt im Vergleich zu dem amerikanischen Beispiel und den internationalen Regelungen. 1979.

Band 2 Thomas Carstens: Das Recht der Organtransplantation. Stand und Tendenzen des deutschen Rechts im Vergleich zu ausländischen Gesetzen. 1979.

Band 3 Moritz Linzbach: Informed Consent. Die Aufklärungspflicht des Arztes im amerikanischen und im deutschen Recht. 1980.

Band 4 Volker Henschel: Aufgabe und Tätigkeit der Schlichtungs- und Gutachterstellen für Arzthaftpflichtstreitigkeiten. 1980.

Band 5 Hans Lilie: Ärztliche Dokumentation und Informationsrechte des Patienten. Eine arztrechtliche Studie zum deutschen und amerikanischen Recht. 1980.

Band 6 Peter Mengert: Rechtsmedizinische Probleme in der Psychotherapie. 1981.

Band 7 Hazel G.S. Marinero: Arzneimittelhaftung in den USA und Deutschland. 1982.

Band 8 Wolfram Eberbach. Die zivilrechtliche Beurteilung der *Humanforschung*. 1982.

Band 9 Wolfgang Deuchler: Die Haftung des Arztes für die unerwünschte Geburt eines Kindes ("wrongful birth"). Eine rechtsvergleichende Darstellung des amerikanischen und deutschen Rechts. 1984.

Band 10 Hermann Schünemann: Die Rechte am menschlichen Körper. 1985.

Band 11 Joachim Sick: Beweisrecht im Arzthaftpflichtprozeß. 1986.

Band 12 Michael Pap: Extrakorporale Befruchtung und Embryotransfer aus arztrechtlicher Sicht; insbesondere: Der Schutz des werdenden Lebens in vitro. 1987.

Band 13 Sabine Rickmann: Zur Wirksamkeit von Patiententestamenten im Bereich des Strafrechts. 1987.

Band 14 Joachim Czwalinna: Ethik-Kommissionen - Forschungslegitimation durch Verfahren. 1987.

Band 15 Günter Schirmer: Status und Schutz des frühen Embryos bei der *In-vitro*-Fertilisation. Rechtslage und Diskussionsstand in Deutschland im Vergleich zu den Ländern des angloamerikanischen Rechtskreises. 1987.

Band 16 Sabine Dönicke: Strafrechtliche Aspekte der Katastrophenmedizin. 1987.

Band 17 Erwin Bernat: Rechtsfragen medizinisch assistierter Zeugung. 1989.

Band 18 Hartmut Schulz: Haftung für Infektionen. 1988.

Band 19 Herbert Harrer: Zivilrechtliche Haftung bei durchkreuzter Familienplanung. 1989.

Band 20 Reiner Füllmich: Der Tod im Krankenhaus und das Selbstbestimmungsrecht des Patienten. Über das Recht des nicht entscheidungsfähigen Patienten, künstlich lebensverlängernde Maßnahmen abzulehnen. 1990.

Band 21 Franziska Knothe: Staatshaftung bei der Zulassung von Arzneimitteln. 1990.

Band 22 Bettina Merz: Die medizinische, ethische und juristische Problematik artifizieller menschlicher Fortpflanzung. Artifizielle Insemination, In-vitro-Fertilisation mit Embryotransfer und die Forschung an frühen menschlichen Embryonen. 1991.

Band 23 Ferdinand van Oosten: The Doctrine of Informed Consent in Medical Law. 1991.

Band 24 Stephan Cramer: Genom- und Genanalyse. Rechtliche Implikationen einer "Prädiktiven Medizin". 1991.

Band 25 Knut Schulte: Das standesrechtliche Werbeverbot für Ärzte unter Berücksichtigung wettbewerbs- und kartellrechtlicher Bestimmungen. 1992.

Band 26 Young-Kyu Park: Das System des Arzthaftungsrechts. Zur dogmatischen Klarstellung und sachgerechten Verteilung des Haftungsrisikos. 1992.

Band 27 Angela Könning-Feil: Das Internationale Arzthaftungsrecht. Eine kollisionsrechtliche Darstellung auf sachrechtsvergleichender Grundlage. 1992.

Band 28 Jutta Krüger: Der Hamburger Barmbek/Bernbeck-Fall. Rechtstatsächliche Abwicklung und haftungsrechtliche Aspekte eines medizinischen Serienschadens. 1993.

Band 29 Alexandra Goeldel: Leihmutterschaft – eine rechtsvergleichende Studie. 1994.

Band 30 Thomas Brandes: Die Haftung für Organisationspflichtverletzung. 1994.

Band 31 Winfried Grabsch: Die Strafbarkeit der Offenbarung höchstpersönlicher Daten des ungeborenen Menschen. 1994.

Band 32 Jochen Markus: Die Einwilligungsfähigkeit im amerikanischen Recht. Mit einem einleitenden Überblick über den deutschen Diskussionsstand. 1995.

Band 33 Meltem Göben: Arzneimittelhaftung und Gentechnikhaftung als Beispiele modernen Risikoausgleichs mit rechtsvergleichenden Ausblicken zum türkischen und schweizerischen Recht. 1995.

Band 34 Regine Kiesecker: Die Schwangerschaft einer Toten. Strafrecht an der Grenze von Leben und Tod – Der Erlanger und der Stuttgarter Baby-Fall. 1996.

Band 35 Doris Voll: Die Einwilligung im Arztrecht. Eine Untersuchung zu den straf-, zivil- und verfassungsrechtlichen Grundlagen, insbesondere bei Sterilisation und Transplantation unter Berücksichtigung des Betreuungsgesetzes. 1996.

Band 36 Jens-M. Kuhlmann: Einwilligung in die Heilbehandlung alter Menschen. 1996.

Band 37 Hans-Jürgen Grambow: Die Haftung bei Gesundheitsschäden infolge medizinischer Betreuung in der DDR. 1997.

Band 38 Julia Röver: Einflußmöglichkeiten des Patienten im Vorfeld einer medizinischen Behandlung. Antezipierte Erklärung und Stellvertretung in Gesundheitsangelegenheiten. 1997.

Band 39 Jens Göben: Das Mitverschulden des Patienten im Arzthaftungsrecht. 1998.

Band 40 Hans-Jürgen Roßner: Begrenzung der Aufklärungspflicht des Arztes bei Kollision mit anderen ärztlichen Pflichten. Eine medizinrechtliche Studie mit vergleichenden Betrachtungen des nordamerikanischen Rechts. 1998.

Band 41 Meike Stock: Der Probandenschutz bei der medizinischen Forschung am Menschen. Unter besonderer Berücksichtigung der gesetzlich nicht geregelten Bereiche. 1998.

Band 42 Susanne Marian: Die Rechtsstellung des Samenspenders bei der Insemination / IVF. 1998.

Band 43 Maria Kasche: Verlust von Heilungschancen. Eine rechtsvergleichende Untersuchung. 1999.

Band 44 Almut Wilkening: Der Hamburger Sonderweg im System der öffentlich-rechtlichen Ethik-Kommissionen Deutschlands. 2000.

Band 45 Jonela Hoxhaj: Quo vadis Medizintechnikhaftung? Arzt-, Krankenhaus- und Herstellerhaftung für den Einsatz von Medizinprodukten. 2000.

Band 46 Birgit Reuter: Die gesetzliche Regelung der aktiven ärztlichen Sterbehilfe des Königreichs der Niederlande – ein Modell für die Bundesrepublik Deutschland? 2001. 2. durchgesehene Auflage 2002.

Band 47 Klaus Vosteen: Rationierung im Gesundheitswesen und Patientenschutz. Zu den rechtlichen Grenzen von Rationierungsmaßnahmen und den rechtlichen Anforderungen an staatliche Vorhaltung und Steuerung im Gesundheitswesen. 2001.

Band 48 Bong-Seok Kang: Haftungsprobleme in der Gentechnologie. Zum sachgerechten Schadensausgleich. 2001.

Band 49 Heike Wachenhausen: Medizinische Versuche und klinische Prüfung an Einwilligungsunfähigen. 2001.

Band 50 Thomas Hasenbein: Einziehung privatärztlicher Honorarforderungen durch Inkassounternehmen. 2002.

Band 51 Oliver Nowak: Leitlinien in der Medizin. Eine haftungsrechtliche Betrachtung. 2002.

Band 52 Christina Herrig: Die Gewebetransplantation nach dem Transplantationsgesetz. Entnahme – Lagerung – Verwendung unter besonderer Berücksichtigung der Hornhauttransplantation. 2002.

Band 53 Matthias Nagel: Passive Euthanasie. Probleme beim Behandlungsabbruch bei Patienten mit apallischem Syndrom. 2002.

Band 54 Miriam Ina Saati: Früheuthanasie. 2002.

Band 55 Susanne Schneider: Rechtliche Aspekte der Präimplantations- und Präfertilisationsdiagnostik. 2002.

Band 56 Uta Oelert: Allokation von Organen in der Transplantationsmedizin. 2002.

Band 57 Jens Muschner: Die haftungsrechtliche Stellung ausländischer Patienten und Medizinalpersonen in Fällen sprachbedingter Mißverständnisse. 2002.

Band 58 Rüdiger Wolfrum / Peter-Tobias Stoll / Stephanie Franck: Die Gewährleistung freier Forschung an und mit Genen und das Interesse an der wirtschaftlichen Nutzung ihrer Ergebnisse. 2002.

Band 59 Frank Hiersche: Die rechtliche Position der Hebamme bei der Geburt. Vertikale oder horizontale Arbeitsteilung. 2003.

Band 60 Hartmut Schädlich: Grenzüberschreitende Telemedizin-Anwendungen: Ärztliche Berufserlaubnis und Internationales Arzthaftungsrecht. Eine vergleichende Darstellung des deutschen und US-amerikanischen Rechts. 2003.

Band 61 Stefanie Diettrich: Organentnahme und Rechtfertigung durch Notstand? Zugleich eine Untersuchung zum Konkurrenzverhältnis von speziellen Rechtfertigungsgründen und rechtfertigendem Notstand gem. § 34 StGB. 2003.

Band 62 Anne Elisabeth Stange: Gibt es psychiatrische Diagnostikansätze, um den Begriff der schweren anderen seelischen Abartigkeit in §§ 20, 21 StGB auszufüllen? 2003.

Band 63 Christiane Schief: Die Zulässigkeit postnataler prädiktiver Gentests. Die Biomedizin-Konvention des Europarats und die deutsche Rechtslage. 2003.

Band 64 Maike C. Erbsen: Praxisnetze und das Berufsrecht der Ärzte. Der Praxisverbund als neue Kooperationsform in der ärztlichen Berufsordnung. 2003.

Band 65 Markus Schreiber: Die gesetzliche Regelung der Lebendspende von Organen in der Bundesrepublik Deutschland. 2004.

Band 66 Thela Wernstedt: Sterbehilfe in Europa. 2002.

Band 67 Axel Thias: Möglichkeiten und Grenzen eines selbstbestimmten Sterbens durch Einschränkung und Abbruch medizinischer Behandlung. Eine Untersuchung aus straf- und betreuungsrechtlicher Perspektive unter besonderer Berücksichtigung der Problematik des apallischen Syndroms. 2004.

Band 68 Jutta Müller: Ärzte und Pflegende, die keine Organe spenden wollen. Transplantatmangel muss nicht sein. 2004.

Band 69 Ihna Link: Schwangerschaftsabbruch bei Minderjährigen. Eine vergleichende Untersuchung des deutschen und englischen Rechts. 2004.

Band 70 Susann Tiebe: Strafrechtlicher Patientenschutz. Die Bedeutung des Strafrechts für die individuellen Patientenrechte. 2005.

Band 71 Jörg Gstöttner: Der Schutz von Patientenrechten durch verfahrensmäßige und institutionelle Vorkehrungen sowie den Erlass einer Charta der Patientenrechte. 2005.

Band 72 Oliver Jürgens: Die Beschränkung der strafrechtlichen Haftung für ärztliche Behandlungsfehler. 2005.

Band 73 Stephanie Gropp: Schutzkonzepte des werdenden Lebens. 2005.

Band 74 Clemens Winter: Robotik in der Medizin. Eine strafrechtliche Untersuchung. 2005.

Band 75 Barbara Eck: Die Zulässigkeit medizinischer Forschung mit einwilligungsunfähigen Personen und ihre verfassungsrechtlichen Grenzen. Eine Untersuchung der Rechtslage in Deutschland und rechtsvergleichenden Elementen. 2005.

Band 76 Anastassios Kantianis: Palliativmedizin als Sterbebegleitung nach deutschem und griechischem Recht. 2005.

Band 77 Ulrike Morr: Zulässigkeit von Biobanken aus verfassungsrechtlicher Sicht. 2005.

Band 78 Nora Markus: Die Zulässigkeit der Sectio auf Wunsch. Eine medizinische, ethische und rechtliche Betrachtung. 2006.

Band 79 Michael Benedikt Nagel: Die ärztliche Behandlung Neugeborener – Früheuthanasie. 2006.

Band 80 Regina Leitner: Sterbehilfe im deutsch-spanischen Rechtsvergleich. 2006.

Band 81 Martin Berger: Embryonenschutz und Klonen beim Menschen – Neuartige Therapiekonzepte zwischen Ethik und Recht. Ansätze zur Entwicklung eines neuen Regelungsmodells für die Bundesrepublik Deutschland. 2007.

Band 82 Amelia Kuschel: Der ärztlich assistierte Suizid. Straftat oder Akt der Nächstenliebe? 2007.

Band 83 Hans-Ludwig Schreiber / Hans Lilie / Henning Rosenau / Makoto Tadaki / Un Jong Pak (Hrsg.): Globalisierung der Biopolitik, des Biorechts und der Bioethik? Das Leben an seinem Anfang und an seinem Ende. 2007.

Band 84 Ralf Clement: Der Rechtsschutz der potentiellen Organempfänger nach dem Transplantationsgesetz. Zur rechtlichen Einordnung der verteilungsrelevanten Regelungen zwischen öffentlichem und privatem Recht. 2007.

Band 85 Sabine Lebert: Humanes Überschußgewebe – Möglichkeit der Verwendung für die Forschung? Analyse der rechtlichen, ethischen und biomedizinischen Voraussetzungen im Ländervergleich. 2007.

Band 86 Dietrich Wagner: Der gentechnische Eingriff in die menschliche Keimbahn. Rechtlich-ethische Bewertung. Nationale und internationale Regelungen im Vergleich. 2007.

Band 87 Britta Vogt: Methoden der künstlichen Befruchtung: „Dreierregel" versus „Single Embryo Transfer". Konflikt zwischen Rechtslage und Fortschritt der Reproduktionsmedizin in Deutschland im Vergleich mit sieben europäischen Ländern. 2008.

Band 88 Sebastian Rosenberg: Die postmortale Organtransplantation. Eine „gemeinschaftliche Aufgabe“ nach § 11 Abs. 1 S. 1 Transplantationsgesetz. Kompetenzen und Haftungsrisiken im Rahmen der Organspende. 2008.

Band 89 Julia Susanne Sundmacher: Die unterlassene Befunderhebung des Arztes. Eine Auseinandersetzung mit der Rechtsprechung des BGH. 2008.

Band 90 Martin Schwee: Die zulassungsüberschreitende Verordnung von Fertigarzneimitteln (Off-Label-Use). Eine Untersuchung vorwiegend im Bereich des Rechts der Gesetzlichen Krankenversicherung unter besonderer Berücksichtigung der sozialgerichtlichen Rechtsprechung. 2008.

Band 91 Jorge Guerra González: Xenotransplantation: Prävention des xenogenen Infektionsrisikos. Eine Untersuchung zum deutschen und spanischen Recht. 2008.

Band 92 Ulrike Beitz: Zur Reformbedürftigkeit des Embryonenschutzgesetzes. Eine medizinisch-ethisch-rechtliche Analyse anhand moderner Fortpflanzungstechniken. 2009.

Band 93 Dunja Lautenschläger: Der Status ausländischer Personen im deutschen Transplantationssystem. 2009.

Band 94 Annekatrin Habicht: Sterbehilfe – Wandel in der Terminologie. Eine integrative Betrachtung aus der Sicht von Medizin, Ethik und Recht. 2009.

Band 95 Ann-Kathrin Hirschmüller: Internationales Verbot des Humanklonens. Die Verhandlungen in der UNO. 2009.

Band 96 Henrike John: Die genetische Veränderung des Erbgutes menschlicher Embryonen. Chancen und Grenzen im deutschen und amerikanischen Recht. 2009.

Band 97 Christof Stock: Die Indikation in der Wunschmedizin. Ein medizinrechtlicher Beitrag zur ethischen Diskussion über „Enhancement“. 2009.

Band 98 Jochen Böning: Kontrolle im Transplantationsgesetz. Aufgaben und Grenzen der Überwachungs- und der Prüfungskommission nach den §§ 11 und 12 TPG. 2009.

Band 99 Stefanie Schulte: Die Rechtsgüter des strafbewehrten Organhandelsverbotes. Zum Spannungsfeld von Selbstbestimmungsrecht und staatlichem Paternalismus. 2009.

Band 100 Dorothea Maria Tachezy: Mutmaßliche Einwilligung und Notkompetenz in der präklinischen Notfallmedizin. Rechtfertigungsfragen und Haftungsfolgen im Notarzt- und Rettungsdienst. 2009.

Band 101 Annette Hergeth: Rechtliche Anforderungen an das IT-Outsourcing im Gesundheitswesen. 2009.

Band 102 Jussi Raafael Mameghani: Der mutmaßliche Wille als Kriterium für den ärztlichen Behandlungsabbruch bei entscheidungsunfähigen Patienten und sein Verhältnis zum Betreuungsrecht. 2009.

Band 103 Ocka Anna Böhnke: Die Kommerzialisierung der Gewebespende. Eine Erörterung des Resourcenmangels in der Transplantationsmedizin unter besonderer Berücksichtigung der Widerspruchslösung. 2010.

Band 104 Bernd-Rüdiger Kern / Hans Lilie (Hrsg.): Jurisprudenz zwischen Medizin und Kultur. Festschrift zum 70. Geburtstag von Gerfried Fischer. 2010.

Band 105 Ehsan Mohammadi-Kangarani: Die Richtlinien der Organverteilung im Transplantationsgesetz – verfassungsgemäß? 2011.

Band 106 Leonie Hübner: Umfang und Grenzen des strafrechtlichen Schutzes des Arztgeheimnisses nach § 203 StGB. 2011.

Band 107 Dörte Busch: Eigentum und Verfügungsbefugnisse am menschlichen Körper und seinen Teilen. 2012.

Band 108 Kathrin Decker: Der Abbruch intensivmedizinischer Maßnahmen in den Ländern Österreich und Deutschland. 2012.

Band 109 Sung-Ku Yoon: Der Unterhalt für ein Kind als Schaden. Eine rechtsvergleichende Darstellung zur deutschen und südkoreanischen Rechtslage hinsichtlich der Arzthaftung für neugeborenes Leben. 2012.

Band 110 Kerstin Bohne: Delegation ärztlicher Tätigkeiten. 2012.

Band 111 Moritz Ulrich: Durchbrechungen der Allokationskriterien des § 12 Abs. 3 TPG. Das „old for old"-Programm. 2012.

Band 112 Chonghan Oh: Die Strafbarkeit der Erforschung des menschlichen Embryos durch Klontechniken. 2013.

Band 113 Sebastian T. Vogel: Organentnahmen bei hirntoten Schwangeren. Oder: Sterbehilfe am Lebensanfang? 2013.

Band 114 Jung-Ho Lee: Die aktuellen juristischen Entwicklungen in der PID und Stammzellforschung in Deutschland. Eine Analyse der BGH-Entscheidung zur PID, Gesetzesnovellierung des ESchG und EuGH-Entscheidung zur Grundrechtsfähigkeit des Embryo in vitro. 2013.

Band 115 Claudia Beetz: Stellvertretung als Instrument der Sicherung und Stärkung der Patientenautonomie. Ein Beitrag zur Komplementarität von Zivil- und Sozialrecht. 2013.

Band 116 Hans-Ludwig Schreiber: Schriften zur Rechtsphilosophie, zum Strafrecht und zum Medizin- und Biorecht. Herausgegeben von Hans Lilie und Henning Rosenau. 2013.

Band 117 Sebastian Müller: Die Aufklärung des Organspendeempfängers über Herkunft und Qualität des zu transplantierenden Organs. Ärztliche Pflichten im Spannungsfeld zwischen Standardbehandlung und Neulandmedizin. 2013.

Band 118 Bernd-Rüdiger Kern (Hrsg.): Das Gendiagnostikgesetz – Rechtsfragen der Humangenetik. 2013.

Band 119 Martina Resch: Die empfängergerichtete Organspende. Im Kontext der bedingten Einwilligung in die Organentnahme. 2014.

Band 120 Anja Houben: Die Rechtsformen des Universitätsklinikums. 2014.

www.ingramcontent.com/pod-product-compliance
Ingram Content Group UK Ltd.
Pitfield, Milton Keynes, MK11 3LW, UK
UKHW041825031026
15587UKWH00002B/569

9 783631 649541